汉高祖刘邦

历史帝王说

何君◎编著

吉林出版集团有限责任公司

图书在版编目（CIP）数据

汉高祖刘邦／何君编著．—长春：吉林出版集团
有限责任公司，2011.12（2020.6 重印）
（历史说帝王）
ISBN 978-7-5463-6868-9

Ⅰ．①汉…　Ⅱ．①何…　Ⅲ．①汉高祖（前 256～前 195）—
传记　Ⅳ．①K827＝341

中国版本图书馆 CIP 数据核字（2011）第 220458 号

汉高祖刘邦

编　　著	何　君
出版统筹	博文天下
责任编辑	王　平　齐　琳
封面设计	先锋设计
开　　本	710 mm×1000 mm　1/16
字　　数	143 千字
印　　张	17
版　　次	2012 年 5 月第 1 版
印　　次	2020 年 6 月第 2 次印刷
出　　版	吉林出版集团股份有限公司
电　　话	总编办：010-63109269
	发行部：010-85725399
印　　刷	三河市南阳印刷有限公司

ISBN 978-7-5463-6868-9　　　　　　　　定价：59.80 元

天朝史鉴

——历史说帝王

在五千多年的人类文明历史长河中，中华文明是一个伟大的奇迹。

从公元前 221 年开始，中国就以一个统一的多民族集权帝制国家屹立在世界的东方。在以后漫长的两千多年，中国一直是当时世界上最发达的国家之一，并有着几段辉煌时期，包括汉朝、隋唐、元朝和早清时期。中国在公元 13 世纪达到顶峰，成为当时世界上最繁荣的文化及贸易中心，以指南针、造纸术、印刷术、火药为首的众多发明对世界的历史与科技发展有重要贡献，并拥有发达的农业及手工业。

"普天之下，莫非王土；率土之滨，莫非王臣"。中华帝国长期的优势形成了巨大的文化优越感：根据中国封建社会的传统观念，中国是"天朝上国"，是世界文明的中心，中国皇帝就是"天下共主"。翻开世界历史，这个观点在 16 世纪以前，的的确确是一个事实。

拿破仑曾经对英国外交家阿美士德说过："中国是一头沉睡的狮子，一旦被惊醒，世界将为之震动。"拿破仑一生纵横欧洲，数次把多国联军踩在脚下，如此叱咤风云的人物为什么会对当时的中国有这样的论断，他的根据从何而来？

翻开世界近代史，我们会发现，拿破仑所处的时代，曾经拥有优秀远古文明的区域大多四分五裂，各自为政，欧洲如此，非洲也如此；而拥有广袤土地的大国又大多没有久远的文明，俄罗斯如此，美国亦然；真正能将久远的文明和辽阔的疆域结合在一起的，仍然只有中国。拿破仑一直试图统一欧洲，因为他深知：只有将文明的力量与辽阔的疆域结合，才能造就伟大的帝国。

纵观世界五千年的历史，我们可以得出这样的结论：中国的文明能够这样伟大，中国的力量能够这样让人不敢轻视，一直以一个大一统的国家形式存在是至关重要的决定性因素。

作为一个多民族集权帝制国家，所有的权力集中在皇帝一个人身上。时势造英雄，英雄造时势，雄才伟略的皇帝完全有可能改变历史的进程。在中华帝国的历史上有400多位帝王，其中13位杰出的帝王以其丰功伟绩而彪炳史册，在中华帝国史上，甚至世界史上打下了深刻的烙印。

封建社会时期的中国，一直都以一个大帝国的姿态屹立在世界东方，各民族用各自的历史共同谱写出一部中华风云史。秦汉时期，中华帝国把匈奴赶到西方，引发了欧洲的一系列大动荡；唐朝时期，中华帝国把突厥赶到西北，又引发了中亚和东欧的动荡。至于秦、汉、晋、隋、唐、宋、元、明、清这一系列的朝代更替，以及各个朝代中的叛乱分裂或者起义，都只不过是这个延续两千多年的帝国的内乱而已。

现在，我们回顾这个伟大的中华帝国史，秦始皇，无疑是这个大帝国的最初缔造者，也就是开国皇帝。正是由于他的君临，才奠定了整个中华民族大一统的所有基础。

在中华帝国的历史上，公元前221年是真实意义上的帝国元年。"千古一帝"秦始皇一统天下，废分封，设郡县，同文、同律、同衡、同轨，修驰道，筑长城，大一统的中华帝国有了一颗"统一的心"。从此，中国人以高度的政治智慧与独特的文化内涵，把"大一统思想"作为整个社会和个人的至高理想永恒地留在了所有中国人的血液中。秦始皇也当之无愧是中华帝国的始皇帝。

中国封建帝王"皇帝"的称谓由秦始皇开始，他叫"秦始皇"，就是希望大秦帝国会有接下来的二世、三世，直至千万世这般永远传承下去。这一点，虽然秦始皇的子孙没有做到，但从另一个意义上讲，中华帝国后来所有坐拥江山的皇帝何尝不是秦始皇的继承者？

史家有个说法叫"汉承秦制"，意思就是刘邦建立汉朝之后，继承和发展了秦朝的大一统制度，从这个意义上来说，刘邦才是秦始皇的第一个继承者。秦末天下大乱，楚汉争霸的结果是"流氓战胜了英雄"。项羽首先在争夺天下的霸业中胜出，但遗憾的是项羽根本没有建立一个中央政权的意识，而是把诸侯全部分封到各自的领地，他的做法实际上是要让中国再次回到战国时代的大分裂中去，这无疑相当于一种历史的倒退，所以最后他败给刘邦也就不足为奇了。从这个角度来说，与其说是刘邦战胜了项羽，不如说是统一战胜了分裂。

楚汉争霸，也开创了帝国的另外一个游戏规则：就是皇帝轮流坐，英雄不问出处。这个规则的结果就是"成王败寇"，完美地解决了帝国内部改朝换代的"正统性"问题，在一定程度上保证了最有能力的人成为开国皇帝，带领帝国一次又一次走向辉煌。

汉武帝即位之后，罢黜百家独尊儒术，又为日后中国两千余年的统一打下坚实的思想基础，儒家思想中的三纲和五常都有力地促进了大一统思想在百姓心中扎根。"英雄风流不尽数，刀马所至皆汉土"。汉武帝北击匈奴，南平两越，西通西域，奠定了现代中国辽阔疆域的初步基础，他又大力提倡中西交流，数次派人出使西域，促进了民族融合，中华帝国也开始有了广泛的世界影响，汉文化圈开始形成。

"天下大势，合久必分，分久必合"。东汉末年，中国大一统的格局第一次长时间地分裂。也正是这次分裂，唤醒了中华民族强烈的统一意识。

曹操年轻时，曾得当时名士许劭"治世之能臣，乱世之奸雄"的评价，而他也的确没有辜负这一番品评，一身功业让后人又叹息又嫉妒。曹操统一北方之后，权势已经到了人臣之极，但他却没有称帝，究其原因，正是深受维护正统的观念影响。随后他又立即率领大军南征，尽管最后功败垂成，但是他在北方实行的诸多政策都为日后的晋朝奠定了深厚的基础。西晋武帝再次统一中国，最大的功劳当属曹操，这也是曹操被认为是晋祖的原因所在。在维护统一这一点上，曹操不愧为历史上最伟大的政治家之一。

三国时期是一个英雄辈出的时代，刘备以其独特的人格魅力成为中国历史上最有人缘的平民皇帝。刘备本人即是汉朝宗室，本人又仁慈爱民，所以在东汉之末的乱世中是人心所向。他也正是凭借着这两个条件，从一个一无所有的卖草席之人变成蜀汉的开国君主，他的一生也都在为了再次统一天下兴复汉朝而努力，由于时代所限，他也没有成功，但他建立的蜀汉却在开发西南、促进民族融合方面作出很大贡献。刘备能够三分天下得其一，很大程度是占了"正统"的光，而正统的本质就是统一。

历史进入唐朝，中华帝国在建立九百多年之后，唐太宗李世民将这个古老的大帝国推向了辉煌的巅峰。中国历代皇帝中，唐太宗是极少数上马善打天下、下马能治天下的英主。他在位期间，居安思危，任用贤良，虚怀纳谏，实行轻徭薄赋、疏缓刑罚的政策，并且进行了一系列政治、军事改革，终于促成了社会安定、生产发展的升平景象，对周边少数民族，他实行开明政策，安抚首领，鼓励民间交流，被尊为"天可汗"。

千百年来，李世民开创的"贞观之治"一直是人们备加推崇的封建社会治世榜样，他本人也成为后世帝王竞相效仿的一代名君。唐朝在他的治理之下，中国对世界的影响也达到一个前所未有的高度。

同李世民的出类拔萃相比，武则天可谓丝毫不逊色。她以女儿之身，在封建社会男尊女卑的大环境下可以坐上皇位，让天下所有男人俯首称臣，本身就是一件绝非常人能及之事。但她的即位，又不仅仅是一个女人的胜利，她开创的"武周革命"局面是中华帝国在唐朝时期的一个重要过渡。政治上，她上承"贞观之治"，注重富国安民，她的夺权过程虽然残酷，但百姓生活却不仅没有受到什么影响，反而更加富足，这就为后面的"开元盛世"奠定了坚实的基础。

在这个中华帝国的大舞台上，宋太祖赵匡胤的出彩之处更多地集中在制度的完善上。宋朝之前的大一统政权，无论是汉朝还是唐朝，都在后期饱受地方势力作乱的困扰，原因就是地方势力拥有军队，可以很轻易地对中央政府产生威胁。宋太祖登上皇位之后，第一个动作就是使用怀柔手段削去大将的兵权，使军队全部掌握在皇帝手中，彻底杜绝地方势力叛乱的可能性。同时，宋太祖还是个重视文化的皇帝，宋朝经济的繁荣和文化昌明也为前朝所罕见。

经历了南宋与辽、金、西夏并列的分裂局面之后，以成吉思汗为首的蒙古人再次统一了中华帝国，这不仅是中国少数民族第一次统一全国，也使中国的少数民族再一次震惊全世界。成吉思汗天生就是一个战争之王，他的一生从头到尾都在战争中度过，中原、漠北、西域、中亚都留下了他征服的足迹。中华帝国从未像成吉思汗在位时一般表现出这么强大的侵略性，所以，成吉思汗也理所当然地成为对世界影响深远的中国皇帝之一。

明朝时期的中国，仍旧是大一统的局面，朱元璋统一帝国之后，撤消丞相一职，又大开杀戒，几乎将开国功臣斩尽杀绝，此外又开设锦衣卫，监视大臣及百姓言行，封建皇权在他的手中发展到一个新的巅峰。在朱元璋的一系列举措之下，中华帝国几乎发展成了他的家天下，无论中央还是地方，都再也没有权势能与皇帝抗衡的大臣，这不能归咎于朱元璋一个人，应该说是制度的弊端，已经实行了一千五百余年的大一统式封建专制逐渐走到了尽头。明朝在重修长城一事上最下工夫，这也说明明朝的抵御外族能力最低，在朱元璋的影响之下，明朝后来的皇帝都只专心内斗，不思进取，明朝的世界影响力也随之下降，中华帝国的疆域也降到一个低谷。

清朝由女真族建立，这也是少数民族第二次统一中国，而大清王朝中最雄才大略的皇帝当属康熙帝。康熙是中华帝国最后一个文治武功皆很出色的皇帝。康熙采取了一系列有利于国计民生的政策，使耕地的面积迅速扩大，粮食产量有所提高，经济作物也被广泛种植，最终促进了农业经济的发展，奠定了"康乾盛世"的基础。康熙又平定准噶尔叛乱，将西藏、新疆和台湾牢牢纳入中国版图，又和沙俄签订《尼布楚条约》，有效抵抗了沙俄对东北地区的侵略。康熙时期是中华帝国的又一个顶峰，但是由于故步自封和闭关锁国，中国已经跟不上世界发展的脚步，近两千年的大帝国在最后的回光返照中走向没落。

中国的封建专制制度发展到雍正时期，君主集权达到最高峰。雍正的即位过程可谓将中国古代的太子夺权斗争发挥得淋漓尽致，他即位之后，规定以后的皇帝必须把继承人的名字写成诏书封存，这就从根本上解决了皇室继承人纷争的问题。雍正又设军机处，作为皇帝的秘书班子，为皇帝出主意、写文件、理政务，"军国大计，罔不总揽"。雍正对经济发展的贡献也不容忽视，正是由于他在中间的拨乱反正，使得康熙的一些有效政策得以延续，也使得康熙开创出的盛世局面可以延续。

雍正之子乾隆是"康乾盛世"的收官者。乾隆在位六十年，前期，他政治颇为清明，在康熙、雍正两朝的基础上，将"康乾盛世"局面推向了顶峰。到了执政后期，乾隆开始穷兵黩武，将清政府积累下来的上百年家底挥霍一空，对外又实行闭关锁国的政策，进一步耽误了中国与世界的同步发展，时有英国人形容清朝为"一艘破烂不堪的头等战舰"，从这种意义上讲，乾隆也是整个中华帝国的收官者。

……

英国女王伊丽莎白直言不讳地说：西方之所以长久以来对中国心存疑虑，就是因为中国一直是一个统一的大国。

"统一"是打开中华文明唯一的钥匙。从公元前221年秦始皇统一中国后，中国的地方政权就再也没有办法在政治上取代中央的地位，无论是后世的哪一个封建君主，争取统一或者维护统一都是他没法抵挡的诱惑，也是他无法摆脱的宿命。一国不容二主的观念在这块土地上是如此的深入人心，真正成为中国人的民族基因，也是中华文明历久而弥新，中华民族能够傲立世界的真正原因。

何君于北京

2006 年 12 月 9 日

前 言
——流氓战胜了英雄

魏晋时期竹林七贤之一的阮籍对刘邦评价道："世无英雄，使竖子成名。"也难怪，刘邦年轻时放荡不羁，一身流氓习气，就连司马迁的《史记》对刘邦也不以为然，说他"不事家人生产作业"。但是，偏偏就是这个刘邦，在烽火相连、英雄辈出的秦末，竟然能脱颖而出，击败了一个又一个对手，最后不但完成了统一天下的重大历史使命，而且创建了四百多年的汉家天下，确实值得后人深思。

楚汉争霸，是刘邦与项羽的对手戏。项羽是楚国贵族，天生的战神，是中国历史上传奇的英雄；刘邦则出身市井，身无所长，被厚黑大师李宗吾点名为"脸皮最厚，心肠最黑"，是历史上著名的流氓。按说，刘邦根本就不是项羽的对手，甚至不配做项羽的对手。但垓下一战，项羽乌江自刎，刘邦却最终彻底战胜了项羽，成为楚汉争霸最后的胜利者。

"流氓战胜了英雄"，究竟是历史的玩笑还是历史的必然？

答案是肯定的，历史必然选择刘邦而不是项羽，这是中华帝国的必然选择，与流氓与英雄无关。

秦始皇统一天下之后，为了建立一个完美的封建帝国，在短短的十余年中，修驰道、筑长城、建陵墓、扩宫殿，耗尽了全国财力；苛严法律、焚书坑儒、求仙寻药、移民，苦透了天下百姓。秦始皇只争朝夕，却也太急功近利，因此天下以为秦"暴"，二世而亡是历史的必然。

但是，秦始皇的大方向没有错，华夏民族统一是历史的大趋势。从中华帝国的发展来看，楚汉争霸的胜利者就是秦始皇的接班人，这个接班人必须选择统一。

楚汉争霸中，项羽先胜，在事实上已经是全国统一的情况下，项羽先自封霸王，又将各路诸侯分封为王，这种做法实际上是要让国家再次分裂，回到战国时期诸侯争霸的纷乱局面中，与历史的发展规律背道而驰。反观刘邦，建立汉朝之后，他马上收缴各路诸侯兵权，加强中央集权，让中国再度回到大一统的轨道上来。

历经春秋战国数百年战乱的华夏大地已经明白：只有统一才能让国家发展，只有统一才能让百姓安居乐业。因此，不是刘邦战胜了项羽，是统一战胜了分裂。

如果说秦始皇是一个孤独的理想主义者，刘邦则是一个世俗的实用主义者。从历史的角度来看，秦始皇建立统一的中华帝国的政策基本上都是正确的，唯一的弊端就是太急于求成，这是理想主义者通常的性格缺陷。作为中华帝国的接班人，一个世俗的实用主义者是最佳的选择。

"汉承秦制"，君临天下之后，刘邦采取对内休养生息，对外睦邻友好的政策，使秦朝末期备受战争蹂躏、满目疮痍的中华大地再次得到安定和平。如果说秦始皇是一个统一的中华帝国的开拓者，那么刘邦就是这个大帝国的秩序恢复者，正由于他在汉朝初期实行无为的"黄老之治"，中华帝国才能再次以一个强大、统一的姿态迅速崛起于公元前3世纪末的世界东方，与欧洲的西罗马帝国遥相辉映。

"大风起兮云飞扬",英雄人物有刘邦。在中华帝国的历史上,刘邦以布衣之身登上了帝王的宝座,问鼎中原一统天下之后,又治国有道,奠定了东方世界文明的典范——汉朝盛世的基础。真可谓"王侯将相,宁有种乎!"

吴佐夫

2006 年 4 月 15 日

目 录

第一章　竖子成名

第一节　刘家老三

　　刘邦本名刘季，在家中排行老三，刘邦是他称帝后改的。他有两个哥哥：一个叫刘伯，一个叫刘仲。还有一个小弟叫刘交。早年的刘邦貌不惊人，才不出众，作为一个土生土长的农民，刘邦实在没有什么特殊的地方，只不过是一个混混儿而已。

　　人们都听过一句名言叫做"刘项原来不读书"！刘邦比起项羽，文化水平可能更为低下。项羽至少还是懂得一些东西的，虽然是东一锤西

胶南琅琊台群雕

一棒，一会儿兵书一会儿剑。而刘邦呢？他根本斗大的字不识一箩筐，也不可能从农村那种环境下的所见所闻之外，获取更多的信息，他的眼光最先盯在社会现实的荣辱毁誉之上，他最先看到的只有"功利"二字。

刘邦曾应征服徭役去过咸阳。到了咸阳后，开了眼界：纵横的街道，堂皇的建筑，一望无际的楼房，川流不息的人流……大街上车来人往，官僚乘车，富人骑马，市民步行，小贩挑担，车水马龙，热闹非凡。看到那些穿红着绿的秀女，刘邦馋涎欲滴……这一切对刘邦来说是何等地新奇，何等地向往，他感到自己也是一个人，应该拥有这一切！

在咸阳，刘邦还看到了秦始皇出巡的气势，忍不住发出了历史上著名的长叹："大丈夫就应该这样！"

无论做什么事情，都不能没有一批志同道合的朋友，从古到今，无不如此。刘邦是个交朋友的高手，他与萧何、曹参、夏侯婴、任敖等人打得火热，而且大多是拔刀相助的"铁"关系。这些人，后来也就成了刘邦打天下的班底。

刘邦有许多朋友，就免不了吃吃喝喝的应酬。刘邦没什么钱，自然经常去吃人家的，但是"吃人三餐，还人一席"，也少不得偶尔带些人到家里来吃吃喝喝。久而久之，刘老大、刘老二似乎不好说什么，因为刘邦毕竟是他们小兄弟，可是嫂子们难免说些什么"出力养懒汉"、"坐吃山空"之类的话。刘太公是一个心里明白的人，知道"树大要分枝，儿大要分家"，儿子不好说，媳妇其实就是传声筒，怪只怪他这三儿子不争气，索性分了家，转过来教育刘邦。

只是刘邦"恶习"难改，刘太公的话，这只耳朵进，那只耳朵出，只当耳边风，依旧我行我素，哪里听得进去。刘邦的脾气不改，刘太公只得开了一个家庭会商量。

刘太公说："老三，你不能这样整天东游西逛、无所事事、不务正业，吃饭是第一件大事！"

刘邦说："什么是正业？您是不是说种庄稼的事啊？"

"不种庄稼哪里有粮食？没有粮食你吃什么？我这一把年纪，还养得了你几年？"

刘邦一笑说："您老人家放心，不要看我现在这个样子，到时候我会叫你吃香的，喝辣的，坐享荣华富贵！"

刘邦说完，转身就走，气得刘太公只好吹胡子、瞪眼睛，一个郑重其事的家庭会就这样不了了之。太公只好指着刘邦的背影吼道："你有本事，你就挣个家业给老子看看，不好好学学老二！"

刘邦虽然出了门，这句话可听得清清楚楚。后来他当了皇帝，尊刘太公为太上皇，未央宫建成的时候大宴群臣，刘邦双手捧着玉杯，给太上皇刘太公敬酒，还没忘了那句话，笑着对大臣们说："当年太上皇经常说我是个无赖，游手好闲，不能够发家治业，不如二哥。我今天的产业比二哥如何？"群臣都高呼万岁，一片欢声笑语。刘太公也只得跟着笑！

由于刘邦破坏了家庭会，刘太公有时就故意冷淡刘邦，但刘邦对一切都无所谓，不是到朋友家去混一顿，就是到哥嫂家去打游击。嫂子虽然不欢迎，但毕竟是亲兄弟，碍于情面，不好说什么，只好听之任之。因为毕竟不是一家，刘邦也不会长期在哪一家住下去、吃下去。

不久，刘邦的长兄刘伯病故，嫂子孤儿寡母，艰难度日。刘邦似乎视而不见、听而不闻，依旧时常带着他的朋友去吃白食。

一天，已到晌午时分，刘邦又约几个狐朋狗友到大嫂家吃饭。刚一进门就被正在做饭的嫂子看见。柴米油盐酱醋茶，开门七件事，对于一个寡妇来说，艰难备至。这小叔子一人来了不算，还带来了一群。大嫂心中越想越酸，越想越气，于是敲锅打灶，拿着刷子在一口空锅里涮将起来，弄得满屋子震响。刘邦和他的朋友们听到这种奇妙的声音，后悔来晚了，人家已吃完饭，只好相继离去。后来刘邦到厨房一看，锅里的饭尚未煮熟，正冒着腾腾热气，因此十分怨恨大嫂，长叹一声，转身离去。

刘邦当了皇帝，大封功臣，封刘老二刘仲为代王，堂兄刘贾为荆王，封小弟刘交为楚王，封庶出长子刘肥为齐王。刘邦已封四位同姓王，只有长兄刘伯之子刘信未加封赏，刘太公问起此事。刘邦说："我怎会忘记此事，只是他母亲当年做事太过，我至今气愤不过。"直到次年十月，刘邦才封刘信为羹颉侯。"羹颉"就是刮饭锅响之意。

刘邦当时结交的最为重要的朋友是萧何，他同刘邦都是沛县人。

萧何是沛县的主吏掾，是县令的主要助手，在县政权中是举足轻重的人物。与他交上朋友，对刘邦政治前途的拓展帮助不小。

刘邦后来由萧何推荐，当上了泗水亭长。这个职位既可以吃点俸禄，又可以干一些自己愿意干的事，虽然是一位小小的亭长，但却因此结识了更多的人，特别是县衙里的那些大小人等。

如果刘邦只是会交朋友，能与众位同僚一团和气，他最多也不过做一个逍遥自在的小"地保"。他要发迹，有两个因素缺一不可：一个是天赐良机；一个是手下有一批能人。否则，无论如何，刘邦也是不可能当上大汉皇帝的。

在刘邦没有步入政界前，萧何就曾多次帮助他解脱过法律上的纠纷。刘邦之所以能够当上亭长，也与萧何的推荐大有关系。等刘邦当上亭长后，也还常常受到萧何的指点和影响。

前面我们提到刘邦曾到咸阳去服徭役，当时沛县其他的吏都出钱资助，为刘邦送行。每个人都送给刘邦300个钱，唯有萧何送给他500个钱，相当于送给他一年的伙食费，可见二人交情非同一般。后来刘邦当了皇帝，为报答萧何多送的这200个钱，特为萧何的封邑加封了2000

咸　阳

户。刘邦对萧何的恩惠和帮助真是感铭肺腑、永志不忘!

　　然而,刘邦当时不过是一个普普通通的平民百姓,没有一点家庭的血缘关系和社会地位,又没有什么经济实力,萧何算是他所结交的社会地位最高的朋友,却能得到萧何如此的提携和帮助——刘邦的社交能力真是非同一般!

　　夏侯婴也是沛县人,是刘邦结交的又一位朋友。他是沛县政府中赶马车的车把式。当时刘邦已担任泗水亭长一职,夏侯婴赶马车迎送政府的官吏,只要有机会经过泗水亭,总是留下来同刘邦畅谈一番才离去。后来,夏侯婴当上了沛县政府的办事员,刘邦很高兴,和他一起喝酒庆祝。

　　喝酒就难免做出一些出格的事,朋友之间也不例外。刘邦和夏侯婴酒喝多了就相互打闹起来,打闹中,刘邦失手打伤了夏侯婴,被人以伤害罪告到了县衙。

　　刘邦是亭长，如果伤害罪成立，他不仅要被处以重罚，并且还将断送好不容易争取得来的政治前途。为摆脱困境，刘邦和夏侯婴订立了攻守同盟。在审讯过程中，刘邦矢口否认打伤了夏侯婴，夏侯婴也极力申明不是刘邦伤害了自己。后来查出是夏侯婴作了伪证，为此夏侯婴被关在狱中长达一年多，并被鞭笞了数百杖，但他始终保全着刘邦，使刘邦免除了一场官司。刘邦造反以后，夏侯婴也一直为他赶马车，曾多次舍命救刘邦脱离险境。可见二人友谊之深厚。直至后来刘邦当上皇帝，夏侯婴被任命为九卿之一的太仆，仍为刘邦赶马车。

　　刘邦当时还结交了一个好朋友任敖，是沛县监狱的小吏。刘邦曾因犯法躲藏起来的时候，追捕刘邦的小吏捉不到刘邦，就把他的妻子吕雉关进了监狱，并且对她很不客气，甚至试图非礼。任敖知道后，怒气冲冲地将这个捕吏打了一通，为刘邦出气。

　　刘邦这3个好朋友，都是沛县的吏，其中萧何的地位最高，夏侯婴和任敖地位与刘邦相等。当时沛县还有个曹参，他是狱掾，是主管县监狱的。史书中没有记载他和刘邦之间有比较亲密的关系，看来刘邦未能巴结上他。尽管他后来也参加了刘邦的造反队伍，立下了赫赫战功，但在评功封侯时，刘邦却让萧何排在第一位，曹参排在第二位，应该说刘邦对曹参并不太公平。

　　史书中记载说萧何和曹参二人在造反前关系很好，但造反成功后两人反而有了矛盾。可是刘邦和萧何二人在临终时一致认为中央王朝丞相一职的最佳人选就是曹参。这说明他们和曹参之间虽小有矛盾，但彼此还是十分了解的。按刘邦在造反前的社会地位，他既然能同萧何交上好朋友，而曹参又是萧何的好朋友，他也绝不会放弃结交曹参的机会的。刘邦和曹参的关系不亲密的原因，我们不得而知，也许是曹参有点瞧不起刘邦吧。

　　从刘邦结交萧何、夏侯婴、任敖3个朋友这一现象可以看出，当时的刘邦虽然只是一个普普通通的农民，两眼只能看到近前的功利，但却颇有心机。他在沛县政府精心编织着一张能带来好处的社交网。

萧何是县令的主要助手，可以给刘邦诸多提携自不必说。就是夏侯婴，当时虽然不过是个马夫，但一般人却乘不起车，乘车的人不是沛县的要员，就是上级政府的代表，夏侯婴可利用这一特殊身份，了解到当时政治的动态。刘邦与夏侯婴深交，很难说不是为了从夏侯婴那里获得他所不可能得到的政治信息。

史书中记载夏侯婴每次经过刘邦的泗水亭，总是要同刘邦畅谈一番才离开，这正是刘邦要从夏侯婴口中获取大量政治与社会信息的生动写照。

任敖是个狱吏，当时秦国法律苛严，人民摇手触禁。凡被关进监狱的人，都是因种种原因触犯当时法律的人，他们中的绝大部分人对当时的政权持或多或少的批判态度。即使自己不犯法，但由于当时秦国实行连坐政策，别人犯了罪，也会把自己牵连进一场官司中去。刘邦结交上任敖，不仅亲戚朋友犯法时也可占点便宜，而且还可以通过任敖结识一些江湖豪杰。这样的朋友，对刘邦来说，是颇为重要的。

曹参当过沛县主管监狱的史，他深知其中的奥秘。因此，当他从齐国丞相的职位上离任，赶到中央任丞相的时候，他就曾嘱咐他的继任者要注意监狱和市场，千万不可过多地干扰这两处。他的继任者很不理解，反问他说："治理一个王国，难道没有比监狱和市场更为重要的地方吗？"

曹参回答说："并非如此。但是监狱和市场是兼容并蓄社会上各种各样人的地方，如果你过多地干扰它们，就会使社会上为非作歹的人无处藏身。长久以往，这些人就会铤而走险，造成社会的动乱。因此，我事先提醒你注意。"在这一点上，刘邦与曹参是持有相同态度的。也由此可见，刘邦当初结交任敖、曹参时，自有他的一番小九九，而且感受颇深。

刘邦的朋友也不仅只是些萧何这一类的县吏，他也结交了一些市井之徒的朋友，如周勃和樊哙之流，这些人后来也成了他打天下的武将班底。

周勃和樊哙都是沛县人，与刘邦有同乡之谊。周勃以编织席子、当吹鼓手帮人办红白喜事为生；樊哙是屠夫；二人在当时都是市井之徒。刘邦在沛县造反时，他俩都是中坚骨干，特别是樊哙，在起事的关键时刻，成为城内萧何、曹参与城外的刘邦进行联络的中间人。

想当初樊哙靠杀狗为生的时候，也没想到自己整天躲着的赖吃之徒，竟然会成了自己的连襟，甚至还成了自己为之打天下的真命天子。

传说，原先刘邦经常去樊哙那里混吃狗肉解馋，但是历来都是"赊"，实际上是白吃。樊哙受不了，但是躲得起，就把狗肉搬到河对面去卖。

一次，刘邦正在发愁过不了河去，河面游来一只大乌龟，把刘邦驮了过去，又大吃了一顿狗肉。樊哙一气之下，把乌龟杀来与狗肉一起煮，以解心头之恨。出人意料的是，狗肉更加鲜美可口，远近驰名……

这自然只是传说而已，但也可见二人关系开始时并不怎么样。

尽管樊哙如此躲避刘邦，但最终还是成了连襟。刘邦的妻子吕雉的妹妹嫁给了樊哙，这肯定是刘邦的撮合。也不知是因为狗肉吃多了，刘邦问心有愧的结果，还是他俩的关系一吃二吃，竟吃到了如此亲密的程度。总之二人成了连襟，而且关系越来越密切。

此外，刘邦还有个更为亲密的朋友——卢绾。

卢绾和刘邦同住一个里巷，两家是世交，卢绾的父亲和刘邦的父亲是好朋友，刘邦和卢绾又是同年同月同日生，当时，邻里都来祝贺两家同日喜得贵子。刘邦、卢绾长大后在一起学习，相互之间很亲密。刘邦后来犯法，逃避在外，卢绾常常伴随在他身边，后来成了刘邦的心腹。刘邦的卧室他可以随时自由出入，并参与机密策划，刘邦对他的赏赐和信任，是其他将领、下属都不可企及的。就连萧何和曹参，也绝不可能达到像卢绾和刘邦那样的亲密程度。

雍齿与刘邦都是丰邑人，地缘关系虽比卢绾远，但比萧何、曹参、夏侯婴、周勃、任敖、樊哙等同县人要近，也是刘邦当时结交的朋友。

史书没有留下关于雍齿的家庭背景、职业等方面的记载。但在刘邦造反时，他也是参加者之一，刘邦任命他为驻守家乡丰邑的主将，将他视为自己的心腹之友。但雍齿有些瞧不起刘邦，在魏王军队攻打丰邑时，他背叛了刘邦，并顽强抵抗刘邦的反攻。尽管后来他还是投靠了刘邦，并立了不少军功，刘邦仍旧对他耿耿于怀，总想找机会杀掉他。另外还有一个王陵，刘邦结交他的目的，极有可能是想依靠他的财力与影响力。

刘邦结交的这些三教九流最后成了刘邦武装势力的主要力量，后来又成了刘氏中央政府组织的核心。

在中国古代的几百个帝王中，刘邦是出身最低的帝王之一。在秦末的激烈角逐中，他不占有任何优势，但他却能笑到最后，就是因为他的又混又赖的脾气帮助了他。刘邦就是一枚磁铁，几乎把大部分英才都吸收到了自己的身边，这样的人，能不成功吗？

第二节 隆准龙颜

传说刘邦尚未出生的时候，老天就已经开始显示神奇的征兆。

一次刘媪在大泽旁歇息，大概是劳累过度，不觉酣然入睡，于是就做了一个奇怪的梦，梦见她与神人交合。当时电闪雷鸣，太公以为大雨要来了，急忙去找刘媪，只见刘媪躺在泽畔，一条蛟龙卧在她身上。刘媪因此而受孕，生下刘邦。

这自然是神奇的征兆，刘邦是龙种无疑！看来这个第三者的地位只要足够高，例如神仙之类的，绿帽子的问题就可以忽略不计了，剩下的就是惊喜了。

不过，刘媪做这样的奇梦，刘邦他爹太公见这样的奇景，他们不说，谁知道呢？如果是刘邦当了皇帝之后，太公、刘媪才说如此的话，那自然可以判他们一个攀龙附凤，这大概没有什么问题。但是刘媪死得早，她没有等到刘邦发迹，所以龙子之事恐怕也不是蓄意编造。

我们假定司马迁记下的这个传说为真，那么刘媪做过这样的

刘　邦

怪梦，谁也没法否定，做梦见到比这更奇特的事多着呢。可是刘太公看见蛟龙一事，恐怕无论如何也不能叫人相信，因为自然界中本来就没有龙这种动物。

刘邦成人之后，当上了泗水亭长。这是一个小小的差事。秦法规定：十里设一亭，设亭长，掌治安，宿旅客，理民事。十里之地，人不多，地不广，一个人干这么多事，实为万金油一样的杂役，恐怕还不如当今的一位村长。

刘邦"不事家人生产作业"，又"好酒及色"，所以，他经常到一个叫王媪的和一个姓武的妇人开的酒馆里去赊酒喝。无钱人喝酒往往爱醉，刘邦也不例外，赊酒喝，还常醉。"酒债寻常行处有"，赊账喝酒，一醉方休，不足为奇。可是怪事却出现了，姓武的妇人和王家的老太婆看见刘邦的头顶"常有龙形"，感到十分惊奇。因此，刘邦经常赊酒，日积月累，已经是一笔可观的数目，但这两个小本经营的妇道人家却主动"折券弃债"，撕了账本，送了刘邦白喝。

刘邦当一个亭长，也算无所事事，经常回家去看老婆吕雉和两个孩子。

一天，吕雉带着儿子和女儿在田间劳动，有一个老头儿过路讨水喝。吕雉因而把带到田里的饭食送给老头儿吃。

这老头儿是一位相面先生，就顺便给吕雉相了一次面，说："夫人是天下贵人，将来要母仪天下！"

吕雉就是后来的吕后，她自己要"母仪天下"，刘邦难道不是皇帝？

吕雉又请老头儿给儿子刘盈相面。

老头儿说："夫人之所以母仪天下，就是因为有这个男孩儿。"

刘盈在刘邦死后即位为汉孝惠帝。

老头儿又给吕雉女儿相面，说："此女也会大贵。"此女就是鲁元公主，嫁给赵王张敖。

这位相面老头儿离开不久，刘邦正好回来，吕雉就详细地把老头儿的话说了一遍。刘邦大喜，忙问吕雉老头儿走了多久。

吕雉回答说没走多久，刘邦就追了出去。不一会儿，刘邦就追上了相面老头儿，忙请老头儿给他相面。

老头儿把刘邦端详一番，说："刚才我所相的夫人和两个孩子都像你的相一样，但是你的相格，贵不可言。"

刘邦深深拜谢，说："果真像老人家所说，我一辈子不会忘记您的大恩大德。"

等到刘邦当上皇帝，派人去寻访那位老头，却已经无处可找了。

古人相信面相，是实实在在的。

春秋末季，战国初年，赵简子选择接班人，很大的成分是由于听从相师姑布子卿的话，才确定无恤为赵氏继承人的。无恤就是后来的赵襄子，三卿分晋的一卿，建立了赵国。

刘邦长得什么样子，《史记·高祖本纪》有这样简略的记载：

> 高祖为人，隆准而龙颜，美须髯，左股有七十二黑子。

"隆准"就是高鼻梁。《神相全书·卷三》说：

> 鼻为中岳，其形属土，为一面之表，肺之灵苗也……隆高有梁者，主寿；若悬胆而截筒者，富贵。诀曰：鼻如截筒，衣食丰隆……准头而圆，得外衣食；准头丰起，富贵无比……准头圆肥，足食丰衣。

刘邦的鼻子到底什么样，后人不是很清楚，但是从相书上看，凭他的这一鼻子，他就可以"得外衣食"、"富贵无比"、"足食丰衣"。

"龙颜"，颜就是脸，龙颜是什么样子，不得而知，但是此为一种威仪的相貌，不用怀疑。

《神相全书·首卷》说：

　　一取威仪：如虎下山，百兽自惊；如鹰升腾，狐兔自战；不怒而威……

　　一看敦重而精神：身如万斛之舟，驾于巨浪之中，摇而不动，引而不来；坐卧起居，神气清灵，久坐不昧，愈加精彩，如日东升，刺人耳目，如秋月悬镜，光辉皎洁……

凭刘邦的"龙颜"，他大概就应该是"如虎下山，百兽自惊"了。因为中华民族是龙的民族，中华子孙是龙子龙孙。龙是玉皇大帝的臣子，腾云上天，翻身入海，变化无穷，行云施雨……

一个平平凡凡的人，一旦跟龙产生了联系，要么成为真龙天子，要么成为孽龙。孽龙要被当了皇帝的真龙天子灭九族。刘邦虽然出身贫贱，但是有这一副"龙颜"，足够他受用一辈子。

不仅如此，刘邦还有"美须髯"。

《神相全书·卷三》说：

　　髭须黑而清秀者，贵而富，滋润者发福……黑而光泽，富贵无亏。

刘邦其人，真是一处贵，处处贵，因此《神相全书·卷四·相分七字》中说"汉高祖隆准龙颜"。最值得相家推崇的还是他那条鼻子。

《神相全书·卷三》：

龙　鼻

龙鼻丰隆准上齐，

山根直耸若伏犀。

鼻梁方正无偏曲，

位至居尊九鼎时。

难怪刘邦越败越战，越战越强，最终当上了皇帝。甚至连吕雉这个老婆，也是刘邦凭他的这副尊容白捡来的。

单父人吕公与沛县令关系很好，为了逃避仇家迁徙到沛县。沛县的大户人家，官吏人等，都纷纷前来捧场拍马，送上厚礼。

刘邦也去捧场，但这位龙的儿子不带一文钱就号称礼品百万。他的这一反常举动，引起了吕公的重视。喝完这顿酒，白吃了这顿餐，按道理是白吃了完事，但是刘邦却被吕公看中，挽留下来，声称有要事相求。

吕公对刘邦说："我自幼喜欢给人看相，看过的人很多，但是没有一个比得上你，希望你能够自爱尊重。我有一个女儿，甘心献给你铺床叠被，做个小妾。"

刘邦自然乐意，带着几分醉意高兴而回。

他就这样凭他那个"相"，白白捡了一个老婆。

既然刘邦是"龙种"，有"龙颜"，还必须干一些"龙事"。虽然刘邦只是小小一个亭长，更兼游手好闲，但他却能言善辩，少不了被上头派些公事。正因为这桩公事，刘邦的"龙气"就更加的发扬光大、神乎其神了。

沛县奉朝廷之命，要征调一批民夫去骊山修秦始皇陵，刘邦被抽调，专门派去押送这批壮丁。这帮被强迫来的民夫都用绳子拴着，像一群被贩往远方的牲口。众人谁也不愿意背井离乡，到如此遥远的地方去干那样的苦工，所以总在寻找机会逃走。

刘邦虽说是押解，但生命也时时受到威胁。因为按照秦朝的法律，押送的民夫只要少了一个，押送官就要被斩首。何况刘邦生性豪爽，凡事都无所谓，所以对这些被拴着的民夫也不过分加以限制。这样一来，逃的人就更多了，有时甚至一夜逃走几个。因此还未走出县境，刘邦押送的民夫已经逃走了不少人。

刘邦心中盘算开了，如果这样下去，还没到达骊山，壮丁就会逃得干干净净。自己横竖都是一个死。还不如……

刘邦有了自己的打算。他突然站起来说："到了骊山，也是必死无疑。我今天把你们放了，各自逃生去吧!"

民夫们素来知道刘邦比较诙谐，以为刘邦又在开大玩笑，谁也没有把这几句带着酒气的话当真。刘邦开始给一个个民夫解去捆绑的绳索，大家才信以为真，个个感激涕零，纳头便拜。众人一阵欢呼，一哄而散。

可是过了一会儿，大半壮丁又回来了。

刘邦问："你们怎么不走？难道还想去骊山风光风光？"

有一个胆大的壮丁忙对还在喝酒的刘邦说："贤公不忍把我们押到骊山去送死，慨然释放了我们，贤公恩情至死不忘！但是我等细细一想，我们都走了，贤公怎么回沛县交差纳命？"

刘邦听罢，忙说："你们尽管走吧！我自然不会再回沛县去送死，天下如此之大，哪里不能容身？大丈夫四海为家，哪里不是家？"

众壮丁闻言，又是一阵感激，有十几个壮丁情愿跟着刘邦去同生共死，闯荡天下。

刘邦见到这种情况，正好来个顺水推舟，高声说："既然各位壮士不嫌弃，愿意跟我刘邦，我也只好欢迎了！天高地广、海阔天空，我们难道还闯不出一条生路来？"

刘邦醉醺醺的，一行十几人，为了避人耳目，不敢取大道走，只得往大泽中的小路走去。正走着，前面探路的人回来说："前面有一条大白蛇挡住道路，碗口大小，长有数丈，我们还是原路返回，另走其他路吧……"

说话的人战战兢兢，上下牙直打颤。

刘邦听说，趁着醉意，大声说："大丈夫走路，哪里会因为有一条巨蛇挡路，就害怕了原路返回？"只见他几步走上前，抽出佩剑，大喝一声，手起剑落，巨蛇一下子被挥为两段。

众人拨开死蛇，惊叹一回，继续前进。

刘邦斩蛇的事情，《史记》中有明文记载，是真是假，那都是次要的问题，而最本质的在于，此刻的刘邦和他的那些难兄难弟，只有披荆斩棘、一往无前、义无反顾，才有生存的可能。因此，与其说是一个美丽的传说，还不如说这件事揭示了一个真理！

可是更怪的事情还在后头，《史记·高祖本纪》记载：

第二天早晨，正好有个丰邑人经过刘邦斩蛇的地方，看见一名老年妇女在那里抱头痛哭。

这人问她为什么天刚亮就在这里痛哭不已。

老妇人说："有人杀死了我的儿子，所以我悲伤不已。"

这个过路人又问："你的儿子怎么被人杀了呢？"

老妇人回答："我的儿子是白帝的血脉，变化成为巨蛇挡住路径，被赤帝的儿子杀了！"说完，又伤心痛哭。

这位丰邑人觉得老妇言语怪诞，正要寻根问底，老妇人却突然不见了。

这人只得继续往前走，正好遇见刘邦等人，忙把这神奇的遭遇告诉刘邦等人。刘邦心中大喜，自以为受命于天。那些跟着的壮丁则更加敬畏刘邦。

史书记载，秦国开国君主秦襄公立国西方，祭祀白帝；白帝在这里暗指大秦王朝。传说赤帝为帝尧之后，既然刘邦是赤帝的儿子，自然是个"真命天子"，势必要建立一个王朝。又因为赤帝是帝尧之后，帝尧又是出了名的贤君，刘邦这个家伙自然是遗传了他们的优良血统，成为一代名君。

从此以后，刘邦经常开口就是"老子手提三尺剑斩蛇起义"，表现出充分的自负；他的"龙子龙孙"，也经常以此作为自吹的本钱，向天下人民宣称他们是受命于天。

想成为领袖，就得有让人信任的东西。有的人是靠出色的能力，有的人是靠极强的凝聚力。而刘邦则充分利用了古代人迷信的特点，通过神话大肆宣扬自己的非凡之处，给自己披上神圣的外衣，这可是比什么都管用的。

刘邦就这样带着他的那一行人，走出了大泽，进入了人迹罕至的芒砀山。

芒砀山（今河南省永城县东北），分为芒、砀两座山，北边叫芒山，南边叫砀山，其间相距七八里地；两山之间，峰回路转，谷深林茂，人烟稀少，野兽出没。虽不能说"棒打豹子瓢舀鱼，野鸡飞到饭锅里"，但也是一个很好的生存环境，虽然吃不上龙肝凤胆，但是活下去是绝对没有问题的。刘邦找到这样一个隐身的地方，就带领众人在这里当了山大王。

刘邦拍屁股一走了之，可苦了拖儿带女的吕雉。她不得不经常去找刘邦，往往一找就能找到，众人惊叹不已。

刘邦也奇怪，问她："我藏身的地方经常变化，外人一概不知，你怎么拖儿带女，一下子就找到这里？"吕雉说："你居住的地方，天上经常有云气笼罩，我凭着天上的云气，就找到你了！"愿意得到赞美和崇拜，这是人们的共同心理，刘邦听了当然是非常高兴。

事实上，这些奇异征兆，是不是刘邦和吕雉等人故意编造，借以威服众人，不得详知。但是这些事居然引起了秦始皇的高度重视，不得不叫人思考。

《史记·高祖本纪》载：

> 秦始皇帝常曰"东南有天子气"，于是东游以厌之。

秦始皇一生五次巡游天下，一次向西，四次向东向南，其中有一个重要原因，应该是相信"东南有天子气"。

刘邦的这些奇特征兆，也引起了他的主要敌人项羽的高级参谋——范增的高度注意。

那时刘邦先入关中，秦王子婴举国投降，刘邦企图独霸关中，称王自立。项羽知道此事，下令攻打刘邦，范增急忙火上浇油："刘邦原来在老家的时候，贪财好色，而现在进入关中，约法三章，与民休息，不贪财，不好色，野心不小。刘邦的神气又都是龙虎的形状，是五彩缤纷的天子之气。要立即消灭刘邦！"

范增借助封建迷信推动项羽消灭刘邦，并且一直提醒项羽，其防范的主要对象是刘邦。可是由于项羽不听范增多次力劝，刘邦终于平安地从鸿门宴上逃走，去汉中为王，然后是楚汉之争……

如果说以上征兆都只是说说而已，那么真刀真枪的时候也出现了这种令人费解的神奇。比如说刘邦的 56 万大军在彭城被项羽 3 万精兵打败，却因狂风而获救的事。

这真是神风，早不吹，晚不吹，正好项羽围住刘邦的时候吹；这真是怪风，东不刮，南不刮，专门从西北方向刮来，刮散了楚兵的重围。这风真神真怪，怎么只刮散了楚兵，让楚兵看不清方向，而不刮刘邦呢？

这场沙尘暴刮得正是时候，救了刘邦一命，更增添了刘邦的神奇。

刘邦说，此乃天意。

第三节　"说"进关中

秦国乃虎狼之地，各路诸侯都很害怕，不敢率先进入关中，但谁也没有想到，暴秦当亡，秦国远没有传说中那般厉害。刘邦一路走，一路说降，基本上没有打什么恶仗就进了关中。

自项梁拥立楚怀王后，就在攻打定陶的战斗中轻敌而亡。随后，楚怀王迁都彭城，并召开了高级军事会议，与诸将约定：谁先进入关中，谁就是关中王。

刘邦自起兵以来，几经周折投到项梁门下，只不过在项梁手下打了几仗，基本上都是与项羽合作，可能正因为如此，项羽才点名要与刘邦一起去夺关中。

然而，这个机遇是刘邦抓住的，还是楚怀王等人指定的，史书中没有明文记载。但是可以采用《史记·高祖本纪》中的一段话加以分析，全文为：

> 赵数请救，怀王乃以宋义为上将军，项羽为次将，范增为末将，北救赵。令沛公西略地入关。与诸将约，先入定关中者王之。
>
> 当是时，秦兵强，常乘胜逐北，诸将莫利先入关。独项羽怨秦破项梁军，奋，愿与沛公西入关。

从第一段话来看，刘邦"西略地入关"是楚怀王的命令。但是这种安排显然有偏袒刘邦的嫌疑，因为西进关中者为关中王，而北救赵国又是什么奖赏呢？"为关中王"，无疑是为了灭秦，无疑是十分困难的事。既然是重赏，就应该公平竞争。

第二段说因为秦国强大，虽有重赏，也无人敢参与竞争，只有项羽愿与刘邦同去。

这又让人怀疑，是刘邦自己愿去呢？还是因为项羽主动请战，才产生这两人到底谁去的问题？

到底是出于哪一种情况，恐怕也很难说清楚，干脆不说也罢。但是刘邦得到这样一个机会的确是至关重要的。刘邦，特别是他的谋臣们，想来对此也十分重视。从此以后，刘邦的一切行动，都向着这一目标挺进。

也就是从这时候起，刘邦独当一面，举起了灭秦的大旗。这也是刘邦走向天子之位的关键一步。细细想来，的确既是运气，也是人力。刘邦、项羽共同打仗，项羽当先锋，刘邦为接应。项羽在前面杀人，被人们认为残忍；刘邦在后面收拾残局，被人们当成仁慈……

几天之后，刘邦从砀地出发，一路收罗陈胜、项梁散兵，挥师北上，打破城阳，攻克杠里，连败秦军，全军将士和刘邦都欣喜异常。

接着，刘邦在东郡（今河南省濮阳西南）附近打下几次胜仗，收编楚将陈武、魏将皇欣、魏申徒武蒲的军队，队伍增加到两万多人。

秦二世三年（公元前207年）二月，刘邦率兵南下，兵围昌邑（今山东省金乡县西北）。昌邑守将据城固守。刘邦与彭越联合攻打，城中拼死抵抗。刘邦害怕拖延时间，决定放弃攻打，从此又与彭越分别。彭越依旧在巨野（今山东西南部、万福河北岸）泽中干他原来的事情——做群盗。

刘邦率兵西进，路过高阳，在这里，他得到他的一个重要谋臣郦食其和郦商。

郦食其是高阳（今河南省杞县西）的一个老儒生，平生最爱喝酒，家贫落魄，无以生计，只好在里中做监门吏。虽然如此，高阳县中人不敢派他差役，都认为他是一个狂士。

刘邦手下有一骑士，正是郦食其的小老乡，回乡省亲碰到了郦食其。

郦食其说："我听说沛公刘邦素来傲慢无礼，但是志向远大。我正想跟这样的人交往，但是没有人给我介绍。你回去对他说，我们里中有一个儒生叫郦食其，年龄60多了，身高8尺，人们都叫他狂士，但是他自己却说自己不是狂士。"

骑士说："沛公不喜欢儒生，有很多人戴着儒生的帽子去见他，沛公常常取下人家的帽子来当尿器。他与人说话，经常骂骂咧咧。不能说你是儒生！"

郦食其说："你只管这样说。"

骑士回告刘邦，把与郦食其说的话详细细地告诉刘邦。刘邦令骑士去召郦食其。

郦食其到达刘邦住所的时候，刘邦踞坐床上，两个女子正在给他洗脚。刘邦看到郦食其进来，依旧坐着不动，女子照旧给他洗脚。

郦食其走上前去，只打了一拱，也不行大礼，开口说："你领兵到这里，是帮助秦兵讨伐诸侯呢？还是跟天下诸侯一起消灭秦国？"

刘邦骂道："竖儒！天下人惨遭秦国暴政的折磨已经很久了，所以天下诸侯联合灭秦！你糊涂到了如此地步，还说什么辅助秦兵讨伐天下诸侯？"

郦食其说："你既然起义兵剿灭暴秦，为什么摆出这副样子来见长者？你如此傲贤慢士，谁愿给你出谋划策？"

刘邦听着觉得有道理，马上停止洗脚，提着衣服，赤着双脚，站起来礼请郦食其上坐，致歉说："刚才先生来得匆忙，一时礼数不周，切莫见怪，海涵，海涵。"

于是郦食其先说六国纵横，后论秦国无道，口若悬河、滔滔不绝，仿佛苏秦、张仪再世。

刘邦大喜，叫人给郦食其摆上酒食，详问伐秦入关大计。

郦食其一边喝酒，一边高谈阔论：将军收罗乌合之众，率领散乱之兵，总共加起来不过数万人，就想直入关中，进攻强秦，真是驱群羊入虎口！依我看，不如首先占有陈留。陈留是秦国囤粮之所，城中积粮很多，足以补充军需。陈留是天下战略要地，四通八达。我与陈留县令素来不错，愿去劝降。如果他不从，将军引兵攻城，我可以为内应。占领陈留，作为根据地，然后寻找机会攻入关中，这才是万全之策。"

刘邦听了很高兴，派郦食其依计行事，刘邦派兵暗中跟随。

郦食其到了陈留，启动三寸不烂之舌游说县令，任他说得天花乱坠，县令不为所动。郦食其话锋一转，又为县令献计守城。县令被他感动，设宴置酒款待。郦食其本是高阳酒徒，酒量大得惊人，三杯下肚，要求更换大杯畅饮。县令不知是计，酒量不是他的对手，早被郦食其灌得大醉，被众人扶入内室昏睡。

郦食其乘机潜出县衙，假传县令之命，打开城门，迎接刘邦大军入城。不费吹灰之力，刘邦轻取陈留，缴获了大批粮草。陈留县令酒醉未醒，被乱军杀死。

刘邦出榜安民，严肃军纪，不准扰民。城中百姓很快臣服，各自安居乐业。

刘邦佩服郦食其神机妙算，奖励轻取陈留之功，封为广野君，留在身边作为谋士。

郦食其的弟弟，名叫郦商，有勇有谋，早就暗中组织人员反秦。郦食其推荐给刘邦，刘邦命其招旧部和陈留子弟，得数千人，封为裨将，随军西征。

秦二世三年（公元前207年）三月，刘邦军队经过休整，兵围开封。开封未下，秦将杨熊领兵增援。刘邦撤开封之围，率兵北击杨熊。两军在白马（今河南省滑县东）开战，刘邦兵马突然袭击，击溃秦兵。

杨熊带着败兵向荥阳（今河南荥阳东北）逃去，到了曲遇（今河南中牟县东）东，摆开阵势，准备跟刘邦决战。刘邦命令樊哙为左军，夏侯婴为右军，自统中军正面迎敌；又令周勃、灌婴率军背后包抄。秦军与刘邦军正面酣战，空前激烈，难解难分。周勃、灌婴从后面杀来，秦军被两面夹击，队伍混乱。刘邦趁机催动人马猛烈攻击，把秦军分割成数块，围而歼之。秦军大败，杨熊只得带领一股残敌，继续向荥阳逃去。

这是刘邦西进关中最激烈的一战，刘邦大获全胜，士气大振。刘邦也因此更进一步加强了先入关中、消灭秦国、为关中王的决心。刘邦大军进驻曲遇，犒赏三军将士。事隔几日，传来消息，杨熊兵败被杀。此时，刘邦附近已无强敌，遂进兵颍川（今河南省禹县）。

秦二世三年四月，刘邦大兵围攻颍川郡府阳翟（今河南省禹县）。阳翟城高池深，兵多粮足。刘邦连攻数日，仍不见效，苦无良策。

此时，张良突然到来，刘邦喜不自胜，故人重逢，欢欣非常，互道离别后的情况。

张 良

张良说："自从与沛公分别之后，协助韩王成兵略韩地，虽然取得几城，但又被秦军夺回。因此，只好在颍川左右，来来往往进行游击战，消灭秦军有生力量。听说沛公到此，特来相见。"

刘邦说："先生来得正好，帮我攻下阳翟，我再帮助韩王抢占地盘。"

张良巧献一计，火攻阳翟城门，破城而入，杀散守兵，占领了阳翟。

两人正商议攻打荥阳，听说赵将司马卬渡河入关。刘邦害怕落后，急忙领兵北上，攻打阳丰（今河南孟津县东），切断司马卬西进通路，率师向南攻打雒阳（今河南洛阳市东北）。雒阳城高池深，一时难以攻破，刘邦立即挥师前进，进入辕山区（今河南偃师县东北）。

辕山山路崎岖，通道盘旋，地势十分险要。《史记索隐》曾说，辕山有九十二弯，是天下险要之处。正是由于道路艰险，秦国没有派兵把守，为了抓时间，抢速度，刘邦不得不铤而走险。所幸顺利通过。

过了辕山，进入原韩国故地，刘邦与张良密计，一路夺关斩将，很快打到了阳城（今河南省登封县东南告城镇），缴获战马千匹，占领十余座城池，韩地基本扫平。刘邦留韩王成镇守，向韩王成借了张良，继续西进。

稍后，刘邦带兵攻打南阳郡，准备从武关进入秦地。南阳郡守率兵追击刘邦军，被刘邦先锋樊哙击败，退回宛城（今河南省南阳市）。宛城是南阳郡首府，城池坚固，又有重兵把守，刘邦急于入关，立即从城西绕道而过，直扑武关（今陕西省商南县西北）。

刘邦大军离开宛城几十公里，直到丹水（今河南省淅川县西）。日坠山头，暮色将起，暑热开始散去，凉风徐徐拂面而来。头脑发烧的人往往在这个时候开始清醒。只见张良快马加鞭，一下子跑到刘邦马前，拦住了去路，刘邦忙勒住马。

张良请沛公歇马，说："我有一件事不明白，特来询问清楚。"

"先生有话直说，不必客气。"

"前日沛公兵精粮足，反而要到韩王那里借我，我不知是何用意？"

刘邦笑着说："先生深谋远虑，我想经常听到你的教诲，这有什么不明白的？"

张良也笑着说："这一整天偷偷行军，我想了好多时候，才觉得有一事应该提醒提醒！"

"先生请讲!"

"沛公虽然急于入关,但是秦兵还很强大,他们会凭借险阻拼命抵抗。如今宛城未下,前面又有强敌。秦兵前后夹攻,我还没有想出用什么妙计可以退敌!"

刘邦忙问如何处置,张良附身低言如此如此。刘邦大惊,急忙下令全军,骑兵在前,步兵在后,星夜兼程,务必在天明之前,把宛城围个水泄不通,里三层,外三层。五更天时分,刘邦大军把宛城围了起来,刘邦下令各军挂出全部旗帜,摆出各种武器,整个宛城被围成铁桶一般。

天刚发亮,太阳还未升起,只听得鼓声震天,号角齐鸣,刘邦大军发动了攻势。南阳郡守听得探子回报,刘邦大军已经西进,才放下了一颗悬着多日的心,回府安心睡了一夜。听到城外鼓角齐鸣,登城一见此等情况,早吓得三魂一下子少了二魂,幸亏左右及时扶住,才没瘫倒在地。这就是刘邦采纳张良突然袭击宛城,威迫降敌之计。

刘邦放弃宛城不攻,准备急于进入关中之时,张良就已经定下了妙计,但是他不急着去对刘邦说,因为他知道刘邦从善如流。等到迷惑住敌人之后,他及时劝阻刘邦西进,飞兵围住宛城,打了秦军一个措手不及。南阳郡守看到如此紧急情况,大声叫道:"兵临城下,早晚是死。迟死不如早死!"拔剑就要自杀。食客陈恢一步向前抱住,高声说道:"主人不要性急,离死还早着呢?"

郡守无可奈何地垂着头,说:"先生有何妙计,还可以救我不死?"

陈恢说:"我听说,刘邦当年曾经义释押送的骊山刑徒,按理是个宽厚仁慈的人。如今天下大乱,鹿死谁手尚未可知。大人何不归顺于他,既可保住性命,保全禄位,还可让全城军民免遭杀戮。大人如果情愿,小人愿去游说刘邦,确保万无一失。"

郡守无计可施,只好叫陈恢去试一试。陈恢缒城而下,声称要见沛公。

张良忙劝刘邦将此人请进。

陈恢说："我曾听人说，楚怀王与诸将相约：'先入咸阳者王之。'如今沛公围攻宛城，恐怕一时难以攻下。宛城是一个大地方，有数十个城池可以互相支持，人口多，积蓄广，官吏们都认为投降是死，战死也是死，所以都坚决据城拒敌。如果沛公拼力强攻，杀人三千，自损八百，士卒死伤者必众；不攻下宛城，贸然引兵西进，宛兵必追无疑；沛公必然两面受敌。沛公如果攻下宛城，入关就会落在他人的后面；沛公不攻宛城，又要两面受敌。下人已经给你想好了一条妙计：不如招降，封郡守为官，还是叫他镇守宛城，沛公带兵快速西进。那些未下之城，难道还不闻风而降吗？沛公通行无阻，还怕不先入咸阳吗？"

张良急忙给刘邦使眼色，暗示他应允，刘邦没有不同意的道理，马上采纳陈恢意见，派陈恢回去告知郡守。

秦二世三年（公元前207年）七月，南阳郡守打开宛城大门，迎接刘邦大军入城，刘邦封郡守为殷侯，镇守宛城，封陈恢为千户侯，辅佐郡守政事。其他之人，一律保留原职。

陈恢出城游说刘邦，不说郡守吓得要死，准备自杀，而只是告知刘邦，如果强攻，必然杀人三千，自损八百，并且还要耽误入关大事；如果允许宛人归顺，不仅可以一路畅通无阻，早日入关，获取"王关中"的政治优先权，而且还不会损兵折将。他真替刘邦想得周全。张良希望的就是这个结果，所谓"不战而屈人之兵"就是如此。

张良一计，刘邦就顺利抵达武关，进入咸阳，一人之谋胜兵力多矣。当然，之所以能"不战而屈人之兵"，也是因为有实力作为后盾。

休整几日之后，刘邦带领大兵出宛城，经丹水，过胡阳（今河南省唐县南），过郦（今河南省内乡县东北）、析（今河南内乡县西北），沿线城镇，箪食壶浆，闻风而降。刘邦尝到了文攻的滋味，严令将士不得骚扰百姓，所到之处，秦民安居乐业，人人欢喜。刘邦大军直向武关扑去。

从这段进军的经过可以看出，刘邦力量小，用兵又不如项羽，但却所向无敌，抢先而行，不外乎顺人心而已。由于有张良这样的谋士在身边，刘邦自己又从善如流，他找到了最好的进军之策，那就是顺应民意。而项羽则立志复仇，所以残暴无比，屠城、坑人、杀子婴、戮秦民、烧咸阳、掘皇陵……不断失去人心！

刘邦为了入关，他说变就变，得到了谋士郦食其；他放弃昌邑不打，引兵急进；他避开敌人，翻越辕山，直插韩国故地；他冒着被前后夹击的危险，放弃宛城不攻；他被派去偷袭秦国首都咸阳，能躲就躲，能绕就绕，比项羽提前两个月进入关中，取得了"先入关者王秦"的政治上的优先权，还博得一个"仁义"的好名声。

项羽为了报仇，一路杀过去，最后失去先机，而刘邦一路走来，基本上靠"嘴"，没有打什么仗，倒抢先进了关中。项羽自然大发雷霆，摆下鸿门宴，准备收拾刘邦……

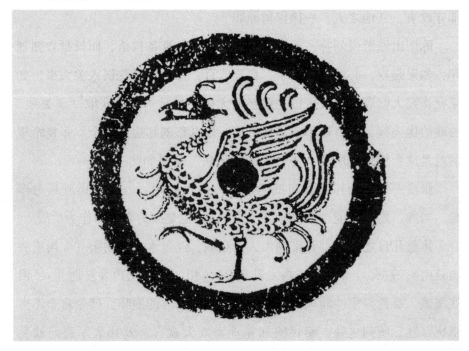

第四节　约法三章

《史记·高祖本纪》载：

> （刘邦）因袭攻武关，破之。又与秦军战于蓝田南，益张
> 疑兵旗帜，诸所过毋得掠卤。秦人喜，秦军解，因大破之。又
> 战其北，大破之。乘胜，遂破之。

司马迁用此寥寥数笔，写下了秦王朝覆灭前的挣扎，让人意犹未
尽。如果细加构思，自可成一段精彩故事。

刘邦进入武关，直抵峣关，又名蓝田关，（今陕西省蓝田县东南），
位于咸阳东南，是进入咸阳的最后关口。如果峣关失守，咸阳即不攻自
破。刘邦准备在这里与秦军一战。

刘邦隔河相望，就是秦王朝的都城咸阳。

当时，秦王朝已经油干灯草尽。不久前，赵高诬陷并杀死李斯之
后，又演了一场"指鹿为马"的丑剧，还杀死了那位莫名其妙、昏庸
残暴、只有23岁的秦二世胡亥。赵高此时本想自立为王，派人联络快
要进入武关的刘邦，"欲约分王关中"（《史记》语），但是刘邦唯恐赵
高行诈，继续向咸阳挺进。转眼之间，赵高这个阴谋家就被子婴设计杀
死。子婴即位，去除帝号，当了秦王。

刘邦大军击破峣关后进兵灞上（今陕西省西安市东），与张良、萧
何等人商议，决定先礼后兵，给秦王子婴送去一封劝降书。子婴看到刘

邦兵临城下，朝中官员也纷纷逃亡，自知已到山穷水尽，回天无力，只得答应投降。

秦王子婴只当了 46 天秦王，就坐在用白马拉着的一辆白色丧车上，用绳索套住自己的脖颈，代表有近千年历史的嬴秦氏族服罪、忏悔。这是一幅多么悲惨的景象，好端端的一个大秦王朝，几年之间就灭亡在赵高、胡亥等人手里。

子婴投降了，成了刘邦的俘虏！

刘邦说："怀王命我入秦，就是因为我宽容大度，不滥杀无辜；况且子婴已降，杀他有失仁义！"

历史在这里飞快地翻了一页，刘邦的大军开进了咸阳城。将士打开府库，分金取银；萧何带人进入丞相府中，把秦朝的有关档案资料运到军营里；刘邦走进秦王宫中，但见雕梁画栋，精细无比……

刘邦和那些抢钱拿物的将士们，自然不会有人称道，唯有萧何抢书，倒是得到后人好评。萧何就是凭借这些抢来的资料，掌握了秦朝的法律制度、关口要塞、全国户口、各地经济等情况，为后来刘邦战胜项羽，建立汉朝，发挥了重要作用。因此李贽在《史纲评要》中称萧何是宰相之才。

刘邦经过张良的劝阻还军灞上，自然是一件明智之举，翦伯赞在《秦汉史》说："咸阳城里，烧杀淫掠，已经闹得不成世界，张良觉得不大妥当，才劝刘邦还军灞上。"

刘邦走出了秦宫，回军灞上，才清醒过来，自己虽然拿到了"王关中"的执照，但离揭牌开业还远着呢。后来的事实证明，这张执照缺乏应有的实力支持。既然准备"开业"，得有所表示，于是刘邦回到灞上之后，发表了一篇讲话，《史记·高祖本纪》载：

> 召诸县父老、豪杰曰：父老苦秦苛法久矣，诽谤者族，偶
> 语者弃市。吾与诸侯约，先入关者王之，吾当王关中。与父老

约法三章耳：杀人者死，伤人及盗抵罪。余悉除去秦法。诸吏
人皆案堵如故。凡吾所以来，为父老除害，非有所侵暴，无
恐！且吾所以还军灞上，待诸侯至而定约束耳。

这就是中国历史上著名的约法三章，这是刘邦的政治宣言书，也是
刘邦笼络秦民的利器！

"约法三章"真要执行起来并不容易！

从本质上说，"约法三章"只是一个政治口号，并不是真的只有这
样一句话，如果过度追究，把它当真，难免拘泥。何况，古人也常常以
"三"这个虚数表示多的意思，也不见得这里就表示一个实数。

刘邦的这一篇政治宣言书，是给父老、豪杰的一颗定心丸，拉拢了
秦朝的劳苦大众！

和平"解放"咸阳之后，刘邦并不轻松，要当"关中王"不是这
么容易的，他还面临着许多难题，集中起来有以下几方面：

第一，秦王子婴杀不杀，秦朝的官吏如何处置。如果子婴负隅顽
抗，处死他名正言顺；如果投降的不是子婴，而是秦二世胡亥，处死他
顺理成章。可是这位主动投降的子婴，偏偏在秦人心目中印象不错，不
久前又设计杀死了人见人恨的赵高。但不处死他，诸将不服气。可是刘
邦几句话，把诸将给挡了回去。

其实，杀不杀子婴，以刘邦这样的性格，真是无所谓，但是，秦朝
的那一大批官吏如何管束？秦国的那些百姓谁去号令？留下子婴，就有
一个抓头，就抓住了问题的关键。所以刘邦的那大段关于不杀子婴的
话，不过是用来搪塞众人的一个借口而已。这件事情被他轻轻一拨，处
理得天衣无缝。

第二，秦国的财产如何处理。刘邦对此也是手足无措，他自己也想
住到秦宫里去享受享受，所以，他让大家抢劫一番，自己也赖着不想出

来。最后，他听从张良等人劝说，驻军灞上，把这些秦国的宫室、财宝交给子婴这帮人去管理。其实能够拿得动的东西，早已被他的部下拿走了，如果将来有人追究，他还可以一问三不知，一推六二五，他的算盘倒打得颇精。

第三，如何对待秦国的严法苛刑。秦国法网密布，是套在百姓头上的沉重枷锁。刘邦出身于一个农民家庭，他深知最下层百姓所受的灾难。继续执行秦法，无疑是自己跟自己过不去，全部废除秦法，无法无天，百姓不好驾驭，于是他来个"约法三章"，简明扼要，像歌谣一样好记，这"约法三章"，只能是个临时的规矩，但其影响不可低估。

无论是对待是否杀子婴的问题，还是对待秦国财产法令的问题，刘邦始终围绕着一个核心，就是人心的向背。能够笼络人心的，能够有利于他当关中王的，他就尽力去做，克制自己的欲望。最为集中的表现，自然是"约法三章"。

"约法三章"无疑是刘邦进军关中以来收拢民心的集中体现，其核心自然是当"关中王"。因此，刘邦在进军途中，经常表现出不扰民的举动，还与父老"约法三章"，采取了一系列的措施，收到了很好的政治效果。

通过这样的"工作"和"宣传"，"秦人大喜"，纷纷前来慰问刘邦的军队。大概百姓也拿不出什么好东西，不过"牛羊酒食"而已，这些东西对于想夺得一个国家的刘邦来说，简直算不了什么，何况安民告示出来前也都已抢掠过一通，刘邦因此打着不敢打搅百姓的幌子，谢绝了百姓的盛情。他的这些做法，全在于安定民心，收拢民意。"约法三章"颁布后确实起到了废除苛法，安定人心的作用，还得到了秦地百姓和豪杰的拥护。因此，在楚、汉相争还未开始，"约法三章"就让刘邦得到了一张无可匹敌的政治选票，成为汉胜楚败的关键因素。

第五节　鸿门惊魂

打天下除了战场上的生死搏杀之外，更重要的是更加险恶的"政治斗争"。刘邦被誉为"厚黑祖师"，天生的政治斗争的高手；项羽是"西楚霸王"，历史上最有名的战神。两雄相争，刘邦是屡败屡战，越败越强；项羽则是屡胜屡战，越胜越弱，这是双方政治路线决定的。

刘邦采纳郦食其、张良、樊哙等人计策，很快攻入咸阳，宣布秦王朝的灭亡。刘邦和他的文武臣僚们为了进一步逐鹿天下，封闭秦王朝宫室府库，还军灞上，约法三章，收买民心。

正当刘邦攻入咸阳之际，项羽收降章邯，声势大振，率领大军准备西进入关，去消灭心目中那杀死他祖父项燕和他叔父项梁、消灭他的祖国楚国的那个秦国。

项羽大军迅速推进，不久来到新安（今河南省渑池县东）城南。在这里，项羽做了一桩五十多年前白起所干的那种坑杀降卒的残暴事件。不过，那一次是秦将白起坑杀赵国降卒40余万，而这次却是楚将项羽坑杀秦国降卒20余万。坑杀秦降卒的原因，

项　羽

与白起坑杀赵降卒的起因相差无几。

项羽所带领的起义大军，很多都曾经服过劳役，曾经受到秦卒的虐待。而今跟着章邯等人投降的 20 万秦军，虽然不是阶下囚，但是却成了项羽大军的出气筒，因而秦降卒与楚兵的关系很紧张。

项羽亲自巡视兵营，听到秦卒在一起窃窃私议："我们被章邯等人诱哄错降项羽。如果能够破关入秦，我们尚还可以回家；如果不能破关入秦，我们将被项羽掠掳到东方，现在我们尚且受此恶遇，不知那时将受到何等虐待，而秦国又必然杀尽我们的父母妻子……"

项羽听到这些议论，心中大怒，回到中军帐，立召英布等大将说："如今秦军降卒二十万，都想谋反。我刚才在军中巡哨，听到他们正在那里私下谋划。如不抢先下手，恐怕哗变，为害不浅。你等率三十万楚军，乘其措手不及，全部斩首，只留章邯、司马欣、董翳三人。"

范增苦劝，项羽拒不同意。于是英布率 30 万楚兵，夜半突入秦兵营地，将 20 万降卒，杀得干干净净。泊泊的血浆，塞阻沟渠……

英布带章邯、司马欣和董翳来见项羽。三人叩头请求免死。

项羽说："我不是为了杀害各位将军，而是因为秦军降卒企图谋反，所以杀之。章将军仍是雍王，司马将军仍是上将军，董翳将军仍是都尉，诸位不要多疑。"

这三位秦国降将的官位是投降项羽后，项羽叫楚怀王加封的。

白起、项羽杀戮降卒的暴行，受到了后人的不断谴责。

正当项羽坑杀 20 万降卒之际，刘邦听人劝说，派兵把守关隘。《史记》等书只记载是"小人"叫刘邦这样干的，而野史则说这人是樊哙。樊哙由于张良的指使说服了刘邦还军灞上，因而企图征服天下，自己也想弄个将军、元帅当当。进而劝谏刘邦说："秦国之富裕是天下十倍，地势形胜，足以为王。如今项羽收降章邯，封为雍王，现在率兵西进，已到关外，他的意图就是企图违背怀王约定，一定是想占领关中，如果不早点想办法，项羽大兵就要来了。"

刘邦说："项羽如果率兵前来，我就不能当关中王了！怎么办呢？"

樊哙说："立即派遣兵将把守函谷关，不准诸侯大兵入关，再征集关中之兵固守，这样大概就行了。"

刘邦认为樊哙之计可行，即派人带兵拒夺函谷关，不准诸侯大兵出入。

秦地西面是陇关，东面是函谷关，南面有武关，北面有临晋关，西南面有散关。秦国之地就在这个范围之内，所以叫关中，被称为四固之国，进可以攻，退可以守。刘邦入关是从南面的武关，而项羽这次进军关中则是东面的函谷关。

项羽大兵来到函谷关下，关门紧闭，不让人自由出入。听说刘邦已经平定关中，心中一时火起，自己浴血奋战，又让刘邦立下头功，下令英布率兵打关。英布骁勇，兵强力壮，不一日函谷关即被打破。项羽带领大军进入关中，时间是公元前206年阴历十二月，驻军在戏下（今陕西临潼附近）。

函谷关

项羽破关而来,很显然是与刘邦争王关中。假设刘邦不听樊哙、张良之劝,在秦王宫中享乐,坐为关中之王,那将出现何种局面?即使这样,项羽也是怒火中烧,只要有一个小小的借口,他就会大动干戈,翦除刘邦,取得独霸的地位。

正巧这时,刘邦部下左司马曹无伤暗遣使者密告项羽说:"沛公准备为关中之王,叫秦子婴为相,独吞了秦国所有金银珠宝,并且派兵守关,不准诸侯大兵入内。"

左司马这一官位虽然不高,但是主管军事机密,所以知道刘邦的具体部署。曹无伤的这一密报,令项羽立即勃然大怒。

谋士范增忙在一旁煽风点火,说:"刘邦在山东老家时,贪财好色,乡间之人都很讨厌。如今进入关中,不取财物,不纳美女,还与秦地百姓约法三章,我看他的志向在于夺取天下。我夜观天象,刘邦之气,皆成龙虎,五彩缤纷,这是天子之气。将军必须尽快出兵攻打,免成气候,否则后果严重。"

范增的话自然是火上浇油,特别是用天象之说打动项羽。今天看来,这种说法只是一种好听的笑话,但是在那个年代,人们总是坚信不疑。

项羽听了范增的话,立即下令:"明日犒赏三军,攻打刘邦,为我消这口怨气。"

各路将领听到命令,自去准备。

项羽军中有一个人物,叫做项伯,是项羽叔辈,与张良有深交,他曾经杀人,得到了张良的很大帮助,才逃得了性命。

项伯一听这个命令,心中自然想起了张良,反复思考:"张良现在刘邦军中,如今两军交战,必然玉石俱焚。如果差人密报,唯恐于事不济。"

项伯思来想去,决定亲自去走一遭。

当时项羽共有兵卒 40 万，号称 100 万，驻扎于新丰鸿门，刘邦兵卒只有 10 万，号称 20 万，驻扎于灞上。两地相距大路 40 里，小路只有 20 里。

夜幕降临，项伯独自骑上一匹快马，借故走出军营，连抽两鞭，向灞上飞奔而去。20 里路，快马奔走，不到半个时辰已到灞上，却被刘邦副将夏侯婴拦住去路。

夏侯婴问："你夜半三更，匹马而行，又无从人，来此何干？"

项伯说："我是张子房好友，有急事相见。"

夏侯婴带着项伯去见张良。夏侯婴先差把门小校传报守门官，守门官传报中军左哨，而后夜巡击柝三声，中军左哨小角门半开，一名健将高声喝问："有甚军情？"

项伯看到旗帜排列，营垒整洁，队伍井然有序，心中寻思："刘邦的确非同小可！范增曾说他将来必然大富小贵，看他军营布置，此言不虚。"

夏侯婴忙上前回答："我寻哨遇一男子，不知姓名，自称子房旧友，匹马只身，未带兵器，不敢擅入，专侯台旨。"

那名健将又进去报告。

张良正与刘邦在内屋议事，忽听报告："子房先生故友在外，急欲求见！"

张良急出一看，见是项伯，急忙邀入中军外屋，命士卒献茶。

项伯令张良摒去士卒，立即将项羽明日准备攻打刘邦之事告知，带着张良就要起身，说："不跟着我走，恐怕玉石俱焚。"

张良留住项伯说："沛公从韩王那里借我随军作为谋士，而今沛公遇到如此紧急之事，一走了之，太无情义。我应该先去告诉沛公。"

张良急入内室告诉刘邦。

刘邦大惊失色，忙说："这到底该怎么对付呢？"

张良问："谁给沛公出此下计？"

刘邦不肯说出樊哙，随口说："有小人对我说：'派兵守关，不纳诸侯，秦国故地可以称王而治。'所以，我听了。"

张良说："沛公细想，你的兵马能够抵敌项王的兵马吗？"

刘邦默然，说："本来就远远不如！这事到底应该如何办呢？"

张良说："沛公和我一起去见项伯，请项伯转呈项王说你不敢背叛。"

刘邦说："先生怎么与项伯有如此深厚的交情？"

"我在浙江的时候，项伯杀人，我想方设法救活了他，所以今天遇到此等急事，他特地来告诉我！"

"他与你哪一个年长？"

"项伯比我长。"

刘邦说："先生替我请他进来，我以兄长之礼去接待他。"

张良又嘱刘邦如此如此，刘邦立即心领神会。

张良出见项伯，说："请兄见沛公一面，沛公有苦衷欲告。"

项伯说："我这次来此，专为子房您，何必又见沛公？"

张良说："沛公是一位忠厚长者，不可不见一面。"再三恳请。

项伯同张子房入见刘邦。刘邦整衣迎接，延之上坐，项伯倍说项羽嗔怪之意。刘邦置酒款待，祝酒为寿，约为婚姻。彼此猜疑之意渐消。

刘邦经过一番感情酝酿，才说："我自从入关以来，秋毫不敢有所犯，登记百姓户籍，封库锁仓，日夜盼望项将军到来。我之所以派遣将领据守关隘，是为了防备秦国余党和其他盗贼，专候将军入关，哪里说得上反呢？希望您把我的这些苦衷告诉项将军，说我刘邦不敢忘记他的大恩大德。"

项伯答应，准备辞去，嘱刘邦说："明日早来鸿门拜见项将军，消释前嫌。沛公所言，我定替转告，料想项将军不会怪罪。"

张良叫夏侯婴派军卒送项伯回新丰鸿门。

项伯回到军中，立即去见项羽。

项羽问："叔父深夜到来，有何要事？"

项伯说："我有故友，本是韩国公子。当年我杀人之后，全仗他得以活命。如今刘邦从韩王那里借他为随军谋士，恐怕两家交兵，此人难保活命。所以刚去同他说说，叫他回避，顺便了解刘邦入关之情。张良对我说，刘邦先入关中，并无毫厘他意，遣将守关，只是为了防备秦国余党而已，不是为了拒楚。一应宝物、美女、粮食，尽都封锁不敢擅动，秦王子婴也不敢擅自处置，就是为了专等你到来。我想，如果不是刘邦率先入关，我们又怎么能够兵不血刃，轻易入关呢？这是刘邦的大功。如今他有大功，而听信小人之言，反要加害，恐怕于理不顺。他明日要亲来军中谢罪，将军可以从容相待，这样才不失天下大义。"

项羽说："依照叔父之言，刘邦好像没有大罪。如果兴师动众，恐被诸侯耻笑。"

范增说："我劝将军消灭刘邦，是因为刘邦入关以来，约法三章，企图收买民心，他的志向是要夺取天下。如果不趁早剿除，恐生后患。老将军被张良说词欺瞒，不可全信。望将军思之。"

项伯说："先生要杀刘邦，还怕没有妙计？何必采取军事行动，遭到天下诸侯咒骂！"

项羽说："叔父言之有理，先生再当定计。"

范增说："我有三计，可杀刘邦，望将军取舍。"

项羽说："愿闻其详。"

范增回答："第一计：派人请刘邦到鸿门赴宴，未入席时，将军就责问他入关之罪，他不能回答，立即斩首，这是上计；第二计：如果将军不便自己动手，可以埋伏二百名刀斧手，刘邦入席以后，我举所佩玉玦为号，项王唤出伏兵杀之，这是中计；如果二计不成，可派一人斟酒，把刘邦灌醉，刘邦是个酒徒，酒后必然失礼，趁机杀之，此为下计。如果项王依此三计，刘邦必死无疑。"

项羽说："三条计策都用，我看刘邦如何逃过杀身之祸！"

项羽传令大小将校，都做好充分准备，专候刘邦自投罗网。

再说项伯走后，刘邦急叫张良、郦食其、陆贾、萧何等人计议。

刘邦说："明天去项羽军中之事，的确生死难料。不去，项羽派兵攻打，势难抵敌；如去，又怕进入陷阱，恐怕难保性命。诸位认为该如何是好？"

萧何说："项羽兵多将广，难以抗衡，不如修书一封，派一个能言善辩之人，将关中所有财物全部送给项羽，只求一郡，再修整兵戎，等候时机。"

郦食其说："我愿下书，游说项羽。"

陆贾也表示愿随郦食其同行。

张良说："诸公之言，恐非上策。昔日伍子胥保护平王赴临潼，会见诸侯，受到天下人尊敬。蔺相如使秦，最后完璧归赵，天下人称赞不已。目前虽然实力不比项羽，但是也不能害怕到如此地步，这样在天下诸侯的面前就失了威信。我虽然不才，愿随沛公去赴明日之会，定使范增无法用其谋，项羽无法施其勇，保证无事而回。他日若为天下之王，也可名正言顺。"

刘邦说："全仗先生神机妙算，看来只好亲自到虎穴里去走一遭了。"

第二天早晨，刘邦带着张良、樊哙、纪信、夏侯婴等人和百余轻骑，一路惶恐不安地前往鸿门。

不时，刘邦又把张良叫到面前说："我今天此行十分忧虑，唯恐不测。先生何以处之？"

张良说："沛公放心，我自有办法。沛公尽管记住昨日应答之语，照此回答，自然平安无事！"

距离鸿门尚有 5 里之遥，早见一支军马到来。为首将领英布大呼："我奉鲁公之命，迎接沛公！"

双方下马施礼，继续前进。刘邦、张良等人一起到军营大门，陈平出门迎接，立在道旁。刘邦正准备进去，只见军中甲士林立，金鼓大作。

沛公不敢前行，对张良说："鲁公营内，戒备森严，全无平日气氛，不可入内。"

张良胸有成竹地说："沛公既然到此，进则有理，退则无路。退后一步，必然中计。沛公暂时稍候片刻，让我先进去看看。"

张良缓步徐行，丁公、雍齿两将把守军门，不放张良入内。

张良说："请报告鲁公，有沛公借士张良求见。"

丁公进入军中见项羽说："门外有沛公借士张良求见。"

项羽说："什么叫借士？"

范增说："张良是韩国人，五代为韩国臣下，见多识广。如今跟着沛公为谋士，这人此来必是游说。鲁公先杀此人，如去沛公一臂。"

项伯听说此言，急忙说："不能如此！鲁公刚进入关内，正要收买人心，人才云集，才能成为霸主。为何无故杀害贤人？张良与我关系甚厚，如果鲁公喜爱，我可以劝说。"

项羽吩咐丁公召见张良。

张良来到军中，看到项羽全身披挂，如临大敌，手握剑把，似乎随时都会一跃而起。张良认为，首先应该叫项羽去掉这些武勇，解除这些装备。

张良说："我曾经听说古代明君治理天下，耀德不扬兵；善于治理天下的圣人，重德不用兵。如今鲁公在鸿门接见诸侯将领，这的确是一件义举。我原来以为，这里一定丝竹管弦、笑语欢声、猜拳行令、尽醉而归。未料想我来到这里，甲兵林立、刀剑森森、金鼓震天、杀气腾腾。这种情境，令人不寒而栗，人各思归。鲁公巨鹿破釜沉舟，九战章邯，勇冠三军，天下闻名。哪个不知道？哪个不害怕？鲁公不用示强而自强，不用称勇而自勇，哪里用得着这样大张声势来显示鲁公之威？各路诸侯都在外面，看到鲁公全无宾主之礼，所以害怕不敢前进。借士张良冒死入营，特请鲁公三思。"

张良古今齐说，褒贬共用，把项羽说得无言以对。

项羽认为张良言之有理，令甲士尽皆退去，金鼓停，武器去，更换官服，请各位宾客进营。下令各位将领只准带文臣或武将一名，作为侍候答应。

张良出外，跟着刘邦重新进营。

刘邦不敢以往日兄弟相称，急忙趋步阶下，鞠躬再拜，说："刘邦谨候鲁公麾下！"

项羽厉声问曰："你有三罪，知道吗？"

刘邦说："我只不过沛县治下一个亭长，偶尔之间被众人推为首领，率兵伐秦，幸而投到鲁公麾下，凡是有所进取，全靠鲁公指挥，哪里胆敢妄为？"

项羽说："你招降秦王子婴，又将他释放，只知道自行其是，而不知楚怀王之命，这是第一罪；你为了收买人心，私改秦法，这是第二罪；遣将守关，阻止诸侯之兵，这是第三罪。你犯有如此罪过，怎么还说不知，还要我来提醒你？"

刘邦再三叩首，说："容我一言，说明心曲。秦王子婴，心悸投降，如果我擅自杀死，是自作主张；而今暂令官吏看管，专等鲁公发落，不敢释放。秦法苛刻，多年危害天下人民，百姓如处水深火热之中，日日盼望拯救，秦法多存一日，百姓受罪一日；我急于更改秦法，正是为了宣扬鲁公之德，百姓都说：'前部入关者就能抚爱百姓，而主帅到来，更能抚爱百姓！'派兵把守关口，不是为了阻挡诸侯，更不敢阻挡鲁公，只是为防备秦国余党，不可不防也。我刘邦实在是无意中进入关中，今天与鲁公相会于此，实乃刘邦大幸。如今有小人造谣生事，令鲁公与刘邦有隙！"

项羽个性刚直，一生最怕弱者，最喜奉承，最恨强者，所以听了刘邦的一席话，全无杀戮刘邦之心。信口说："不是我要责怪你，只因你帐下曹无伤这样说，所以知道你有此三罪，否则怎么会到此地步。"走下座位，亲扶刘邦入座，命设酒招待。

项羽，项伯坐在西面，坐了主席；范增坐在南面，坐了陪席；刘邦坐在北面，坐了客席；张良站在刘邦一侧东向，作为一位侍者。大家一面饮酒，一面说些闲话。

范增见第一计不成，发觉项羽全无杀害刘邦之意，埋伏的200武士自然更不敢动，于是按照预先的约定，把所佩玉玦向项羽示意多次，项羽见刘邦谦逊柔和，对自己毕恭毕敬，便不听范增的再三提示，默然不应。范增见到第二计又失败，不得不采用下策。范增叫陈平斟酒，以目

鸿门宴遗址

示意，陈平自然会意。

陈平向前劝酒。他细看沛公，高鼻龙相，相貌大贵，心下寻思："沛公非常人也，他日定有大贵，若顺从范增意图，恐怕悖逆天意。"

陈平斟酒，倒入项羽杯中多，倒入刘邦杯中少。刘邦也会其意，虽然有些酒意，全然不失些许小礼。

范增见到三策都已失败，心中自叹："今日不杀刘邦，他日必成大患！"

范增一计不成又生一计，避席而出，准备去寻找一个武将借舞剑之机杀死刘邦。范增出门，正好看到楚将项庄，他是项羽族人。

范增把项庄叫到人少之处，附耳低声对项庄说："鲁公为人性刚但心不忍。今日的鸿门宴，专门就是为了诛杀刘邦而设，但是我举佩玦再三，鲁公全不理睬。如果今天放走了刘邦，将来绝无如此良机。你可进入席前，请求舞剑为乐，乘机杀死刘邦。否则，将来我们大家都会成为刘邦的俘虏。"

项庄待范增入座之后，大步走到项羽、刘邦席前，叩礼说："军中之乐不足观，我请求舞剑，给鲁公助酒。"

项羽随口说："好吧！"

项庄拔剑起舞，其意常在沛公。张良见项庄企图借舞剑击杀沛公，急忙用眼睛示意项伯。

项伯知张良之意，出席拔剑说："舞剑须对舞才好看，剑锋交错，夺目争辉，足可如诸位之意。"

项羽也随口说声"好"。

项伯仗剑，与项庄对舞，时时用身子像羽翼一样护住刘邦，项庄无法击杀刘邦。

范增深恨项伯。

张良看到情况危急，忙出席欲去军门唤樊哙。

丁公、雍齿拦住张良："先生欲往何处？"

张良说："欲出取玉玺。"

陈平跟在后面，已知其意，便高声说："鲁公性急，快放子房先生出去！"

丁公等人只得放行。

张良急忙找到樊哙说："如今项庄舞剑，其意在于击杀沛公。事情很急，将军快去救沛公，奋不顾身，勇不惜命。"又细嘱需如此如此。

樊哙开步欲行，张良忙说："等我进去之后，你再闯进营去。"

樊哙见张良已进军中，忙来到门口大呼："鸿门大宴，我为随从，怎么无份？我要见鲁公讨些酒饭充饥！"樊哙带剑拥盾而入。

丁公等人见了樊哙进来，企图阻挡，但是怎抵樊哙神力，推倒守门众兵士，一下子直入军中，披帷而立，头发上指，目眦尽裂。

项羽忙问："壮士何人？"

张良答："沛公骖乘樊哙！"

项羽又问："来此何干？"

樊哙说："听说鲁公举行灭秦大宴，无论大小，都有酒食，但是我从早到午，尚未用餐。腹中饥渴，实在难忍，特来告求鲁公赐饮。"

项羽命左右赐酒一大杯，樊哙一饮而尽，项羽又命赐一猪腿，樊哙用剑切而食之。

项羽说："壮士，能够再喝酒吗？"

"我死都不惧，一杯酒何足道哉？"

项羽说："你准备为谁死？"

樊哙说："秦王有虎狼之心，杀人恐怕不多，刑人唯恐不够，因此天下百姓尽皆反叛。怀王与诸将约定'先破秦入咸阳者王之'。如今沛公攻破秦国进入咸阳，秋毫无犯，封闭宫室，还军灞上，专候鲁公到来，派将守关，防备盗贼。沛公劳苦功高如此，未得封官委爵之赏，反而听信小人之言，要诛杀有功之人，这难道不是亡秦之续吗？我相信鲁公不会这样吧？而今二将舞剑，其意常在沛公。我欲为沛公申此不平，死且不避。"

项羽回嗔作喜说："沛公有这样的骖乘，真是勇士！"下令项庄停止舞剑。

须臾，刘邦见项羽已醉，推说上厕所，招樊哙一起出去。丁公和雍齿拦住不放。

张良急忙说："鲁公传令，诸侯将校不胜酒力，下旨放出。"

陈平也从后面出来，急呼："放沛公出去！"

沛公出到军营门外，说："如今出来，还没有向鲁公告辞，怎么办呢？"

樊哙说："大行不顾细谨，大礼不辞小让。如今人为刀俎，我为鱼肉，有什么可辞的呢？"

刘邦令张良留下来致歉。

张良说："沛公带有什么东西作为礼品？"

刘邦说："我带来白璧一双，准备献给鲁公；玉斗一双，准备献给亚父范增。但是他们正在发怒，不敢当面奉献，先生替我奉献。"

张良答应了。

刘邦带着樊哙、夏侯婴、纪信等人，从骊山脚下小道逃回灞上去了。刘邦走后，张良估计刘邦已到军中，才进入见项羽，致歉说："沛公不胜酒力，不能面辞，特叫我奉白璧一双，再拜献给鲁公；玉斗一双，再拜献给大将军足下。"

项羽说："沛公现在哪里？"

张良说："听说鲁公有意责过，已经脱身而去，从小路回到军中去了。"

项羽没说什么，把双璧放在座位上。

范增接过玉斗，置之地上，拔剑而破之，说："唉！竖子不足与谋。夺天下者，一定是沛公……"

刘邦回到军中，立即派人抓来曹无伤，大骂一通，立地斩首。项羽的一句话，葬送了一个内奸。

回顾这一宴，的确让人感到动魄惊心。

刘邦因功获罪，张良一而再，再而三，叫他退，退，退，最后逃席而去，刘邦善于纳人之言，奠定了将来的帝王之位。项羽推行霸权主义，一误再误，放走了他最大最危险的敌人。范增一计不成二计，二计不成三计，最后由于项羽沽名钓誉，弄到黔驴技穷……

这就是千古名宴：鸿门宴。

鸿门宴之所以成为千古名宴，并不是吃的龙肝凤胆，喝的玉液琼浆。肉不过猪脚之类，酒不过村醪而已，而是在这台便宴上，政治风云骤起，剑拔弩张，明争暗斗，触目惊心，对刘、项相争产生了重要影响！

项羽是仁人之心，还是沽名钓誉，自然任人评说。总之鸿门宴是刘、项争锋的第一幕，刘邦因为有张良策度，项伯暗助，樊哙闯宴，项羽有勇无处使，范增奇谋不能用。刘邦如厕之时逃走，这事儿也只有刘邦才能干得出来啊……

第六节 虎口脱险

项羽简单，范增却不是省油的灯，他一直盯着刘邦。

刘邦鸿门宴逃脱后，被项羽分封为汉王，不得已而为之，准备去他的巴蜀当汉王。他在这里一忍再忍，范增却又产生出了新的主意！

范增深信天命，忽然想起刘邦是火命，所以他斩白蛇、树红旗，如今居住汉中为王，正是西方。西方为金，火炼金，必然要成大器。急忙去对项羽说："大王封刘邦为汉王，刘邦心中十分不满，他的将领都是关东之人，人人都忿忿不平，以为大王背约分封。如今不除，必为后患。"

项羽说："分封诏书已出，天下大局已定，何必又生出这么多事？"

范增说："我有一个主意：明天各位诸侯来见大王，大王就问刘邦，'我封你为汉王，你去不去汉中？'他如果说'去'，大王就定他图谋不轨的罪名；他如果说'不去'，大王就定他抗旨不遵的罪名。大王就可以杀他，除去这个心腹祸害！"

两人密商已定。

第二天，各路诸侯王来拜项羽，礼毕。

项羽问刘邦："汉王，我封你去汉中，你去还是不去？"

刘邦不敢说"不去"，但也不愿说"去"，他灵机一动说："我的俸禄是大王给的，命运全掌握在大王手里，我怎么好说去还是不去？我就像大王的马，鞭子抽我，我就往前走；拉住缰绳，我就停步待命。"

项羽笑着说："汉王真会打比方！"

刘邦的几句话满足了项羽的虚荣心，项羽诛杀刘邦的心意一下子没了踪影。

刘邦回到汉王营，张良急忙来见他。

张良问："汉王知道今天的危险吗？"

刘邦惊讶："今天又有什么危险？"

张良说："汉王真是洪福齐天！刚才霸王问您去不去汉中，如果大王回答'去'，霸王就会说你图谋不轨；如果大王回答'不去'，他就会定你想当关中王的罪名。如果不是汉王善于应对，今天必遭杀身之祸！真是天意！"

刘邦大惊失色，半天才回过神来！

刘邦巧答，拍了项羽的马屁，又未让对方抓到任何把柄。

在回答这种有预设前提的问语之时，千万不能简单地回答"是"或者"不是"。刘邦虽然没有经过系统的逻辑训练，但是他凭着天生的机灵，无意中躲过了一场飞来横祸。

刘邦听了张良的分析，心中十分害怕，忙向张良讨教，希望早一天离开这是非之地。

张良说："我马上就去找项伯和陈平，商议脱身的办法。汉王做好准备，等到霸王下令，立即起身，可以避免祸害。"

张良悄悄见了项伯和陈平，详细叙说范增企图加害刘邦的事，求告说："汉王如今去汉中就职，但还没有脱身之计。倘若他去汉中平安无事，绝不会忘记今天的相助之情。"

陈平沉思半响，附耳低声叙说巧计。张良大喜，催请陈平用计。

项羽当上西楚霸王，封范增为丞相，号为亚父，项伯为尚书令，钟离昧为右司马，季布为左司马，龙且为大司马，丁公为左将军，雍齿为右将军，陈平为都尉，韩生为左谏议，英布为引战大将，而当时韩信还只是一个执戟郎。陈平是都尉，凭他的职务，可以直接奏事。

项羽分封诸侯之前，派人告诉楚怀王，尊他为义帝，并以"古之帝者，地方千里，必居上游"为由，劝义帝迁都郴州，自己迁都彭城。但是义帝一直未动身，项羽心怀不满，召集楚国群臣商议。

陈平趁机奏道："天无二日，国无二君，民无二主。如今大王已经颁诏改怀王为义帝，分封天下，却又向怀王请命，这是国有二君。如今百姓尽皆传言，如今天下是以臣封臣，古今罕见。这样，大王的威信不足以征服天下，下臣愚见，最好是尽快派丞相亚父带领二位骁将，赶赴彭城，催促义帝起身，放到偏僻的地方，从此不用请命。"

陈平为了帮助刘邦离开项羽，又担心范增从中作梗，特向项羽献上这样的计策让范增离开项羽，以便用计。

项羽听了陈平的话，正合心意，立即下旨，命范增带着桓楚、英布赶赴彭城，催促义帝速往郴州，并将彭城修饰整齐，他打算去参观参

汉代瓦当

观，以表难忘故地之情。

范增不好违抗命令，只好先去准备，然后辞别项羽。

范增对项羽很不放心，他叮嘱项羽说："我如今遵命去彭城，唯恐左右有人蒙蔽大王。我有三件事上谏，大王定要留意。第一，大王千万不要轻易离开咸阳。关中自古就是建都之地，天府之国，沃野千里，进可攻，退可守。第二，大王应该重用韩信，韩信有元帅之才，只是时运不济。大王重用他，必能横行天下，所向无敌。大王如果不想重用，不如趁早杀了他，免得他再投靠别人，贻害无穷。第三，大王不应该让刘邦去汉中，暂时留他在咸阳，等我回来，再作处理。这三件事非常重要，大王一定要切记！"

项羽说："亚父速去早回，这三件事，我牢记于心。"

虽然对项羽不放心，第二天范增还是带着桓楚和英布奔赴彭城。

范增刚走两天，陈平就上表项羽，声称各路诸侯云集咸阳，每日费用极大，唯恐关中百姓难以支撑，最好是把他们遣散，让他们各自回到封地。

陈平的奏章把情况说得十分紧急。项羽看完奏章也觉得很有道理，就立即传令新封各路诸侯王，五日之内都必须各自回到封国就职，汉王刘邦和韩王姬成暂时留在咸阳，另做打算。

张良与陈平谋划，本来想劝项羽遣派诸侯回国，刘邦也可以趁机去汉中，想不到项羽来了个"汉王刘邦除外"，张良一听，大吃一惊！

张良心想汉王危险了！如果范增从彭城回来，必然会想方设法加以谋害，怎么能够去汉中？

张良急忙去见刘邦。

刘邦说："今天霸王下令新封诸侯到封地就职，但是却将我刘邦除外，这一定是想要谋害我，先生你看，这到底该如何处置呢？"

张良献计："汉王的家人都在沛县，明天您上书霸王，要求去家乡接人，我自有计策拯救大王。"

刘邦就让郦食其写信，次日去见霸王，要求回沛县搬取家小。

项羽说："汉王要去沛县搬取老小，这也是孝子之意，但是恐怕不是出于本心。是不是因为昨天我叫你暂时留在咸阳，所以今天才来上书？"

刘邦开口说："我父亲年老，母亲已去世，家里没有人孝敬他，我天天都想他。大王新定大位，我也不敢太早奏报，恐骚扰大王。如今各路诸侯都回家去封地了，都能有机会孝敬父母，大王单独留下我刘邦在咸阳，不知道什么时候才能见到父亲？"

刘邦说到伤心之处，禁不住弄假成真，哭泣起来。

张良启奏："不能让汉王回家搬取家小，只能叫他去汉中为王！大王派人去取刘老太公一家作为人质，可保汉王不敢生出二心。"

项羽说："把汉王留在咸阳，没有叫他去汉中，就是怕他产生异志。"

陈平趁机说："大王既然已经分封刘邦为汉王，布告天下，而今又把他留在咸阳，恐怕失信于天下。不如听从张良劝谏，叫人把刘太公一家老小取来咸阳当人质，叫汉王去汉中为王。一可取信天下，二可管住刘邦，可谓两全其美。"

项羽一听，觉得有理，说："既然这样，汉王去汉中为王，不得请假去沛丰搬取家小。"

刘邦听说，假装哭泣，拜伏在地，久久不起，要求一定要侍奉老父，回乡接人。

项羽信以为真，就说："你先去汉中，等我迁都彭城之后，派人将你老小接去彭城赡养，那时你慢慢来取，也不失为孝敬。"

刘邦拜谢道："感谢大王圣恩，今生不敢忘记。我今日就此告辞大王，赶到汉中去！"

刘邦表现得何等恭顺，快快告辞回营。

楚将钟离昧听说项羽放了刘邦，急忙劝谏说："亚父临走的时候，告诫大王不可让刘邦去汉中，如今大王怎么忘了？"

项羽说:"扣住刘邦一家老小,就可以束缚刘邦了,又何必硬要为难刘邦呢?何况封诏已经布告天下,怎么能因听信亚父的一句话,叫我失信于天下呢?既然如此,派人传令,只准刘邦率领 3 万人马去汉中,其余人等全部留下。"

钟离昧与韩信是好朋友,秘密与韩信商议。

韩信感叹地说:"让汉王去汉中,又不准携带家小,正中了他的诡计。日后汉王借口思念父母,率领三军东进,我们都要成为他的俘虏了。可惜亚父金玉良言如今全成画饼!"

再说刘邦回到营中,吩咐三军正要启程,突然接到项羽指令,只准带领 3 万人马随行。已经到了如此地步,张良、萧何、郦食其一班谋臣,忙劝刘邦一忍再忍。好在刘邦的兵,长期跟随的人不多,大都是原来陈胜、项梁手下的散兵,刘邦经过挑选,带了 3 万,其余交给了项羽。

关中父老因为"约法三章"的政策,对刘邦感怀至深,听说刘邦要去汉中,都扶老携幼,哭哭啼啼地前来送行。刘邦再三抚慰,百姓送了一程,还要再送一程。

萧何趁机给项羽制造一些不良舆论,他出面劝告百姓说:"霸王法度十分严格,你们不要远送,恐怕因此受到牵累。"此番话更令老百姓感慨不已!

汉王告别关中百姓,张良令樊哙等人催动大军飞速前进,经安平、扶风、凤翔、宝鸡、散关,到凤阳,入栈道。

栈道是在悬崖峭壁之上用木材依山势架成的"桥梁",是巴、蜀、汉中通往关中的要道,刘邦士卒大都是关东人,哪里见到过这样的高山深谷,这样的艰险道路?

将士们议论说:"我们来到如此险恶的地方,如果有人把守,一定死无葬身之地。与其坐地等死,不如杀回咸阳,与项羽决一雌雄,这才是大丈夫所为。"

樊哙等一班武将也跟着叫嚷，要杀回关中去。

刘邦也跟着气忿忿地说："我奉怀王之命，先入咸阳，本该为关中王，谁知项羽违反约定，把我弄到这种鬼地方。又叫章邯三人阻塞我东归，我就算会腾云驾雾，也飞不出这关山阻隔。不如听从众人主意，趁三秦还没有派兵把守，杀回咸阳拼个你死我活，也还算是个英雄！"

张良、萧何、郦食其等人立即下马，拜伏在地，纷纷说："不可听信众人一时火性之言，坏了将来大事。汉中虽然险恶，却正是大王兴起之地。汉中、巴、蜀，地处偏远，可招兵买马，训练士卒，霸王决不可能知道。等到人强马壮，乘机平定三秦大地，天下不难一统。如果助长众人的怒气，回兵咸阳，项羽命令三秦兵马四面出击，岂不是以卵击石？到那时，主公想做一个汉中王，恐怕都不可能了！"

刘邦想来想去，思前顾后，依旧叫樊哙催促人马，继续向汉中前进。

到了南郑，刘邦选择良辰吉日，宣布就位，安抚百姓，施行布德，宽厚待民，实力很快发展起来。

魏晋时期竹林七贤之一的阮籍曾经说刘邦是"时无英雄，遂使竖子成名"，就连司马迁的《史记》对刘邦也不以为然。实际上，刘邦的高明之处就在于他精通权力的智慧。尽管他谋略不如张良，用兵不如韩信，和项羽相比，他也是个拿不到台面上的人，似乎浑身都是缺点。但是，他是天生的运权用智的高手，他不能被人用，却可以用人，用得恰到好处，让有本事的人为自己打天下，又不会和自己争天下，乖乖地把自己抬上皇帝的宝座，实在令人称奇。

第二章 汉王拜将

第一节　贤臣择主

有道是"大丈夫能屈能伸"，刘邦是大丈夫，而他手下还有一位更著名的大丈夫——韩信。

在为刘邦打天下的人才中，最为著名的就是流传后世的汉初三杰。张良出生于韩国贵族世家，可谓有根有底；萧何是刘邦的好朋友，很早就有交往，是刘邦打造江山的根本班底；而韩信则出身低微，他最终成为刘邦的破楚大元帅，这既是刘邦的大气魄，也是韩信的大本事。

韩信是江苏淮阴人，出身布衣，不善农耕商贾，没有一技之长养活自己，经常半饱半饥，因而经常到别人家去混饭吃。在老家的时候，他曾在一位亭长家混吃，长达数月之久，亭长的妻子很讨厌他，于是每天很早就把饭弄好吃了，等韩信去的时候，大家都不吃。韩信知道这种情况，

韩　信

十分生气，与亭长绝交而去。

韩信曾经在淮下河边钓鱼，有时候一天还吃不上一顿饭。有一位在水中漂纱的女子看到韩信面带饥色，经常送饭给韩信吃，长达数十日。这就是后来人们常说的他"乞食于漂母"。

韩信道谢说："我将来要重重地回报您。"

漂母生气地说："大丈夫不能自己养活自己，吾哀怜你才送点饭给你吃，难道是希望你回报吗？"

现在江苏淮阴市有一座胯下桥。这座桥可以算是当年韩信在淮阴的见证。这来源于一个近乎荒唐的故事：

淮阴街头有一个屠户，一天，有意在街头侮辱韩信。他对韩信说："你虽然长得身高体壮，喜欢带刀弄剑，但是只不过外强中干，胆子小得很！"当众又对韩信说，"你如果胆子大，就用剑把我刺死；如果怕死，就从我的胯下爬过去。"

韩信思虑再三，反复审视这位恶人，最后只得弯下身子，从这个屠户的胯下爬了过去。所有耳闻目睹这一幕的大小人等，都认为韩信胆怯。韩信对自己的行为，自有一番见解。

韩信后来被刘邦封为楚王，衣锦还乡的时候，专门招来那位屠户，封他为楚军中尉，并对各位将领说："这个人也是一位勇士。他侮辱我的时候，难道我不敢杀他吗？杀他没有任何意义，所以忍辱负重才有今天。"

韩信此举，备受后人称赞，因此后人特地修了一座桥作为纪念，取名"胯下桥"。

韩信虽然贫困，但是也确实读过不少书，从小就有抱负。司马迁曾说：他为撰写《淮阴侯列传》，专门去淮阴访问。淮阴人对他说，韩信小的时候虽然贫困，但是他的志向与众不同，韩信的母亲死了，穷得没法建墓，但是他仍然专门去寻找一块高敞之地，旁边可容纳万家居住。

司马迁亲自去看，与淮阴人的传说一模一样。

韩信在《史记》中虽然只有一个"列传"，但是从篇幅来看，远远超过不少"世家"。司马迁专门记叙这些逸闻趣事，似乎在昭示人们，"生于忧患，死于安乐！"

正当韩信穷困潦倒的时候，项梁反秦，拥立楚怀王，经过泗水，韩信仗剑投奔项梁。项梁不喜欢韩信的外貌，不想留用。

范增忙说："韩信面貌清癯，中含蕴藉，既来相见，就应留用；否则，恐塞贤路，多为不便。"

因此，项梁只叫韩信当一个执戟郎中，实际上就是一位卫队首领。韩信未得重用，心中闷闷不乐。

定陶之战以前，项梁因为胜利而傲气十足，韩信曾劝项梁加强戒备，严防敌军偷营劫寨，反而遭到项梁一顿呵斥。

范增曾屡次向项羽推荐韩信，霸王总是不肯重用，只是给了个执戟郎的小官。韩信报效无门，心怀郁郁。后来由于张良的推荐，韩信决定离开项羽，投奔刘邦。

韩信在咸阳没有家小，只有门吏二人，负责在外看门；家僮二人，负责服侍韩信日常生活。韩信暗中打点行装，准备盘费，写好家书，派家僮去淮阴看视家小。

韩信密切注视项羽行动，时刻准备投奔汉中。项羽已经下令准备迁都，韩信晚上专去拜访陈平，寻求稳妥的脱身之计。

韩信早就看出陈平有心去楚归汉，用言语挑之，说："项王迁都彭城，汉王必然出兵三秦，恐怕关中终非项王所有。"

陈平说："近日项王所作所为，自以为天下无敌，却无长治久安之策，哪有不败之理？汉王长者，必成大事。将军雄才，在此碌碌无为，不如背楚归汉，施展宏图。"

韩信说："我也有此心，但恐沿途关隘阻绝！"

陈平说："我有衙门印信文书，与将军随身携带，自然畅通无阻，只说去汉中探听军机大事！"

韩信拜谢："幸得先生此等文书，胜过千金之赐。他日如得尺寸之进，决不敢忘今日大恩大德。"

陈平说："将军保重，他日我离楚归汉，还望将军提携。"

韩信得了陈平文书之后，次日早起，带好行装，吩咐门吏："我去城外访友，两三日才能回来，你等小心看守，不可有失。"

韩信匹马出城，往汉中大道急行而去。

范增自从回到关中，得知刘邦已去汉中，惶恐不已，急忙派人严守各地关口，严密盘查过往行人。

韩信去了五日，门吏无奈，只得报告上去："一月以前，有人夜访韩将军，说了一夜。其后又打发家僮回原籍看望家小。五日之前，叮嘱小人，说是出去访友，三日可回。三日未回，我等四处寻找两日，没有一些踪迹。恐怕韩将军有什么闪失，不敢不报。"

范增听到报告，顿足大惊："我成天放心不下的就是此人。为此我曾多次劝谏项王，若留此人，必须重用；如不愿用，务必杀之。今日叫他走了，必然投奔刘邦，我心中又生一疾。如果不追回来，我等日后将昼夜不得安宁！"

范增立即报与项羽。

项羽大怒："这个懦夫，怎么背我降汉！"

范增说："韩信很有见识，我向大王屡次推荐，大王只是不用。今日被他走了，一定去投刘邦，必为大王后患。"

项羽说："他没有通关批文，关上必然阻拦，他能逃到哪里去？"急令钟离昧："速带二百轻骑，快给我擒来，将他碎尸万段，以儆效尤！"

钟离昧驱兵追赶，可是沿路关将皆说韩信随身带有印信批文，声称公事紧急，他们不敢阻拦，韩信已过去几日。钟离昧立即飞檄三秦，着他们追赶捉拿，自己回报项羽。

项羽说："既然已经逃远，去了也不足为患。一个胯下懦夫，能成什么大事！"

韩信出了散关，进入三秦与汉中双方共管之地，来到三岔路口，取出地图寻找进入汉中小路。刚看完，只见一个传令兵过来，吩咐游兵："你等如果遇到匹马单骑过来，要细细查看批文名字，不是韩信，方可放行。"

游兵说："方才正好过去一人，匹马单骑，不曾询问姓名，何不赶上，询问一声！"

传令兵马上追去查问："将军姓甚名谁，有何公干？"

韩信说："我姓李，去汉中探亲。"

"有批文吗？"

"有。"

那人硬要取看，韩信取出批文，假装递过去，说时迟，那时快，用张良"卖"给他的那口宝剑，一下把那位传令兵刺死。那些游兵，一共5人，一齐追将上来，要抓韩信。韩信匹马向前，剑光闪处，5个游兵早成无头之鬼。

韩信杀死几个游兵，自然不会费去多大力气，但他不会恋战，急忙掉转马头，往西南小径狭路急进。两面高山，中间有一条小道。韩信从未见过蜀道之难，对一切都觉得十分新鲜。

小道两旁，涧水潺潺，清清水波，绝壁千仞，林木森森，真有"明月松间照，清泉石上流"的意境。如此险峻之地，马不能驰行，人不得纵情，韩信只得勒马缓行，小心翼翼、东张西望；但是弄不清陈仓路口到底在哪里。

接下来，就是流传在民间的韩信杀樵夫的故事：

韩信正在犹豫之间，山坡那边突然冒出一位樵夫来。

韩信忙问："樵哥，请问哪条路可往陈仓口去？"

樵夫放下柴担子，极为热情，指手画脚地说："绕过小山岗，有片小松林，松林下面一块乱石滩，过座石桥，是蛾眉岭……"

韩信对照地图，樵夫所说分毫不差。韩信拜谢樵夫，策马向前走去；樵夫担起柴担，也欲下山去……

韩信心想："章邯等人知道我杀了军士，一定会从这条路上赶来，如果樵夫说出……"

韩信调回马头，叫住了樵夫。樵夫刚一回头，韩信手起剑落，杀死了可怜的樵夫。韩信把尸体拖到山凹之下，手撮黄土掩埋起来。

韩信两眼垂泪，纳头下拜，抬头向天祷告："不是韩信短行，实在是万不得已。他日如果有出头之日，一定重新厚葬，报答你的大恩大德。"

韩信挥泪继续西行，好不容易，来到了汉中首府南郑。韩信看不尽通城景致，不知不觉来到一个叫"招贤馆"的衙门。衙门旁边悬挂着招贤榜文，招揽各类人才。

韩信看完榜文，便问左右看榜之人："请问掌管招贤的官员是何人？"

看榜人回答："掌管招贤的人是滕公夏侯婴，汉王封他为汝阴侯。滕公为人礼贤下士，不拘小节。"

韩信听到此言，开始了自己的盘算，心想："如果到相府拜见萧何，呈上张良荐书，必然马上富贵临门。可是因为张良推荐，我才得到显赫，显不出我的本事。不如将荐书隐藏起来，先见滕公，再去见萧何，将我平生本事表现表现，让天下之人了解，得到汉王赏识，再拿出张良荐书，方显示出我不是碌碌无为之辈，因人成事之人。古人曾言，难进易退。如果突然之间身居高位，恐怕最终难以得到大用。"

韩信填好表格，进去拜见夏侯婴。

夏侯婴见到韩信相貌堂堂，暗中思忖："此人之名我曾听说，他原是楚臣，如今不远千里来投，其中恐有缘故。"随口问韩信："贤士从哪里来？曾经做过些什么事？"

韩信说："我是楚王旧臣，因不得重用，特地离楚归汉，从咸阳赶来。"

滕公夏侯婴说："栈道已经烧绝，道路十分崎岖，敢问贤士从哪条路来？"

韩信说："志图报效，不怕山高路遥，攀藤揽葛，跋山涉水。忘路所在，忘却劳顿。"

滕公说："贤士妙语。贤士已看榜文，不知有何长项，请根据自身情况，选择一种，以应对、考核。"

韩信说："榜上十三种都能干好，只是榜上现缺一种，未曾开列。"

夏侯婴说："请问贤士，尚有哪一种未曾开列出来？"

"才兼文武，学贯古今，出将入相，坐镇中原，威抚华夏，有百战百胜之术，取天下易如反掌，可为破楚大元帅，榜文内怎么未曾开列这一种！此种最为重要，其余十三种都只是一技之才，不足以囊括韩信之才。"

夏侯婴一听，异常吃惊，忙请韩信上坐，施大礼，说："久闻贤士之名，一直未睹尊颜。如今不辞辛劳而来，不只是我夏侯婴一人之幸，也是汉王之幸，天下社稷之幸。希望敬听贤公高论。"

两人交谈多时，甚是投机。

夏侯婴说："我明日拜见汉王，奏明贤公之才，必然重用。"

韩信说："明公不用急于奏告汉王，但烦引见萧丞相。"

夏侯婴许诺，韩信告辞而出，自去店中歇息。

当日晚上，夏侯婴专到相府拜见萧何，向他报告韩信弃楚归汉，才学出众，实为天下奇士，望他向汉王鼎力推荐。

萧何说："韩信这个名字，我也听说过。此人出生低贱，钓鱼淮下，乞食漂母，恶少污辱，甘心出于胯下，后来投奔项梁，项梁死后又追随项羽，只得到一个执戟郎的官位，范增屡次推荐，项羽轻视他的出身和经历，不肯委以重任。大概是楚国不用，特来投汉。如果汉王知道他的来历，恐怕不肯重用。"

夏侯婴说："此人未得其主，未遇良机，如得重用，必然建功立业，绝对不会辜负推荐之人。"

萧何说："明日请来相见，再作定论。"

第二天，夏侯婴亲到客店之中礼请韩信去见萧何。

丞相府邸，戒备森严，真是侯门深似海，伺候官先进去报告，门吏官出来询问姓名，然后再去禀告丞相，最后才出来一位官员，请韩信进去拜见丞相。

韩信进到堂下，萧何站在檐下，拉着韩信的手进入堂内，不设座位，两人站着交谈。

萧何说："滕公盛赞贤公大才，今日幸得相见。"

韩信说："我在项王手下，听说汉王贤明，丞相好士，思贤如渴，因此，不顾山高路远，不辞千辛万苦，不远千里而来。到此多日，方才见到滕公。昨天拜会，未见思贤气氛。今天拜见丞相，我突然觉得一场辛苦全是白费，恨不得马上回归故地。我宁可老死桑梓之乡，也不愿仰人鼻息！"

萧何说："贤士尚未囊锥颖脱，怎么刚一见面就貌化而色变呢？"

韩信说："不逢良机，不遇知己，未曾歃血，怎么就会囊锥颖脱？那岂不是王婆卖瓜，自卖自夸吗？"

萧何说："萧何敬听贤士高见！"

韩信说："古代齐王喜欢听瑟，听说有一位贤士擅长鼓瑟，齐王再三派使者去请，那位贤士不得已来到齐国。齐王高坐大堂之上，叫那位贤士为他鼓瑟。贤士心中不悦，说：'大王如果不喜欢听瑟，我也不会来到大王的高堂之上，大王如果喜欢听鼓瑟，就应该焚香赐座，我才好尽心为大王鼓瑟。现在大王高坐华堂之上，而我却像一个奴仆似的站着，我如此低贱之人，怎么能让如此高贵的大王快乐呢？'鼓瑟之士尚且以立于王侧为羞，何况丞相目前处在吐哺握发之时，为国求贤之机，企盼治国大计，可是反而倨傲贤士，我怎么有心思留在这里？"萧何本想以此试探韩信，他机灵如何，品性怎样，一听韩信语出惊人，急忙礼请韩信上座，深深致歉说："萧何无知，有失待贤之礼，还望贤公海涵。"

韩信说："丞相为国求贤，我也倾心图报，都不是私人之事。"

萧何说："希望贤士畅谈天下形势，阐述天下安危和治乱之机，审视天下强弱变化之势。"

韩信说："关中之地，百二河山，披山带河，天府之国，自古以来为帝王建都之地。霸王离开关中，建都彭城，失却天下之形胜地势。汉王虽然左迁汉中一隅之地，但是正好养精蓄锐，正如虎豹在山，项王不能用其能，这是失中之得，祸兮福所倚。项王拥有九郡，势力强盛，天下无敌，但是天下诸侯表面害怕其强，内心却常怀背叛之心，祸害深藏于不测之中。外面一看似乎平安无事，内中却包藏着无穷祸水；反而不如汉王地处僻远之地，可以从容收取天下人民之心，招贤才纳良士，诸侯无力侵犯疆土，可保长久安定。项羽迁都彭城，弑杀义帝，大逆不道，天下谓之逆楚，与暴秦一般无二；荆襄湖南百姓，正在纠合民众，准备讨伐其罪，不用多久，天下必将大乱。危如累卵，项王漠然不知，反而闭目塞听，自以为强大，天下无敌，这就是实实在在的匹夫之勇，怎么能取信天下百姓。汉王初入关中，秋毫无犯，与民约法三章，废除秦国苛法酷刑，而今虽然被迁南郑，然天下百姓正在翘首以待，盼望汉王回兵三秦。汉王一旦举兵东进，天下之人莫不箪食壶浆，迎接王师，引领归依，天下之人，谁不愿为汉王之民。章邯、司马欣、董翳三人，率数十万兵降楚，被项王坑杀在新安城南，而三人却分王秦国大地，秦民恨不得食其肉，饮其血，项王用他们阻止汉兵，这无异于把关中大地拱手送给汉王。汉兵一旦东征，百姓必然人自为战，三秦大地一举可定。天下形势的安危、治乱、强弱不是一目了然吗？"

萧何说："贤士以为，楚国可伐吗？"

"目前形势，项王东迁，天下诸侯纷纷反叛，百姓正处于水深火热之中，急思得到天下明主。三秦坐享其成，毫无准备，正是汉王举兵讨伐的大好时机。失去如此良机而不首先占领三秦大地，如果齐、魏、燕、赵等国，一旦有一位有识之士进献一言，举兵西进，占咸阳、定三秦，阻塞要道关隘，汉兵必然老死汉中也。"

萧何听韩信说到这里，忙前倾附耳低声说："前些日子张良已经烧绝栈道，汉兵即使决心东征，亦无路可走，如之奈何？"

韩信笑着说："丞相何故如此欺人？前日烧绝栈道，一定有人早与丞相商议停当，另有良谋妙计，汉兵才可放心放火，岂有如此自断归路之人？此举不过让项王明白，汉王绝无东征之意，令楚国不作准备而已。瞒得过项王，岂能瞒得有识之士？"

萧何听到此时，笑容满面，离坐下拜，说："自从进入汉中以来，再也无人详谈此事了。今闻贤士妙言，真是醍醐灌顶，如醉方醒，好不痛快！"忙叫："快备车马，载贤士回私宅少坐！"先差人前去备办盛宴为韩信接风洗尘。

萧何邀请韩信来宅府，酒完席罢，两人又开始讨论为将之道。

萧何说："将帅乃三军之灵魂，国家的安危之所在，事关社稷大事，贤公对此有何高论，我愿细细听闻，切望不吝赐教！"

韩信说："为将之人，必须弄清楚五才十过。五才指的是智、仁、信、勇、忠。智者遇事不乱，仁者宽厚爱人，信者恪守信用，勇者天下无敌，忠者肝胆相照。为国大将，有此五才才能率领三军。十过指的是有勇力但是冒险舍死，遇急事而情乱心迷，逢良机贪心好利，怀仁义而不厌恶邪凶，有智慧而不知退让，守信用而轻信他人，性廉洁但刻薄寡恩，腹有良谋但不当机立断，知退让但喜欢任用凶悍之人，刚毅但失之武断。国家之将有此十过，那么将难以为将。因此，善于用兵的将帅，必须具五才，去十过，才能攻无不克、战无不胜，如此则谋无不成，事无不就，横行四海，平定天下。"

萧何说："贤公谈谈当今为将之人如何？"

韩信说："当今为将之人，有的有勇无谋，有的有谋无勇，有的依仗自己的才能而目空一切，有的表面恭顺则内心高傲，有的看重高位而轻视低职，有的稍有成就即高高在上，有的夸大自己的长处而诋毁他人的成绩，有的掩盖自己的过失而夸大他人的不足，如此等等，都是当今之人为将之弊。如今此类人很多，不善为将之人很多。"

萧何说："如果贤士为将，有些什么举措呢？"

韩信说："如我为大将，不敢自吹自擂，但是一般人不知耳。用之以文，齐之以武，守之以静，发之以动。兵马未动之时，稳如山岳之重；兵马一出，行如江河之势，变化如天地那般自然，号令像闪电雷鸣那样分明，赏罚如四季变化那样合乎规律，运筹谋划如精灵般神鬼莫测，决胜于千里之外。天上地下，无所不知，里里外外，顺乎自然。十万之师，百万之兵，分辨明晰，统筹兼顾，曲直圆扁，其妙全尽。洞察古今，精明易理。定安危之计，决胜负之机，神立用之极，藏无穷之妙。奇正相生，阴阳相配。然后容仁，立礼，裁勇，成信，守义……"

萧何听韩信的言论，犹如长江黄河，奔腾而来，呼啸而去，翻波逐浪，一泻万里，心中欣喜欲狂，决心向汉王鼎力推荐。

萧何心想："汉王真是天生的好福气，天赐如此良将。兴汉破楚大元帅，舍韩信其谁？"

于是，萧何留韩信住在自己家中，专门分拨两位家仆精心侍候。

第二节 兵家之神

刘邦用出身低微的韩信，无疑是一次冒险。但这次冒险成功了，给刘邦带来了最丰厚的利益，因为他找到了真正能给自己打天下的人。

第二天早朝完毕，萧何邀约夏侯婴一起去见刘邦，启奏："我们近日在招贤馆招到一位贤士。此人见识高远，满腹韬略，有经天纬地之才，神出鬼没之计，可为破楚元帅，请大王重用。"

刘邦说："这位贤士是何方人士，各方面的详细情况如何，两位贤卿细细道来，我当量才录用。"

萧何说："此人姓韩名信，淮阴人氏，曾任项王持戟郎中。多次上策项羽，项羽不肯重用，因此弃楚归汉，不惧路途艰难，千里迢迢单骑独马来到汉中。我等经过多次策对、考察，即使古代名相勇将，如伊尹、姜子牙、孙武、吴起，他也比之不差。"

刘邦说："我在老家当亭长的时候，曾经听说过此人。他乞食漂母，受辱胯下，无能自养，乡人尚且轻贱。丞相、滕公举荐如此一人为帅，必遭诸侯耻笑，三军不服。要是让项羽知道，还不说我是瞎子？"

萧何伏地顿首说："古代大将，大多出身寒门，大王怎么能够凭门户之见去确定人才取舍呢？伊尹是草野匹夫，姜太公是渭水河边的一个钓翁，管仲是齐桓公手下的一个俘虏，但是一经重用，这些人皆创下奇功伟业。韩信虽然出身寒微，但是心怀大志，腹有良谋，实为当今天下奇才。大王如果抛弃不用，韩信一定投奔他国，这相当于丢弃价值连城的玉璧，打碎和氏之宝。敬请大王听从下臣之言，重用韩信，打败项羽，重取三秦，再进咸阳。如果举荐失当，我等甘受举荐不当之罪!"

刘邦实在是抹不开萧何、夏侯婴的面子，只好说："卿等真心举荐，传韩信进来相见。"

韩信在萧何府中，听到汉王召见，心想："汉王如此轻易呼唤我入朝，如呼小儿一般，肯定不予重用。"

韩信入朝拜见刘邦。

刘邦说："你不远千里而来，但是未见才能，贸然大用，恐怕难以服人。如今缺乏一位管粮官，升你去做此官，试用一下，看看你的能力，你看如何!"

韩信安然接受，谢恩而退。萧何、夏侯婴内心深感不安，恐怕韩信不快。

韩信去到仓库，查点人员和存粮，只见他拿一把算子，依照米堆数量，随便一算，竟不差毫厘。

韩 信

仓斗老人看到韩信此举，急忙拜伏于地，口称："从来这里的管仓大人，没有一人能像贤公这样精明神算!"

韩信笑着说："这不过是一个仆隶之职，有什么了不起!"

萧何差人打听，知道韩信如此精明，唯恐韩信心灰意冷，忙请来宅中，置酒相待。

萧何祝酒说："我等推举贤公为破楚元帅，但是汉王怕你难以担当如此重任，特地叫你做这样一个小官，考察你的德、能、才、绩。贤公估算仓中米数，一算无遗，不知使用什么方法，一下子便能够知道如此大数？"

韩信说："算法很多，有小九之数，有大九之数。如果精通算法，即使四海五洲，也可一览无余，何况仓中之粟？"

萧何赞叹不已。

韩信接着对萧何说："仓中粮米日久变黄，应当尽快出陈易新，周济百姓，实属公私两便。这是宰相的责任，丞相可以趁机施行。"

萧何致谢说："贤士之言，极合时宜，明日就奏报汉王，遵教施行。"

韩信告别萧何回到仓库，即令仓库人员通风、防火，加强防卫，各方面的工作都做得恰如其分。萧何、夏侯婴等人知道，心中更加欣喜。

近日刘邦不朝，萧何只得写下专条，交与门吏入报。

刘邦传言："连日苦思东归之计，未有良谋，明日再议。"

第二天，朝拜礼毕，刘邦召萧何入内议事。

刘邦说："近日以来，我一直思想东归之计，但是未有良谋，丞相到底有何妙计？"

萧何说："东征之计不难，只要找到破楚大元帅，马上就可准备。"

"我想的就是谁人可为破楚元帅一事。"

"大王不用这样冥思苦索，只要重用韩信，大事不难一举而成！"

刘邦说："韩信贫困之时，连自己都养不起，怎么能够担起如此重任？"

萧何将韩信近日处理仓库的各种表现向刘邦细细陈述了一通，备言韩信才能。

刘邦说："这只不过是一技之长，怎么凭此就可做元帅呢？"

萧何说："只看韩信一技之长，就可知道韩信的其他才干。韩信真是一个大将之才，大王千万不要当面错过。"

刘邦实在拿萧何没有办法，升韩信为治粟都尉。

韩信也不推辞，当上了治粟都尉。他兴利除害，清正廉洁，不到半月，百姓交口称赞。真是清官一到，天下安宁，百姓平静。

萧何知道这些情况，心中暗暗思忖："韩信的确不是等闲之辈，真是小用小效，大用大效，为了国家，无论如何也要全力保举。"

萧何又去拜见刘邦。

刘邦说："我近几天来，夜夜噩梦不断，日日思念父母，不知何日才得相见？长期郁郁居住在此，心中十分烦闷！"

萧何说："昔人齐景公狩猎回来，对晏子说，'我每天晚上都噩梦不断，心中不快！'晏子说，'大王做了些什么噩梦，可不可说来给我听听？'景公说，'上山见虎，入泽见蛇，这到底预示着什么呢？'晏子说，'猛虎居住深山，蛇虫长在泽里，怎么能说是噩梦呢？国内现在有三件不祥之事，不知道大王是不是知道？'景公说，'我不知道。'晏子说，'国家有贤士而大王不知道，这是一不祥；知道了不加以使用，这是第二个不祥；使用了不委以重任，这是三不祥。'大王现在夜梦凶险，是有贤士而不能用的缘故吧！我日夜害怕的是项王听从范增之计，挥师西向，重新占领关中。那时大王将怎样去对敌？我天天晚上都从梦中惊醒！"

刘邦说："国中有贤人，我哪里有不用之理？自从我到汉中以来，哪里又有什么旷世奇才未得重用？"

萧何说："现在有一个大贤人就在这里，但是大王不加重用，怎么还说，'哪里有什么旷世奇才未得重用'呢？"

"大贤在哪里？姓甚名谁？丞相说出来，我马上重用！"

萧何说："我想举荐，又怕大王嫌人门户低微，出身贫寒，举而不用，反失贤士之心，导致四方虽有豪杰，不愿为大王尽心出力。"

刘邦说："爱卿不要绕山转水，快把贤人尊姓大名说出来，与我听听。"

"当今天下大贤，只有淮阴韩信！"

刘邦不高兴地说："丞相推举两次，我已加封两次，怎么能说不重用呢？"

"治粟都尉不能充分发挥韩信才能，只有拜为破楚大元帅，才能留住韩信。否则韩信最终还是留不住！"

刘邦说："爵位不可滥加，俸禄不能轻给，韩信初来乍到，我已经加封两次。如今未有功劳，就贸然加封元帅之职，自沛、丰起事以来的将领必然会怨我赏罚不明！"

萧何也不退让："自古圣帝明王用人之道，因能致用，随才授职。韩信是国家的栋梁雄才，大王只叫他做一个治粟都尉，这就是我屡次保举的原因。沛、丰起事以来的将士，虽然屡建功劳，但是不能跟韩信相提并论。大王这样进行比较，实在是不知轻重缓急，为臣不得不据理力争！"

刘邦知道萧何赤胆忠心，但是他有自己的一套用人模式，所以推辞说："我相信丞相的良言，但也应让韩信少缓几日，等到张良推荐的元帅来到，可以重用，我当重用，不负昔日相别之约，如果张良未曾保举，或者保举之人无能，那时使用韩信也不迟。还望丞相理解我的心意。"

萧何实在找不到什么好说的，只得回到家中，差人请来韩信相叙，不断联络感情。

萧何问："请问贤公怎样才能攻下三秦？怎样兵出栈道？怎样兵伐楚国？怎么收服六国？"

韩信站起来正言说："我历来认为丞相素知用兵之规，今天从这些问话来看，不要怪我直言不讳，丞相还是不知用兵。兵家打仗行军，相机而动，因时因地变化，怎么可以预先幻想和遥测？水本无形，因势而成形；战争本无规矩，因敌而制策。兵法的奥妙，在于鬼神不知其巧，父子不通其情，夫妻不说其理，随机应变，哪有什么一定之规，预先说个甲乙丙丁。丞相不必再问，下官实在无法奉告，还望丞相恕罪。"

萧何听了大喜，盛宴款待韩信。

萧何款待韩信，爱才之情溢于言表，韩信也为之感动，但是从萧何的言谈举止中，隐隐地猜到了刘邦对他的不信任。到了晚上，韩信辞别萧何回到治粟都尉公馆，打起了自己的主意。韩信想，如果不激一下萧何，恐怕刘邦不知道自己的重要，汉王旧将也恐怕不会服气，即使将张良荐书献上，也难以取信百官。

韩信心生一计……

第二天下午，韩信吩咐门吏："给我准备快马，今夜五更要出远门。"

韩信将原先带来的行李拴束停当，五更时分，匹马单骑出东门而去。门吏见韩信有出走之意，天明立即去报告萧何。

萧何早朝刚回，听说韩信已出东门而去，大惊："如果韩信出走，我们只好老死汉中了！"他来不及脱下朝服和报告刘邦，急到治粟都尉公馆查看备细。门吏带着萧何到韩信房中，只见旧物不剩一物，新物全部封存。

萧何跺脚而叹："我屡次举荐，汉王不肯大用，今日果然让他走了。如果不及时追回，我们将终日不得安身。"

萧何立即带着五六个随从，各备两匹快马，急急忙忙向东门奔去，询问守门兵士。

兵士回答："禀报丞相，今日五更刚开城门，只见一位将军，骑银鬃马，背一口宝剑，直出东门而去。此刻至少已经走了五十余里了！"

萧何一行数人一边追赶一边询问，沿途随便弄些吃食，拼命追去。得到的回答只是已经去远。萧何一行追到了寒溪边上。

"寒溪"在什么地方并不十分重要，重要的是萧何此举对于兴汉灭楚的重要意义……

萧何等人早已汗流浃背，只得下马缓缓而行，沿着河岸慢慢寻找。

遥远的地方，仿佛是一纸剪影，单人独马，沿河缓缓而行……

萧何放开喉咙："韩将军——"一边拉着马匹，跌跌撞撞朝那个影子飞奔过去，抓住那人的马辔，声音哽咽："韩将军！为何绝人如此之甚？相处日久，怎么不辞而别？将军于心何忍？"

韩信看见萧何殷勤恳切，极忠尽职，仰天长叹："贤公忠心赤胆，汉王当兴。世间人臣，多是嫉贤妒能，擅大权，开私门，举枉措曲，好谀喜佞，结党营私，哪个情愿犯颜苦谏，倾力举贤，屈己下士呢？公之美名，千古流芳。有此贤相，汉室必兴。韩信虽是驽马之才，情愿倾心效命，愿为门下之客！"

韩信也不是真要逃走，否则，凭韩信之智、之谋，别人想追也没法追。况且，韩信又能逃到哪里去呢？再去游说其他诸侯？自己拉起一个山头？再回项羽那里去？回到淮阴去垂钓？

萧何永垂不朽之处，最为明显的就是他鼎力推荐了出身低微的大将军韩信……

萧何追赶韩信，当天未赶回来，耽搁了第二天的早朝。

却说刘邦早朝，周勃等人启奏："关东将领，思念故乡，不愿意在汉中过苦日子，已经有数十人逃亡。丞相萧何也不知何往，已经两天了！"

刘邦叹道："有的中途相从，有的纠聚而至，而今离去，不足为怪。萧何与我，名为君臣，实为至交，怎么抛下我逃走呢？"

刘邦坐立不安，饮食俱废，方到宫中，又去便厕，内心焦躁不安，就像热锅上的蚂蚁，"如失左右手"。

正当刘邦焦躁难忍之时，萧何来拜见刘邦。

刘邦一见，又喜又怒，破口大骂："你这家伙，跟着我这么多年，哪里离开过一天？近日诸将多有逃亡，你等也不辞而别？你说为什么？"

萧何说："我不敢逃亡，我是去追赶逃亡之人，实为大王东征之事，力图尽快恢复关中！"

"你去追逃亡之人？去追何人？"

"韩信！"

刘邦又笑又骂："诸将逃亡你等不追，却去追一个韩信，好没道理！"

萧何说："诸将易得，失去不足惜，得到不足喜。至于韩信，国士无双。大王如果希望久居汉中，不想再东取关中，安定天下，韩信的去留，则无关紧要，大王也不必重用韩信。如果大王要跟项王争夺天下，除了韩信，没有人能够为你夺取天下。大王如果还不重用韩信为破楚大元帅，我等情愿送回官爵，回归故里，当一个耕田老农，以免将来成为项王俘虏！"

刘邦说："你只听韩信一言半语，只看到他某一方面的才能，便认定他可为大将。我是吃干饭的？有大将不用？选择大将，关系到国家的生死存亡。国家的安危，三军的存亡，完全仰仗一人，如果一时轻信，用一个纸上谈兵的人为大将，几十万大兵归他指挥，数十员将领听他约束，这是什么样的重任？我拜韩信为将，真能下三秦，破项羽，定天下，这算你举荐的功劳；如果韩信能言不能行，只会纸上谈兵，临事胆怯，逢战败退，不光我们都要当俘虏，还会招致数十万生灵无辜死亡！我之所以到现在不敢轻易重用韩信，其道理就在这里！我知道这个韩信，他母亲死了不能安埋，实在是无谋之辈；他寄食南昌亭长，乞食漂母，实在是无能之人；他甘受胯下之辱，市井之人都认为他胆小怕事，这是他没有勇气；他在楚数年，只当上一个执戟郎，实属无用之物。无谋、无能、无勇、无用之人，怎么能为大将？古人说得好：'有之于中必形于外。'若有具体表现，方可取信于人。只听他的空口虚言，恐怕难以作为依据。丞相要三思啊！我也是为国着想，哪里单单是为了我自己。”

谁说刘邦平庸无能，他有自己用人的规矩。

萧何也是铁嘴，说：“真如大王所言，好像言之成据。但是，依我看来，恐怕未必如此！孔子在陈国、蔡国被人所困，不是他无能；孔子在匡被人所围，不是无勇；最后，他不得不去创办私学，不是他无用。韩信乞食受辱，君子生不逢时，不是无用；他事楚几年，只当上一个执戟郎，实在是未遇其主。我等与韩信深入交谈和讨论，洞见肺腑，他的确是天下奇才，绝不是纸上谈兵之辈。我等日夜不安，冒死恳请大王破格加以重用！”

刘邦并不生气，只说：“今天太晚了，你们回去休息一夜，明天我们再议。”

萧何回去，又对韩信说明日汉王开会，拜贤公为大将！告辞而回。

韩信独居室内，浮想联翩，夜不能寐，心想：“萧何如此爱贤，为国不遗余力，可是汉王屡次不用，只不过嫌我家贫身贱……”

韩信心情久久难平！

正在此时，侍候下人来告：“丞相来见贤士。”

韩信忙整衣出迎。

两人入座，韩信问：“丞相此时尚未就寝？”

萧何说：“心中系着国家大事，哪里能高枕安卧。今有一事，还想听闻。贤士在楚，范增极能知人善任，那时必然荐举，贤公必有良策，一向未闻谈及。”

韩信说：“范增极为知己，曾经屡次推举，但霸王不听。汉王出咸阳，归汉中，烧栈道，我曾给项王上了一表，可是霸王不用吾计。”韩信接着将表文复诵一遍。

萧何听完，大惊：“假使项羽依贤公之奏，我等终身不得出汉中一步了。西楚天下，必然坚如磐石。”

韩信说："项王不用我的计谋，但是彼时我并没有离楚归汉之意。后来听说范增被陈平赚出咸阳出使彭城，临行之时，专门奏请三件事：一是不能放汉王去汉中；二是不可离开咸阳；三是重用韩信，否则，必杀之。我知道项王决不会重用我，恐怕被范增设谋陷害，所以，决心背楚归汉，必无他意。丞相深夜来此叩问此事，必然是夜静之时，恐怕我是范增心腹，又见昨日匹马逃亡，专来汉中打听虚实，传给范增，所以丞相深夜来问。丞相昼夜为国，竭忠尽智，既然有此疑心，我有一物，献给贤公，保管汉王释去嫌疑，免去丞相苦谏之苦。"

萧何感到奇怪，忙问："将军有何妙物，请赐一观。"

韩信从书囊之中，细心取出张良荐书，递与萧何。

萧何接书在手，于灯下细看之后，惊骇不已，拜伏于地说："贤公到此许久，为何不肯拿出张良荐书？我终日苦谏，费尽心力！汉王见到此书决不会再有犹豫！"

韩信说："我出身微贱，唯恐初投汉王，未有寸功，丞相恐不信任。所以暂时隐瞒子房先生荐书，待丞相竭力举荐，我也有机会表露薄才，然后才敢将荐书奉上，丞相之心才能释然。"

萧何再拜："贤公真是天下豪杰，所作所为与寻常不同。我更觉得将军雄才，决不相舍。"

次日，萧何去见刘邦，将张良荐书献上。

刘邦接书观看，惊问："韩信既然有张良荐书，为何不早早拿出来呢？"

萧何将一应情况详细告知。

刘邦说："丞相屡次举荐，未敢准信，不想子房先生也有书举荐，真是英雄所见略同，韩信确有雄才大略。我见事不明，久逆爱卿忠爱之意。我今日知过。今日即拜韩信为大将，略表我的歉意。"

萧何说："我等为国荐贤，不是一己之私。今日依据张良举荐之书，大王方知我等不是滥举。但是如果拜韩信为将，恐怕最终还是留不住韩信。"

刘邦说：　"拜将恐轻韩信，拜为大将，重加封赏，韩信总可留了吧！"

萧何说："拜为大将，韩信可留，但是大王如何举行拜将之礼？"

刘邦说："马上召来，当面加封即可，这又何必多问？"

萧何说："大王这样不合礼数，拜人为大将，就像呼唤婴儿，大王以为封大将，赐重赏，已经足够，但是在我看来，韩信仍然不可久留。"

"丞相看怎样行？"

萧何说："大王如果欲拜韩信为大将，必须选择良辰吉日，设坛祭告天地，斋戒三日，方显拜大将的隆重。"

刘邦准奏，命萧何具体办理。

萧何经过多日精心策划，给刘邦上奏图本，其文说：

坛高三丈，象征天地人三才；坛宽二十四丈，象征二十四节气。坛中间，排列二十五人，各穿黄衣，手持黄幡、豹尾、斧钺、金戈等器具，按中央戊己土之意，成为勾陈之像；坛东面排列二十五人，各穿青衣，手持青旗，为东方甲乙木，成青龙之状；坛西面排列二十五人，各穿白衣，手执白旗，为西方庚辛金，成白虎之状；坛南面排列二十五人，各穿红衣，手执红旗，为南方丙丁火，成朱雀之状；坛北面排列二十五人，各穿黑衣，手执黑旗，为北方壬癸水，为玄武之状。坛分三层，各层都要准备祭器、祝文。坛四周排列执杂色旗三百六十五人，排成周天三百六十五度。杂色旗之外，排立七十二人，务必高大魁梧之士，各执剑戟，按七十二候排列。坛前，自北到南，左右排列文臣武将，中间筑成黄土通道，直到坛下。四面树立四面镇静牌，每牌之下，一员牙将带领，后列二十名甲士，如有喧哗乱队之人，即时擒拿，军法从事。

刘邦看完图本大喜，派专人负责监造，限期完成。这是萧何要树立韩信的威风，专门设计了这样一个十分庄重的仪式。萧何为了韩信，真是煞费苦心。诸将听说汉王筑坛拜大将，人人揣摩自己能拜为大将，疑议不定。特别是那些跟着刘邦一直奋战的将领，更是认为非己莫属。

樊哙扬言说："我与汉王沛、丰起兵，攻入关中，救驾鸿门，随军汉中，可谓功勋卓著，同甘共苦，今日筑坛拜将，舍我其谁?"心中喜气洋洋。

诸将议论说："听说萧相国举荐大将，但是不知何人，如果以起事功臣来看，不过樊哙、周勃、滕公几个人而已，大概不会超出这几位。"

坛场如期修筑完毕，汉王按萧何意见，传令3日之内不判刑，不杀牲，不饮酒，不食荤，届时清宫除道，百官都要到场听令。

至期，汉王刘邦起驾，直到相府，传令韩信上车。诸将听说拜韩信为大将，"一军皆惊"。

经过萧何等人的全力维持，韩信终于登上了拜将台。韩信登台一层，都要由太史向天宣读祝文。三层台阶，三道祝文，仪式十分隆重。仪式完毕，刘邦拜韩信为破楚大将军。

韩信终于由一个饿夫，成为了三军统帅。

韩信被刘邦拜为大将，担负起了统一天下的重任，立即准备东征事宜。为了师出有名，韩信上了一表：

> 伏观时局变化，仰视圣德宏威；大王退居汉中，为王巴、蜀，实为明王之举。但是大王欲图天下，此地绝非久留之地，理当准备东征事宜。项羽实属暴秦之余孽，楚人之独夫：谪迁诸侯，放弑义帝，逆天篡位，建都彭城；诛子婴于轵道，坑降卒于新安，屠戮咸阳百姓，焚烧秦国宫室……项羽大失天下

心，激起天怨人怒！大王乃天生圣贤之主，正该仗义正名，涤除残暴，救万民于水火，解百姓于倒悬。王师一出，百姓必将箪食壶浆，楚兵必将倒戈卸甲，三秦可以传檄而定，六国可以不战而取。此乃一统山河，万世帝业。恭请大王德民宽仁，兴神武之师，创万世基业。

下臣韩信，诚惶诚恐之至，恳请大王传令：兴仁师，发义兵，雪左迁汉中之耻，复为王关中之约……

刘邦看了韩信表章，大喜，立即封樊哙为先锋，曹参为军正，殷盖为监军，准备大驾亲征。韩信来到教场，只见队伍不严整，士卒不齐备，将佐不知阵法，不明进退；军营安排，杂乱不齐，未得向背。

韩信早有准备，按照自己的方法训练全体兵将。有的士兵不服指挥，韩信下令斩首示众，从此全军肃然，队伍面貌焕然一新。

韩信训练20余日后，决定举行一个阅兵式，上表请刘邦校场阅兵。刘邦看到阅兵表演，大吃一惊，如此短短时间，队伍发生如此变化，心中大喜过望。

阅兵完毕，队伍列队听令。

韩信全副披挂，向前上奏刘邦说："下臣身着甲胄，不便施礼，今有章奉上，望大王下诏告示三军。"

刘邦早已看过，即命一个善读之人当众宣布，其文略云：

西楚霸王项籍上违天命，放弑义帝，下虐其民，残杀百姓，恶贯满盈，天人共愤。朕先入关中，当为关中之王，但是反而因功获罪，被贬到汉中之地，实在是忍无可忍。破楚大将军韩信，各位大小将领，各队军士，征讨逆楚，义不容辞。大将韩信，代命行诛，不用奏请，大家都要听从指挥。向前一步，英勇杀敌，立功重奖；后退半步，贪生怕死，犯过重罚……

三军将士听罢，无不心惊胆战！

韩信遂派军正曹参分发军规，各营悬挂，三军将士务必反复学习，其内容如下：

（一）闻鼓不进，鸣金不退，旗举不正，旗倒不扶，叫做悖军，犯者斩首；

（二）呼名不应，点视不到，违期不到，动作乖戾，叫做慢军，犯者斩首；

（三）夜间警报，懒惰不传，更鼓违倒，号令不明，叫做懈军，犯者斩首；

（四）口出怨言，不敬主将，不听号令，蛮横不化，叫做横军，犯者斩首；

（五）哄堂狂笑，蔑视规约，突驰军门，肆无忌惮，叫做轻军，犯者斩首；

（六）弓弩断弦，箭无羽镞，剑戟不利，旗帜凋敝，叫做欺军，犯者斩首；

（七）传播谣言，装神弄鬼，借梦放毒，相信邪说，叫做妖军，犯者斩首；

（八）尖舌利齿，搬弄是非，挑拨吏士，制造矛盾，叫做谤军，犯者斩首；

（九）殴打百姓，侵虐人民，调戏他人，奸淫妇女，叫做奸军，犯者斩首；

（十）盗窃财物，据为己有，夺人首级，据为己功，叫做盗军，犯者斩首；

　　（十一）私进要地，私问将领，打探机密，欲行不轨，叫做探军，犯者斩首；

　　（十二）将知其谋，兵知其令，漏泄外人，敌人知之，叫做背军，犯者斩首；

　　（十三）调用之时，闭口不答，低眉弄眼，面有难色，叫做恨军，犯者斩首；

　　（十四）队伍行进，插前越后，高声喧哗，不服禁训，叫做乱军，犯者斩首；

　　（十五）诈伤诈病，逃避征战，捏伤装死，逃避战斗，叫做诈军，犯者斩首；

　　（十六）主掌钱粮，徇私舞弊，任人唯亲，士卒结怨，叫做弊军，犯者斩首；

　　（十七）观敌不审，探贼不详，虚报军情，贻误战机，叫做误军，违者斩首。

　　韩信从此当上了兴汉灭楚大元帅，有了纵横驰骋的战场，有了登台亮相的舞台。他不负重托，指挥千军万马，攻必克，战必取，百战不殆，被誉为"兵家之神"，为汉王朝的建立，立下了不朽功勋。

第三节　平定三秦

刘邦北定三秦，威震中原。刘邦第一个以巴蜀汉中为基地北取关中，东征中原完成中国统一大业的。以蜀汉为基地统一中国大业，在中国历史上是唯一的一例。

昔日楚怀王有言在先，谁先进入关中，谁为关中之王。刘邦先取得关中，按理应为关中王，但项羽刚愎自用，自恃拥有 40 万大军，违背"先入关者为王"的成约，自封西楚霸王，封刘邦为汉王，又分别封降将章邯、司马欣、董翳为雍王、塞王、翟王，称为三秦，统治关中，以御刘邦入秦。

这引起了刘邦的极大不满，但慑于项羽的威势，不得不隐忍不发，领兵入川，烧了出入巴、蜀的栈道，将自己封闭在其中，称为汉王。

韩信拜为大将后，操练兵马没有几日，已是军容严整，焕然一新了。刘邦这时已有与项羽抗衡的心思，又见韩信将军容整治得如此齐整，于是召韩信前来商议。两人心意相通，于是定于汉王元年八月吉日，出师东征。

当时栈道已被烧毁，不能行军。汉王刘邦早已同张良定下了"明修栈道，暗度陈仓"的计策，这次又问韩信该如何进兵。韩信说的与张良不谋而合。刘邦高兴地说："真是英雄所见略同啊！"

于是，刘邦派樊哙带领人去修五百里栈道，并以军令限一月内修好。摆出要从褒斜道出兵的架势，陈仓的守将雍王章邯闻讯立即加强斜谷防御。韩信却率大军西出勉县转折北上，顺陈仓小道入秦川，渡渭河于陈仓古渡口，倒攻大散关。章邯急忙率军赶到陈仓城，与韩信激战。此时，明修栈道的樊哙、周勃也出斜谷，与韩信会师。章邯兵败自杀，司马欣、董翳先后投降，刘邦遂定三秦。从此，关中成了刘邦打败项羽，统一天下的基地。

刘邦统一了汉中、三秦大地之后，立即开始讨论挺进中原、席卷江南大计。

韩信首先发言："大王如今打破咸阳，占领三秦大地，但关东有魏豹、申阳二王未胜，如果项王率兵来攻，联合二王，我们势必三面受敌，这样对汉军极为不利。"

刘邦问："这该如何是好？"

韩信说："寻找一位心怀韬略，极善游说的人去游说项王出兵伐齐，我率兵南破平阳魏豹，东破洛阳申阳，平定关东，项王也就不足为虑了。当然，对于魏豹和申阳，也可以先礼后兵。"

刘邦便问："哪位谋士愿为寡人去走一遭？"

中大夫陆贾说："昔日大王西向伐秦，我在洛阳跟随大王，后来进入汉中，至今已经三年，妻子父母俱在洛阳，不知存亡。臣一方面归省父母，一方面劝说申阳归汉，再到平阳游说魏豹。估计两王归汉没有问题。"

刘邦大喜，赏给陆贾十斤黄金作为盘缠。

且说陆贾辞别刘邦，路上行程不用详说，首先回到洛阳家中，可喜父母妻子平安无事。父母告知，几年以来，申王长期供给米粮衣服，一家温饱。陆贾谢之不尽，急忙整衣具礼去拜见申阳。

申阳听说陆贾回家，高兴异常，急忙要派人去请。人还未派，传报陆贾求见。申阳降阶迎接，喜上眉梢，满面春风。

申阳说："自从大夫跟随汉王西行，久去未归，每每差人看管家小，终日盼望大夫回来，以表思念之情。"

陆贾说："我自从奉命西行，汉王每每苦留。我见汉王是个长者，所以只得步步紧紧跟随，一直去了汉中。前日汉王大军收复三秦，进入咸阳，所以才有机会回家省亲。承蒙大王厚恩，父母妻子得以存活，我粉身碎骨，难以报答！"

申阳问："汉王为人如何？"

陆贾答："汉王为人宽仁大度，抚爱文臣武将。如今韩信为大将，只几个月时间，下散关，定三秦，进咸阳。郡县闻风归顺，汉王必成大事！"

申阳说："我也闻汉王仁义，心想归附。但是西楚势力强大，不敢轻举妄动。如我归汉，项王知道，决不肯善罢甘休，唯恐此位难保！"

陆贾说："汉王近日兵强马壮，韩信用兵如神，如果汉兵经过洛阳，你应远去迎接，免遭攻打。"

陆贾本欲游说申阳归附刘邦，但是由于申阳待他甚厚，父母亲人受其大恩，就安心居于洛阳，不想回到刘邦那里去了。

申阳十分赞同陆贾想法，从此两人朝夕不离。

刘邦在咸阳久等陆贾不回，心中正在纳闷，有人奏报说张良已经出了蓝田，将到新丰，很快就会来到咸阳。刘邦大喜，忙差灌婴、曹参出城迎接。韩信听说张良回来，也派两员将领郊外远迎。

次日，刘邦与韩信、张良讨论魏豹、申阳之事。

张良说："陆贾回到洛阳，父母之邦，故土难离，怎肯游说申阳归汉？魏豹名不符实，妄自尊大，陆贾也难说动。这两个地方，我得去走一遭，随机应变，鼓动其心，务使二王归附大王，韩将军方好用兵。"

韩信说："近日一直在想，只有先生妙算，方才说得二王归附；陆贾之行，不过借此回乡而已。"

刘邦说："先生方来相会，不忍又劳远行！"

张良笑着说："天下纷乱，哪里容得饱食终日。"

张良离开咸阳，赶赴西魏都城平阳。

西魏王魏豹听说韩国张良来见，问左右说："张良为何到我西魏？"

大夫周叔说："张良是一个说客，即使是苏秦、张议也赶不上他。这次来魏，一定是替汉王刘邦做说客，大王要细心对付！"

魏豹说："如果张良来游说我，我这把锋利无比的宝剑，正要用来诛杀此等狂士！"

周叔说："张良乃当今名士，天下人所共知，即使是西楚霸王也不杀他。大王以礼相待，不轻易听信他的话就行了。"

魏豹吩咐左右请张良入内相见。

张良与魏豹施礼毕。

魏豹说："听说先生在汉王麾下公干，今来此有何见教？"

张良说："汉王伐秦经过韩国，借臣前往。汉王入汉中之后，我就已经告辞回到韩国。汉王近日东征入咸阳，屡次差人唤我。我已经久无功名利禄之心，但是感念汉王是一位忠厚长者，过去也曾受过他的知遇之恩，所以不去拜会他一次，有失人之常情，而今辞别准备回国。正好路过西魏，听说大王是一位有德之君，贤名响彻六国，路人称颂不已。我平生仰慕大王威德，今日到了魏国，岂有不求一见之理？"

张良的一席话，即把刘邦已经攻下三秦，忠厚长者形象描绘了一遍，也把自己不是刘邦的说客表白得清清楚楚，更重要的是把魏豹这个不知天高地厚的人吹了一通，让他飘飘然。其实张良早已对魏豹下了评语：徒有虚名，妄自尊大。

魏豹听了张良之语，心中高兴，忙吩咐设宴款待。

酒席之间，魏豹问张良："方今又是六国纵横，楚、汉纷争，凭先生见识，哪国当兴？哪国当亡？先生深晓天下之事，定有高见！"

张良说："从天下大势来看，汉当兴，楚当败。汉王出生之日，即有瑞兆。如今平定三秦大地，智取咸阳，天下响应，两月之内，占有地方5000里，非人力可为。天下归心，诸侯依附。我虽然是韩国人，听说汉王进入咸阳，不远千里，只求一见。各路诸侯都上表归附，齐、燕大国纳贡为臣。我夜观天象，汉王必为天下之主。楚国今日虽然强大，诸侯反叛此起彼伏，若有一天楚王锐气受挫，天下诸侯无不叛离，楚岂能长久？齐、燕之王知天命，识时务，一心归汉，期图久远富贵荣华，真为远见卓识！齐、燕尚且如此，何况其余小国呢？我看到人心如此，不用推论，也知汉当兴！"

张良言语，虚虚实实，实实虚虚，没有一句是游说魏国归汉，但是句句都可打动魏豹这样的人。谁不归汉，谁就不知天命，谁就没有远见卓识，齐、燕那样的大国尚且归附汉王，何况一个小小的西魏？

魏豹听了张良之言，忙起身敬酒，说："按先生的说法，汉王一定会得到天下，我也常常思考，虽然受封为王，却是孤立无援，恐难长久。先生所言，牵动了我平日忧虑之心，欲将西魏归附汉王，不知先生可否引进？"

张良说："我因为羡慕大王贤德，到了贵国就来请求拜见。如果大王有心归汉，汉王大度容人。我若引进，汉王必定会患难相保，与大王共享富贵，大王平日之忧可免。"

周叔在屏风后面听到游说魏豹，说得天衣无缝，正在暗暗惊奇，不想一会儿魏豹就被张良说服，急忙从屏风后转出，走到魏豹前面说："大王切切不可听信张良之言！如果项王知道，必然兴兵与魏为敌，大王如何对付？"

张良大笑不止。

周叔说："先生何故大笑？"

张良说："我笑大夫不知强弱之变，不识时务之机，不晓霸王为人，因此而笑。"

周叔说："何为强弱之变？"

张良："说秦将章邯被项王封为雍王，拥兵数十万，镇守西秦，西魏与之比较，谁强谁弱？然而，韩信兵出陈仓，智取散关，水淹废丘，章邯败亡，如秋风卷落叶之势，哪里像项王那样久战不绝，弄得师劳力竭。大夫刚才所言，可是不知强弱之变。"

周叔说："什么又叫不识时务之机？"

张良说："天下有一定之时，一定之势。方今天下，时与势都未有定准。项王恃强暴虐，专行杀戮，虽然曾经分封诸侯，但是未得其时。项王不在关中建都，而建都彭城，虽霸诸侯，却失去了人心，未得其势。汉王隆准龙颜，天命有归。轻入关中，兵不血刃，知人善任，民心归附。汉王得天时，审大势。大夫不准备归依汉王，所以说你不识时务之机。"

周叔又问："霸王又是如何为人？"

"霸王记小过，忘大恩。齐、燕无过，封王未久，举兵讨伐，两国民无宁日。由此来看，西魏也难平安无事。不早做准备，而项王破齐、燕而转兵攻魏，大王能与之抗衡吗？由此可见，大夫不了解项王为人？"

魏豹见周叔被张良驳得无言可对，忙说："张良先生之论，正合我意。快写文书，准备礼品，同子房先入关中依附汉王……"

张良一席话语，把魏豹、周叔一一说服，主动归附刘邦，完成了他的第一项任务。张良与周叔又回到咸阳，履行有关归附手续不提。

张良说服魏王豹归附刘邦，与周叔一起来到咸阳完成一应外交手续，汉、魏均大喜。接着，张良又准备亲去洛阳说服申阳。

张良与韩信密议此事。

韩信说："陆贾一去不回，申阳恐怕不肯依附汉王，先生此去必须……"

张良大喜道："我也是如此考虑。"

韩信令樊哙、灌婴："你二人带领三千人马，一律听从子房先生之令，确保先生大功告成。"

张良带着二将并三千人马前往洛阳，出咸阳不远，张良密谓樊哙、灌婴如此如此，两人引兵自去。不止一日，张良来到洛阳，到王府求见申阳。

申阳正与陆贾谈论国事，闻报忙问陆贾："张良为何而来？"

陆贾说："张良到来，一定是替汉王做说客。大王有心归汉，就听从他的言语；如果一心向楚，可将张良押往项王处献功。亚父范增深恨张良，大王一心归楚，必然得到项王宠幸。这就是所谓害一人而成大事。"

申阳说："我受项王之封，岂有归附汉王之理？"

陆贾说："大王实心向楚，我暂且回避。大王与张良相见，不能让他开口，即令武士擒拿，星夜押去彭城！"

陆贾知道张良天生辩才，只要一开口，申阳必定犹豫不定，所以献此歹毒之计。

申阳连称妙计，传令门官唤张良进见。

张良许久才听到召见之声，心中早已盘算清楚："申阳商议多时，方来唤我，定是陆贾定计擒我，岂知我也算好等你！"

张良入见申阳。

申阳在殿上见张良远远到来，早已手握剑柄，大呼："张良是汉王说客。楚王有旨，遇到张良，立即擒拿，囚赴彭城。来人，给我拿下。"

武士不等张良开口，在殿上将张良绑缚起来。秀才遇着兵，有理说不清。张良一言不发，任凭擒拿，只是暗中冷叹。申阳即令一员部将带兵士百名，押着张良奔赴彭城。

陆贾见捉了张良，进言说："一个部将去见项王，恐怕难以对答。我愿随行，顺便打听项王伐齐情况，也可与范增进一步通好。"

申阳备办礼品，打点停当，叮嘱陆贾疾去早回。陆贾告辞申阳，带着十几个从人，从洛阳大路去追赶押送张良的队伍。

申阳部将押着张良，离开洛阳五十来里，来到去彭城的必经路口。这里一片森林，平日间多有土匪出没，部将嘱咐士兵小心在意。

正当他们小心行走之时，林中突然闪出一员大将，当头大喝："来者何人？押解何人？快快留下买路钱，否则休想过去！"

申阳部将出面说："我是洛阳王部将，今领王命押送囚犯去彭城见项王。你等草寇小贼，须知项王强大，申王猛勇，急早退去，休得自寻死路！"

那大将大怒："项王何强，申王何勇，在我心中，不过婴儿！"举手中方天画戟直杀过来。

部将一行人不是对手，落荒而逃，部将被刺死。追赶一二里，正逢陆贾赶来。那位大将认识陆贾，下令众军一下子把陆贾捆绑起来。那人不是别人，正是汉王大将樊哙。他奉张良之命，在此已经等候多时。

张良在树林中坐定，众人将陆贾捆到面前。

张良责备说："你跟着汉王几年，待你甚厚，如今却叫申阳拿我，如不是早已料定，险遭毒手，你背德忘恩，何以至此？"

陆贾辩解说："我跟随汉王，情况与先生相同。先生念念不忘韩国，我也念念不忘申王。陆贾不敢有二心，先生难道有二志？先生决心为韩国报仇，陆贾不过为申王尽心而已！先生怎么责怪陆贾，说是背德忘恩？"

陆贾不愧是一个有名的说客，反问张良，不能说是无理！

张良说："算你花言巧语。你难道不知汉王是忠厚长者，应该力劝申阳归汉，怎么一心事奉项王，反与汉王为敌呢？"

陆贾说："我问申王，事汉呢，还是事楚？申王说受楚封，只事楚，所以我先擒拿先生献给项王之计，因为申王是楚之臣子。"

张良说："汉王、项王，谁仁？谁暴？谁宽？谁残？难道不是一目了然吗？你怎么不劝申王弃恶扬善呢？"

樊哙说："陆贾擒先生献给楚王，以此表示申阳忠心；我擒拿你陆贾献给汉王，也可以表示我的忠心。先生不要再与他辩论？"将陆贾押着向西而行。

拥送张良的那100军士，只剩10余人，急忙逃回洛阳，禀告申阳，告知张良被强人抢去，又抢走了陆大夫，杀死部将，他们死命逃回。

申阳一听，大怒："哪里有如此强人，胆敢如此无理？"

申阳急点1000人马，开出洛阳，赶到大林之中，空无一人。询问附近村庄，只说早些时候有些人马，但如今四散，不知走哪路去了。申阳与左右商议一番，欲往大路去赶。只见大路上走来三五个行人，都带着各种行李。

申阳寻思强人如走大路，这些行人行李岂不被抢去？派人上前去问。

众人说："前面路上没有军马。"

申阳调转人马，往小路拼命赶去。

小路难走，溪涧曲折，走了不过十来里路程，天色渐暗。申阳害怕强人害了陆贾性命，可是道路难行。进也不是，退也不是。

正巧这时，一声炮响，灯火通明，樊哙一马当先，举起方天画戟，大喝一声："看在陆贾面上，饶你一死！"

申阳仓皇之间，勒马回头便走。黑树林中，转出数人，绊马索齐发，绊倒申阳坐骑，众军一拥而上，将申阳捉了。樊哙下令鸣金收兵，绑缚申阳，来见张良。

张良秉烛高坐帐上，见军卒押着申阳过来，急忙下帐亲解绑缚，扶于座上，拜伏在地："张良奉汉王之命，恭请大王合兵伐楚，为天下除暴安民。不料大王不从，捉拿张良送楚请功。幸好张良预先设下这条计策，先调陆贾，后赚大王。樊哙等人深恨大王欲害我等，意欲加害，多得陆大夫为大王再三求告，因此不敢下手。我看汉王是一个有德长者，不是项王残忍之辈，大王理当归附，永保富贵，请大王三思。"

陆贾也从帐后急出，劝谏说："大王应该听从子房之言，归附汉王，永保富贵。如今洛阳城已被灌婴赚入，大王也无家可归。樊哙将军因大王擒拿子房先生，欲要加害，臣再三哀求，方得保全。汉王手下英雄豪杰众多，大王不可违了天命！"

申阳说："事已至此，请张先生同到洛阳，安置眷属停当，就与陆贾往见汉王。不知子房先生可否应允？"

张良答应，与申阳、樊哙、陆贾一行，带着队伍，来到洛阳城下。只见洛阳城头，遍插汉军红旗，军士林立，四门紧闭。

灌婴立在城头大呼："我奉张军师之命，昨晚已进城安民，闲杂人等，不得出入。"

申阳看见，目瞪口呆，方信陆贾所说的灌婴赚城之语，暗称张良真乃天神。张良令开门，灌婴命人打开城门，放下吊桥，迎接张良一行进城。城内安然如故，鸡犬不惊。

申阳说："汉王的确知人善任，看到这些便知用兵如神。"请张良、樊哙进入朝内。

灌婴说："子房先生、樊将军，不可入内，人心如或有变。我大营在此，请大王与军师、樊将军在营中相会。"

申阳叹息说："汉王手下有如此人物，怎么能不统一天下呢？"折箭发誓说："大丈夫一言既出，决不更变！汉兵把守四门，灌将军在此扎营，洛阳已为汉地，将军不必多疑。"

正在言语，兵士报告："大将周勃、柴武统领精兵三千，前来接应。现在城下驻扎，欲见军师。"

张良吩咐将二将请入。二将拜见张良，与申阳、陆贾一一见过。

张良问："二位将军，缘何引兵远道而来？"

二将说："军师离开咸阳二日，元帅放心不下，又差我二人前来接应。沿途都有探马，接应传报消息，昼夜传报六七百里，我等刚出潼关，已经知道军师智取洛阳。"

申阳听说，惊讶不已，忙邀张良与众将入内，设筵款待。

次日，张良带着众将和申阳、陆贾赶赴咸阳，汉王升殿迎接，张良等将调陆贾、赚申阳等事细说一遍。

刘邦大喜说："不是先生妙计，哪得这样一举两得？"随即召申阳、陆贾进见。

刘邦以重礼迎接申阳，申阳终于打心眼里臣服了。

第三章 楚汉相争

第一节　霸王神勇

　　刘邦是一个不会打仗的人，所以几乎是逢战必败。彭城一战，是刘、项的第一次大规模正面战争，项羽3万兵马胜刘邦56万兵马，以刘邦的惨败而告终。

　　西魏王魏豹、洛阳王申阳、殷王司马卬相继被张良、韩信征服，归附刘邦的时候，刘邦又得到了重要谋臣陈平，于是信心爆棚，恨不得立即拥有天下，不听张良、韩信、郦食其等人苦劝，准备贸然进攻项羽都城彭城。

　　汉二年四月（公元前205年），刘邦调集人马亲自东征，渡过平阴津（今河南孟津县东北），到达洛阳。刘邦看到洛阳地形险要，左据成皋之险，右借污池之固，前有嵩山，后有大河，东有绵延的崤山，西接无尽漳、津，景色优美，山川秀丽，心中喜之不尽。

　　刘邦途中经过新城（今河南省商丘市南）时，有十几个乡老站在路边求见。其中一位被人称作董公的，年龄最大，代表众乡老要跟刘邦交流。刘邦传旨：速速相见。

　　董公对刘邦说："前些日子我们在大江里打捞到义帝的尸体，就殓棺送到郴州。现在汉王驾到，来我们洛阳，有一句话献给大王，望大王明鉴。"

　　当时项羽为了迁都彭城，又不愿意受到义帝节制，就逼迫义帝离开彭城。在去郴州的途中，项羽暗自命令英布等人杀死义帝，抛尸江里。

传说义帝尸体投入江中，漂浮着溯江而上，被人捞上岸，送到郴州安葬。打捞义帝的人，就是这个董公。

刘邦一听董公提到义帝，就觉得蹊跷，忙问：“你有什么话？快说！”

董公说：“俗话说‘顺德者昌，逆德则亡’，‘师出无名，事必无成’。大王如今师出无名，只不过是为了争夺土地，即使一仗打败项羽，天下之人也不会心服。项羽不讲道义，弑杀义帝，已经成为天下百姓的敌人。仁不凭勇，义不恃力，大王应该带领三军，为义帝发丧，传檄天下诸侯，一起联兵讨伐项羽。”

刘邦觉得董公说得有道理，心里很高兴，立即为义帝发丧，下令群臣素服，士兵戴孝，传檄天下诸侯，檄文说：

> 天下诸侯共立义帝，北面为臣。项羽大逆不道，强占彭城，弑杀义帝，人神共愤。寡人悉起关中之兵，会合天下义士，愿跟着各位诸侯王一起讨伐项羽，为义帝报仇雪恨……

义帝活着的时候，本是项羽手中的一张大牌，项羽弃之如敝屣；死了以后，刘邦顺手捡起，用途却很大。他派人四处传送檄文，天下诸侯闻风而至。董公等人一席话，就让刘邦在不到一月之间，网罗兵将多达数十万之众。刘邦于是更加飘飘然，专门请来韩信等人，商议攻打项羽之事。

韩信说：“行军打仗是国家的头等大事，必须明察天时地理，看岁星，推命运，才可以兴师动众。我每天晚上都观察天象，认真分析和推算了大王岁命，目前不能出师。与其盲目行动，不如休兵养士。等到明年，必定能破楚。大王如果硬要用兵，韩信不敢奉命。”

刘邦不听，反驳韩信说：“我拜将军为大将不到两个月，将军力劝寡人出兵东征，很快就平定三秦大地。现在兵强马壮，远非昔日可比，将军为什么反倒惧难不干了？”

韩信说："大王虽然夺得关中大地，但实际上并没有和项王正面打仗。如今项王的势力如日中天，正是强盛的时候，幸好他正忙着与齐、梁争战，燕、赵又从中作梗，天下诸侯都分散了项王的力量，大王正好进行各方面的准备。目前，大王虽然拥有数十万兵马，但是缺乏必要的训练，还不能用以对抗强敌。等到明年，项王疲惫，大王有了充分准备，乘机挥师攻打，哪有不胜的道理？何必忙于一时？"

刘邦不高兴，说："机不可失，时不可违。如今项王出征在外，正是我夺取彭城的大好时机，哪有不胜的道理？将军带着人马去镇守三秦，我亲自去征伐项王。我如果失利，将军就赶快来救援，也是将军的功劳。"

刘邦上下嘴唇一碰，剥夺了韩信的兵权。

张良等人见此，急忙苦劝，可是刘邦哪里听得进去。

韩信又说："项王勇冠天下，历来所向无敌，汉军恐无大将与之匹敌！大王一定要审时度势，千万不要轻敌冒进！"

郦食其觉得韩信言之有理，认为汉军失去韩信就失去了主心骨，忙劝韩信："将军与其为汉王精心策划，不如跟着汉王一起去攻彭城，何愁大功不成！"

韩信说："秦地刚刚归附，汉兵尽数出征，万一失利，人心不稳，一定会有反叛！那时无家可归，后悔莫及。我愿带领本部人马镇守三秦，保证根本，进可攻，退可守，这才是万全之策！"于是把帅印交付汉王，韩信自带人马镇守三秦大地去了。

刘邦夺了韩信兵权，喜不自禁，不管三七二十一，带领大军就杀奔彭城。沿途郡县风闻刘邦要攻彭城，纷纷拜会，只有赵相陈余，派使者告知刘邦：只有刘邦杀死张耳，他才肯出兵。

刘邦自然不会杀死张耳，想来想去，才终于想出了一条瞒天过海之计：他令人寻来一个与张耳相貌相差无几的人，斩首送给陈余，陈余派兵相从，刘邦就凑齐了56万大军。

汉元年（公元年206年）四月，刘邦兵过外黄，彭越率兵来会，刘邦任命其为魏相，令他率兵去夺梁地。自己带着大兵横渡汴河。三军争渡，有一军士被推落水，众人喧哗不已，肆无忌惮，诸将没人能够禁止。可见乌合之众是何等可怕。

刘邦忙召陆贾、郦食其等人计议："由于没有三军主帅，军士缺乏纪律。我想在诸将之中选择一人为帅。魏豹是魏王孙，人们称他赛太公，我想把帅印交他掌管，诸位以为如何？"

陆贾说："魏豹言过其实，恐怕难为大将！"

郦食其也说："张良也看不起魏豹，况且，魏豹与诸将关系不和，恐怕难以服众！"

陈平也说："魏豹有小才而无大器，最终难以成就大事。"

刘邦不顾众人反对，说："魏豹门第高贵，五世将种，与韩信受辱胯下，乞食于人迥然不同。拜为大将，诸将岂有不服之理？"

刘邦说不出魏豹有何超人之处，只说他与韩信出生有异。正因为如此，他迟迟不拜韩信为将。他应该明白，韩信攻必克，战必胜，那是大多数的人都望尘莫及的。可以得出这样一个结论，刘邦但凡不听下属劝告，必败无疑。

魏豹就这样迷迷糊糊地当上了大将，自我感觉良好，竟不推辞，点校三军，调配诸将，催动人马，开赴彭城。

楚都彭城守兵很少，又无险可守，刘邦不费吹灰之力，进入彭城，自以为立下不世大功，暗笑韩信、张良等人见识短浅。

刘邦进入彭城，看到楚宫宏丽，自个儿走进后宫，收宝物，取美女，朝饮醇酒，夜拥娇娃，享受人间温柔之情。各路将士，上行下效，日日逍遥，好不快活。

彭城失守的消息很快传到城阳，项羽暴跳如雷，留下龙且、钟离昧率兵攻齐，自带3万精兵，由鲁地出胡陵，到萧县，直抵彭城以西。

《资治通鉴》综合《史记》等书所载，作了如下描叙：

> 晨，击汉军而东至彭城；日中，大破汉军。汉军皆走，相随入谷、泗水，死者十余万人。汉卒皆走南山，楚又追击至灵壁东睢水上；汉军却，为楚所挤，卒十余万人皆入睢水，水为之不流。围汉王三匝。会大风从西北起，折木，发屋，扬沙石，窈冥昼晦，逢迎楚军，大乱坏散，而汉王乃得与数十骑遁去。

刘邦这一仗，真是兵败如山崩，狼狈不堪，如果不是那一阵神风，刘邦可能死于乱军之中也未可知。一场突如其来的大风，刮开了楚军铁桶一般的重围，刘邦居然能够在慌乱之中策马前行，逃出重围。

大风稍停，项羽重整兵马，但是刘邦却不知去向。范增忙劝项羽务必趁此机会擒拿刘邦，否则将来恐怕难有如此机会。项羽立即命丁公、雍齿率领 3000 骑兵，务必星夜追赶。二人得令，带兵向东南大道追赶刘邦。

刘邦在彭城战败，被雍齿追赶甚紧，正好一路大军到来，打着"兴刘破楚大将军韩信"和"司徒张良"的大旗，雍齿知道难以取胜，领军逃遁而去。这支部队是张良、陈平收罗的 3 万汉兵残卒，打着韩信旗号，一路找寻而来，不想在此处遇着刘邦。

张良、陈平大喜。

汉王说："二位再三劝我今年不可兴兵，寡人失听，果然丧师失家，实在羞愧不已。如今又得先生收兵相救，深恨魏豹匹夫智疏才浅，丧我五十六万大军，后悔不及。"

张良劝解说："大王不要再后悔。此处不可安营，如果楚兵追来，何以御敌？不如急赴荥阳，暂时屯住人马，再整军威，仍以韩信为帅，以雪彭城之耻！"

刘邦此时自然言听计从，催兵往荥阳而去。

荥阳守将韩日休，听说汉兵到来，即开城迎接刘邦入城。数日之间，樊哙、周勃、王陵等一干将领，各带不等人马，相继来到荥阳。只有魏豹到了今日方知自己是个什么角色，惊恐惭愧交加，径自回平阳去了。

丁公、雍齿回奏项王，备言追赶详情。项羽无所谓，可是范增追悔不已，对项羽说："刘邦虽败，尚未与韩信遇敌。昨日用兵之人仍是魏豹，刘邦误用言过其实之人，所以遭此失败。若遇韩信用兵，大王切不可轻敌！"

项王笑道："韩信在楚，其能不过如此。亚父何必赞扬至此？韩信如果真有大才，昨日也跟着刘邦一起进彭城，哪里又有睢水如此之败呢？亚父不必过虑！"

范增似乎觉得项羽分析得有道理，无言而退。其实，了解双方情况的人，都觉得项羽的理由不充分。由于刘邦急躁冒进，轻用乌合之众、训练无素之军，破坏了韩信、张良的总体部署，延缓了战争的进程。

这一仗，项羽3万人破刘邦56万人，抓获了刘老太公和吕雉，已经归附的诸侯又纷纷反汉降楚，刘邦的这一重大失误，造成多么惨痛的后果。所以，我们不得不说，项羽与刘邦单个相比，项羽远胜刘邦，但是刘邦的用人谋略却远远超过项羽。彭城一战，实际上是刘邦急于求成而冒险的表现。这次失败，时机不成熟，军纪很涣散，而且正值项羽势力强盛。结果是直接导致以汉为核心的反楚联盟的土崩瓦解，延缓了统一战争的进程，刘老太公也被项羽抓去做了人质。刘邦无可奈何，不得不退守荥阳，刘、项相争进入了相持阶段。

第二节　魏豹反水

刘邦败后，诸侯纷纷顺风倒，背汉附楚去了，其中就包括刘邦攻打彭城时的三军主帅魏豹。

彭城惨败之后，通过张良的调度，韩信利用车战打败了项羽。楚、汉双方罢兵，项羽清点军马，损失惨重，忙向范增问计。

范增说："如今新败，不可用兵。刘邦在彭城用魏豹为大将，后者丧师辱军，时刻害怕刘邦治罪。如今刘邦返回关中，魏豹告假回归河南。魏豹一定意欲再次纠合人马，谋求独立。大王差遣一位能言善辩之士，只需数句言语，必然鼓动其心，反汉之心必定。魏豹反汉必然附

石刻文案

楚，而只有韩信才能抵敌魏豹，韩信攻打魏豹，那时大王乘虚奔袭荥阳，何愁大事不成？"

项羽听说，忙问："差何人前往？"

项伯说："我跟一个相命先生许负交往不错，此人正在河南，与魏豹深交，魏豹每遇大事，都要叫此人看相行事，言听计从。我写一封书，差人送给许负，只需一言半语，大事必成。"

范增在一旁称善，项羽于是嘱项伯行事。许负接到项伯专人送来的信件，尽知详情，认为项羽势大，项伯情重，即往魏豹府中拜见。魏豹此时也正想礼请许负为他相面，忙叫请入。

魏豹说："我正要派人相请先生，看看近日气色如何？"

魏豹准备反汉自立，所以准备请许负为他作一决断。

许负一听，正好就汤下面，忙说："大王未曾用过酒食，正好看看贵气。"

魏豹忙说："有请。"魏豹近来兵败，劳顿，许负看来，一无良兆，只得玩弄相命先生巧嘴说："大王贵相，红光满面，喜气重重，百日之内，大王心想事成，大功立成，岂止王爵之尊，九五之位可正。"

一句话，正好说在魏豹心坎之上。

许负进而说："愿望王后尊面，看看后宫之气。"

魏豹忙叫唤出。许负一见，伏地便拜："娘娘贵不可言！他日当母仪天下，下臣绝不敢谬言。"

魏豹暗喜，心想："我有九五之尊，夫人怎不母仪天下！"

许负走后，魏豹起兵反汉。

大夫周叔劝他"切切不可"。

魏豹说："汉王刘邦前日用我为大将，不想大败，被他羞辱一场，夺去帅印。而今韩信为帅，大败项羽。刘邦整天当着诸将骂我，早晚必然加害，今日不反，更待何日？"

周叔说："千万不可。汉王宽厚，天下归心。韩信用兵如神，项王尚且不能抵敌，大王兵微将寡，怎能与汉兵为敌？专心跟着汉王，不失魏王之位，不可欲心太甚！"

魏豹说："天命所归，何在弱强！许负之相法，不是你等可知！"

周叔说："先论人事，再说天理，人定胜天。轻信相士胡言乱语，仓促兴兵，亡在旦夕，大王切不可为！"

魏豹大怒，斥退周叔，命柏直为大将，冯敬为骑将，项它为步将，封锁黄河渡口临晋关，阻止汉军，上表复降项羽。

刘邦听说魏豹已反，笑着说："匹夫反叛，能成什么大事！"就要兴兵征讨。

郦食其说："大王兵马久动未息，如又兴师征讨，唯恐师劳力竭。我与魏豹交好，愿前去以理劝他，如果他不回心转意，大王再兴兵讨伐不迟。"

刘邦高兴地说："如果先生凭三寸之舌说服魏豹来降，可是万金之力，千城之功。"

郦食其来到河北直接去见魏豹。

魏豹说："故友远道而来，要为刘邦当说客吗？"

郦食其说："我不顾路途劳顿，不是为我自己打算，实在是念及故人之情，特来陈说利害，可从则从，不可从则已，大王何必疑为说客呢？"

魏豹笑着说："请先生说吧！"

郦食其说："人不能首鼠两端，脚踏两只船。多疑之人常是败家，反复无常之人往往自取其辱。如果大王昨日降汉是对的，那么今日投楚就错了；如果大王今日降楚是对的，那么昨日投汉就错了。是非颠倒，反复无常，岂不自遭其祸。况且当今天下大势，不识时务者，认为楚强；能明天之大势者，必然会知道汉王当兴，楚王当败。汉王宽仁而项王暴戾，汉王明智而楚王愚蛮，不用细说，已是明明白白的事情。大王归汉，实为上计，而今复归楚王，实在是反复不定。以我之见，不如罢兵息战，一心一意依附汉王，大王可以永保富贵！"

魏豹说："汉王谩骂无礼，辱人太甚。我既然已经动念，没有再生反复之理。大丈夫顶天立地，岂肯久居人下？苏秦、张仪再生，我的心也不能改变！"

郦食其知他已经鬼迷心窍，非言辞可动，十分惋惜，告别回报汉王。

刘邦问："魏豹主将是谁？"

郦食其答："柏直！"

刘邦说："此人乳臭未干，黄口小儿，怎能比我大将韩信！骑将是谁？"

"冯敬，秦将冯无择之子。"

"此人虽有贤名，但是缺乏智谋不能敌我灌婴。步将是谁？"

"项它。"

"不能抵挡我的曹参，我可以高枕无忧了。"

刘邦任命韩信为左丞相，与灌婴、曹参率兵攻打魏豹。

韩信得令，询问郦食其说："魏豹没有任用周叔为大将吗？"

郦食其回答说："是柏直。"

韩信说："只不过是小子！"遂率师进兵。

韩信率领汉兵来到临晋津（今陕西大荔东朝邑旧县城东黄河西岸），看见魏兵早已到来，只得传命兵将安营，与魏豹隔河相拒。

韩信密令灌婴："魏豹凭借黄河天险，不设舟桥，不用船只，我军也一时难以打造这些器械。你带着能工巧匠伐木打造木罂，此物渡河最方便。"

灌婴领命，监督工匠加紧打造，不久就造出了数千个木罂。韩信又令灌婴砍伐木材，将木罂缚在木材上制成木罂筏子。

韩信一面加紧制造各种渡河器械，一面亲自带领士卒在黄河边上练习渡河，做出强渡的样子。魏豹、柏直看到汉军聚集对岸操练演习，加倍小心，四处抽调兵将防守。

一日傍晚，韩信查验渡河器械完毕，命令灌婴率兵数千，摇旗呐喊，登船佯攻，准备渡河。他和曹参统领大军，搬运木罂，星夜赶到夏阳（今陕西韩城南），将木罂放于黄河中，每个木罂可载两三个士兵，用木作桨，向对岸划去。木罂筏子则运载车马辎重，往对岸渡去。大队人马渡过黄河，居然没有碰上一个魏国之兵。

汉军渡过黄河，往北不断推进，一路席卷而去，魏兵几乎难以抵敌，很快攻占安邑（今山西夏县北）。魏豹听说汉军已从夏阳渡过黄河，安邑等城先后失守，一时六神无主、战战兢兢。

魏豹仓促之中，急率大队人马离开临晋渡口，回师救急。汉兵与魏兵在曲阳相遇。汉兵本来孤军深入，有进路无退路，韩信、曹参亲自督战，无不以死相拼。魏豹本来就是一个胆怯无谋之辈，汉军如潮水般席卷而来，喊声、鼓声，震得大地发颤，魏豹首先失去斗志，抢先带头逃跑。兵败如山倒，群龙无首，纷纷溃退。汉军乘势追赶，哪肯有半点放松。魏豹逃到东垣，被汉军团团围困。魏豹外无救兵，内无斗志，穷途末路，只剩下一条路，下马伏地，投降汉军。

众将押魏豹来见韩信。

韩信说："汉王命你为元帅，统领几十万大军，睢水一阵丧师三十多万，睢水断流。主上不忍加诛，只是夺去帅印，不失王爵之贵。你应该感激不尽，思恩图报，如今反而听信术士谎言，贸然起兵谋叛。如今被擒，本当杀戮。但念你为一国王爵，若汉王宽恩，或许可免你一死。"

韩信令军士用囚车监押了魏豹，驱兵攻占魏地，安抚百姓，先叫周叔管理国事，派人押送魏豹及其家属去荥阳，听候刘邦发落，又修书一封，请求添兵3万，继续北向伐赵。

刘邦听说韩信准备北伐燕赵，东击齐鲁，南绝楚军粮路，立即拨出精兵3万，令张耳率领，前往魏地辅助韩信。

魏豹押到，刘邦一见勃然大怒，下令推出斩首。魏豹本来害怕刘邦，顿时吓得双腿发抖，下跪求饶。刘邦见如此状况，可怜之意顿生，念他曾经东征彭城，胆小无能，难有什么作为，遂饶恕不杀，只将他痛骂了一顿。魏豹捡得一命，急忙叩头谢恩，唯唯诺诺而退。

刘邦又下令，魏豹家属削官为奴，带上堂来过目。魏豹夫人薄氏长得花容月貌，令先发往织室作工。薄氏后来成了刘邦之妾，生子继位为汉文帝，正应了许负看相时说魏豹夫人将会"母仪天下"的那句话。

魏豹的确属于无能之辈，且反复无常，缺乏自知之明，不听郦食其苦口良言，而以相士之言作为行动准则，企图与刘、项三分天下，可悲之极。结果一战为虏，成为千古笑柄，令人可笑又可气。

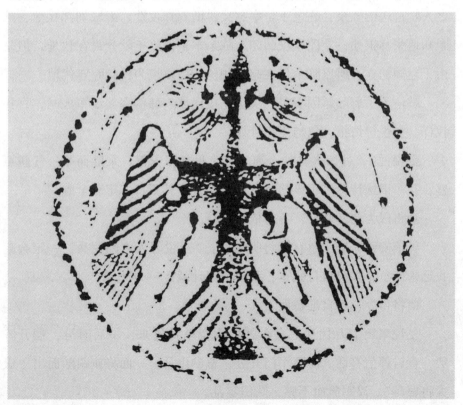

第三节 韩信将兵

韩信用声东击西之计大败魏豹、尽定魏地后，设置河东、上党、太原三郡，训练兵马，等待刘邦增兵。不久，张耳率3万汉兵到来，开始进攻赵地。

刘邦东征彭城之时，曾经联合赵王赵歇和赵相陈余一起攻楚。陈余深恨张耳，以刘邦杀张耳为出兵攻楚条件。刘邦寻找一个外形酷似张耳之人斩首送给陈余，陈余于是率赵兵协助刘邦攻楚。彭城刘邦兵败，陈余知道张耳未死，立即反汉归楚。陈余本来被赵王歇分封在代地，但是由于赵国初立，所以陈余仍在赵为相国，命夏悦为代相驻守代地。

韩信为了翦除赵国羽翼，决定先攻代郡。韩信率领汉军人马，直扑代郡。夏悦得情报，急与诸将计议。

夏悦说："韩信人马如今离城三十里扎寨安营，乘胜而来，气骄意盛；我军以逸待劳，正该趁其立足未稳，攻其不备，定获全胜。"

众将以为此乃妙计，各个依命而行。

韩信安营完毕，急召诸将听令说："夏悦等人素知用兵，一定会趁我远来疲惫，乘机攻打我军，我等应将计就计……"

诸将得令，各自准备而去。

夏悦率领1万代兵，直奔韩信大寨杀将过来，午后时分，摆开阵势，直讨韩信答话。汉军军门开处，曹参出马，一面将旗跟随而出"汉大将曹参"。汉军旌旗不整，队伍零乱。

夏悦大笑："人说韩信胯夫善能用兵，如今这样用兵，有什么可怕的。"于是大声喝问："韩信胯夫为何不来受死，派你这样一个无名小卒出战，污了我的刀剑！"

曹参大怒，指挥汉军与代军交战。两军交战没几回合。曹参引着汉军败走，夏悦率代兵随后追赶。汉军在前面逃跑，代军在后面追赶，两军且战且走，不觉已过 20 来里。忽然喊声大震，左右两边杀出两支汉军，截断了夏悦大军退路。曹参引兵杀回，三路夹攻，夏悦大败，慌乱中率百十骑兵往平山逃去。

曹　参

现在轮到汉军追赶代军了。代军在前，三路汉军在后，追杀不过一二里，前面又是一路汉军。夏悦大惊失色，无处逃命，只见山旁微露一丝亮光，急忙奔去，原来这是一条山谷，夏悦进得来出不去，只得拼命往前逃命。只听前面一声炮响，原来韩信伏兵在此。夏悦走投无路，被汉军生擒。

此地就是历史上很有名的阏与。

公元前 270 年，赵国大将赵奢曾在这里凭借险要的地形大败秦军，而今夏悦被擒，历史又在这里重演。

夏悦被擒，押回汉军大营，已是半夜三更。

韩信中军坐定，陈列刀枪剑戟，十分威武雄壮。小校将夏悦押进中军。

韩信说："汉王仁义，威名广布海内，你等如何不如归附，远劳王师？而今军前被擒，理当安心归顺，勿生叛逆之心。"

夏悦说："我也想自立为王，如今被擒，一死而已，决无投降之理！"

韩信骂道："夜深杀你，难以号令三军，细心监押，明日开刀问斩，号令三军。"

代郡城中不断有残兵逃回，叙说夏悦出战之情。守将惊恐不已，四处巡察，小心守城。次日韩信率兵来到城下，城中闭门坚守，不肯出降。韩信将夏悦押到城下，传示城上，急早归降。

城中主将见夏悦被绑缚着囚在陷车之中，大哭而言："我不忍看到将军如此被虏，我的心已破碎！"

夏悦乘机大叫："一定要以死固守，不要因为我一个人而投降一个胯夫！"

韩信闻报勃然大怒，下令将夏悦自囚车中取出，在城下斩首示众。城中主将见此情况，大叫一声，从城上一跃而下，堕城而死。城中群龙无首，开城投降韩信。

韩信引兵入城，安民已毕，差人赴荥阳报捷。

韩信料敌如神，未雨绸缪，又为汉家夺下若干城池。

汉三年（公元前204年）十月，韩信发兵由代地进攻赵国。

赵王歇与陈余听说韩信已灭夏悦，夺取代地，忙引兵马，驻扎在井陉口，号称20万大军，阻止汉军前进。

井陉口位于今河北省井陉县北的井陉山上，叫井陉关，也称土门关。

宋白《续通典》说："镇州石邑县有井陉山，甚险固。"

《穆天子传》注："燕、赵谓山背为陉。陉山在县东南十八里，四方高，中央下，如井，故曰井陉。"

陈余的20万赵军就驻扎在这易守难攻之地，专等韩信、张耳来攻，仿佛在守株待兔。

韩信当然不会轻举妄动，把兵马驻扎在井陉口的另一头，派出密探，四面打探陈余军情。

赵军谋士广武君李左车给陈余献策说："汉将军韩信涉西河，擒魏王；夺代郡，虏夏悦。如今张耳为辅，欲攻赵国。这是乘胜利之师离国远征，其锋的确难当。但是，'千里馈粮，士有饥色；寻柴为炊，师难饱腹'。井陉之路，战车不能并行，骑兵不能成列。韩信如果由此进军，粮草辎重必在后面。请拨给我精兵三万，自小路偷袭，截断汉军给养。丞相深沟高垒，坚壁固守。汉军前不能斗，退不能回，野无所掠，必然粮断水绝，不过十日，两人之首，必至麾下。希望相国采纳我的建议。否则，必为韩信、张耳所困。"

陈余素以儒者自称，不听李左车之计，反而说："我本仁义之师，不用诈谋奇计。兵法常说'十则围之'，'倍则战之'。如今韩信之兵虽然号称数万，其实不过数千，千里奔袭赵国，早已疲劳至极。如今遇到如此之辈尚且避而不战，今后若遇到大敌，又该如何对付呢？这样，诸侯都会认为赵国胆小怕事，动不动就会向我赵国用兵！"

陈余可谓迂得可以，似乎又是一个宋襄公。辞退李左车，不用其谋，只在那里坐等韩信率兵到来。

汉军密探得到如此消息，飞报韩信。

韩信大喜，方敢引兵从井陉口进击赵军。韩信大军开到距离井陉口30里地，下令扎寨安营。

夜半时分，韩信召来常山太守张苍，拨给2000军马，人持一旗，从僻静小路偷偷逼近陈余寨棚，潜伏在草丛之中，以观动静。

韩信密告张苍："我军与赵军对敌，我军诈败，赵军必然空营追赶。你指挥士兵冲进赵营，拔尽赵国旗帜，全部插上汉军红旗，坚壁拒守，不必参战，赵军自会不战而乱。"

张苍等人得令而去。天边刚露出一丝晨曦。

韩信军中传出号令："今日破赵会食！"每个军将只分到一份早餐。后人如淳说："小饭日餐。言破赵乃当共饱食也。"因此诸将皆不敢相信，但是军令如山，只听得整齐而有力的一声回应："是！"

韩信自领1万人马先行，渡过槐河，在岸边排下阵势。赵军看到韩信背水列阵，尽皆发笑，认为韩信实在不会用兵。汉军将士心中也疑惑不已。但是韩信用兵神出鬼没，军律甚严，只得依令而行。

太阳东升，阳光普照大地。

韩信对张耳说："赵军不见我军大将旗帜，恐怕不肯出来交战，我俩必须亲自督战。"

韩信、张耳披挂上马，率领万余精兵，前面尽布大鼓旌旗，杀进井陉口中。

陈余在赵营之内，看到韩信、张耳如此耀武扬威，大模大样地闯入井陉口，不禁产生被人轻视之感，特别是见到他的仇人张耳，顿时气得咬牙切齿，立即下令，开营迎敌。

井陉口中，道路狭窄，双方都难摆开阵势。赵军人多势众，拼命向汉军压过来；汉军也不示弱，个个奋勇当先，舍死激战。

大战良久，韩信下令诸将尽皆抛弃大鼓旌旗，一时漫山遍野，全是汉军旗鼓。韩信率兵固守河边阵地。

赵军看到如此众多的战利品，纷纷抢夺，以便邀功请赏。陈余等人率兵直追韩信，认为韩信不过如此而已。

只听得韩信高呼："前面深水，后有追兵，你死我活，在此一举。后退半步，立斩不赦！"

汉军素惧韩信法度，谁敢怠慢半分，人人回身奋战，莫不死拼，无不以一当十。俗话说：一人舍死，十夫难当。汉军数万之众，将是一种什么样的力量！

陈余见汉军败退，正在高兴，不料汉军忽从营中杀出，个个突然间都变成了亡命徒。赵军争抢旗、鼓，队伍混乱，虽然人多，但是很难击退汉军。

两军混战，难解难分！

张苍率领的2000士兵看见赵军纷纷出营抢夺汉军旗、鼓，飞快驰入赵营，尽拔赵旗，插上汉军红旗。

赵军突然看见自己的营寨尽被汉军占领，一时间全无斗志，纷纷后退。陈余连诛数人，也不能禁止。汉军看见赵军后退，攻势更加猛烈。赵军死伤无数，陈余死于乱军之中。赵军只剩下投降一条路可走了。

韩信此役，真是"灭此朝食"。一天之晨，破赵20万众，擒赵王歇，杀陈余。韩信此法，谓之背水列阵。

《史记·淮阴侯列传》曾经记下韩信对这场战斗的分析和评论：

> 诸将……问信曰："兵法：左倍山陵，前左水泽。今者将军令臣等反背水阵，曰破赵会食，臣等不服。然竟以胜，此何术也？"
>
> 信曰："此在兵法，顾诸君不察耳。兵法不曰'陷之死地而后生，置之亡地而后存？'且信非得素拊循士大夫也，此所谓'驱市人而战之'，其势非置之死地，使人人自为战；今予之生地，皆走，宁尚可得而用之乎！"
>
> 诸将皆服，曰："善，非臣所及也。"

曹操注《孙子兵法》说："前有高山，后有大水，进不得，退有碍者。"这就是曹操对"右倍山陵，前左水泽"的解释。韩信就是在这种地形展开战斗的。值得注意的是，韩信置之死地的时间很短，只有半天；并且还有一支2000人的队伍在策应，所以韩信能够出奇制胜。而三国时期的马谡虽然也将队伍置之死地，但是由于时间太长，所以士气很快被削减了。兵法阐述的是一般原理，全在于灵活运用，千万不能犯教条主义的错误。

韩信大破赵国之兵，下令不得杀害广武君李左车，有能活捉者悬赏千金。李左车被士卒活捉绑缚韩信军中。

韩信走下帅座，亲手解开绑缚绳索，将李左车扶上座位，以师长之礼相待。

李左车很是感激。

韩信问李左车："学生准备北攻燕，东伐齐，怎样才能事半功倍呢？"

广武君李左车说："败军之将，不可言勇；亡国大夫，不可图存。我是一个战俘，有什么资格讨论大事？"

韩信真诚地说："古时候的百里奚居住在虞国而虞国灭之，在秦国为官则秦穆公称霸，不是在虞国就愚蠢，在秦国就聪明，而在于是得到重用还是得不到重用，当官的听从建议还是不听从建议。如果成安君陈余听从先生之计，我韩信已被擒拿了。因为陈余不用先生之谋，所以韩信才侥幸取胜。"

广武君李左车为之感动，说："智者千虑，必有一失；愚者千虑，必有一得。常言说：'狂夫之言，圣人选择。'虽然我的愚计不一定有用，但是愿意效劳。成安君陈余有百战百胜的良计，但是一旦失去机会，军败身亡。目前将军涉西河，虏魏王，攻代郡，擒夏悦，一举而下井陉，一早晨破赵 20 万众，诛陈余。将军名闻海内，威震天下，农夫莫不辍耕释耒，整衣甘食，倾心听从将军之命。这些都是将军的长处。但是，汉军久战疲惫，必须休整。如今将军企图用疲惫之师去攻打燕国的坚城深池，持久作战，急切不下，兵势减弱，粮草匮乏。弱燕尚不能下，而齐国必然拥兵自强。与燕、齐相持不下，刘、项之争何时能见分晓。这些就是将军的短处。善用兵之将，绝不会以短击长，而是以长击短。"

韩信说："先生之言，鞭辟入里。为今之计，该如何是好呢？"

李左车说："目前将军之计，最好是案甲修兵，安抚赵国，抚恤孤老。这样，百里之内，牛酒日至，自然会来犒赏三军。北边的燕国，派一个能言善辩之士，持一份安抚招降之书，让燕国感到以兵相抗的威胁，燕国必然会卷甲而降。燕国归顺，宣言于齐国，齐国也会闻风而从。即使企图支持齐国反汉之人也无能为力了。如果这样，那么天下大计可图。用兵本来讲究先礼后兵，就是这个道理。"

韩信十分高兴，听从李左车的建议，派使者去燕晓以利害，燕国果然闻风而降。韩信忙派使者到荥阳向刘邦告捷，并请立张耳为赵王，安抚赵国。刘邦同意，立张耳为赵王。张耳本来就是项羽所封的赵王，所以名正言顺。从此韩信、张耳在燕、赵之间进行安抚两国工作。韩信用李左车之计，又轻取大燕。

刘邦惨败之后，为了集中力量攻伐项羽，韩信建议首先扫除反叛的诸侯，再与项羽决战。刘邦采纳了这个建议，使得韩信不仅平叛了魏豹，还连克赵国、齐国等地，为刘邦自己在楚汉相持中积蓄了足够的力量。

古汉台

第四节 荥阳相峙

荥阳以北有一城名成皋（今河南荥阳县汜水镇），又名虎牢关，两城南北连成一线，战略位置十分重要。成皋靠山临水，地形十分复杂，进可攻，退可守，是关东进入关中的咽喉要地，又是关中威慑关东的军事重镇。成皋、荥阳一线，黄河与济水在这里会合，又有鸿沟与淮水流域相通，水陆交通极为便利。刘邦调兵遣将，决心在这里阻击楚军，形成武装割据的形势。

楚军准备乘刘邦彭城新败，一举攻入关中，消灭刘邦。但是，由于张良、韩信的巧妙调度，萧何又从关中不断地送来兵马粮草，阻止着楚

黄 河

兵西进。

韩信向刘邦推荐故秦将领李必、骆甲为骑兵主将，两人推辞不就。刘邦只得令灌婴为骑兵中大夫令，李必、骆甲为左右校尉，率兵前去阻止楚军西进。韩信巧妙调度，与楚军交战3次：一次在荥阳之东，两次在荥阳以南的京亭、索亭之间，打败楚军，有效地阻止楚兵西进势头，形成相持之势。

韩信又奏请刘邦，指挥将士沿着河畔修筑甬道，运送敖仓储备粮食，供给军需。两军局势日趋稳定。

六月，刘邦看到局势渐稳，把军权重新交给韩信，自己携儿带女，返回他在关中的临时首都栎阳。刘邦回到关中，水淹废丘，消灭了章邯的残余势力，立儿子刘盈为太子，大赦天下，罪人充军，命萧何辅佐太子守卫关中，并制法令、立宗庙、建社稷、修宫室、置郡县，稳定后方，筹备给养，补充兵源。

八月，刘邦返回荥阳，督兵东征天下。

为了打败项羽，刘邦与张良商议用人之事。

刘邦说："今日汉兵虽然又逐渐强大起来了，但是三军无帅，难以调用。韩信因为前日被夺帅印，一向消息全无，寡人新败，也不遣人救援。此时再起用，寡人问心有愧，恐怕难服其心。先生有何妙计，让韩信不请自来，趁机重新拜帅，制服其心。"

张良说："这也不难。我亲自去见韩信，管保韩信自来。但是韩信只能抵挡一面，韩信以外，九江英布、大梁彭越，都有大将之才。如果再得此二人，楚败无疑。"

刘邦说："英布是楚王亲封九江王，怎肯归附于我呢？"

张良说："英布虽然是楚臣，但是近来与项羽产生了矛盾。前些日子，英布带兵追赶太公，兵败回楚，被项王责骂侮辱，回到了九江。项王攻打齐、梁，派使令英布出兵，英布只派少许弱兵相助，因此项羽与英布已经矛盾重重。趁英布心怀二志的时候，大王派一个能言善辩之士去游说他，他必然会归附大王。"

方针虽然确定，可是很难找到合适的人选。拉拢英布的工作是很困难的，需要有位胆大心细、能言善辩之士，而郦食其虽然能言善辩，可是常常过分夸张，对质朴而个性强悍的英布来说，这样的人是不合适的。由于找不到适当的人选，刘邦为此相当头痛。

彭城败讯传出后，镇守关中的萧何便将关中守军分出一个军团去进占米仓荥阳，以断绝楚军和其他诸侯军对中原粮食的控制。接着他急速编组未满20岁的青年军和年纪较大的老弱军，由其负责关中地区的守备，以及关中和荥阳间的联系和补给。

刘邦经常说："只要萧何还在，我就有拼下去的本钱！"

稍微安心后，如何拉拢英布成了他近期须全力以赴的主要工作目标。

英布是项羽手下大将，而且脾气暴躁，搞不好便可能会有生命危险，因此没有人愿意冒这个风险。

刘邦因找不到适当人选而感到焦躁不安，心想或许可以运用激将法来看是否有勇于建功的奇才，因此他故意让左右侍卫放出风声："真是一群庸才，没有一个能共同策划天下事的。"

果然有位叫做随何的人有了反应。随何的官位是谒者，是庆典或国家间交往的礼仪官，这种官职一般都由儒生来担任。

刘邦本人不喜欢儒生，因为实在受不了他们的繁文缛节，什么事都假假的。但儒生有不少地方很有用，譬如在举行仪式和国家间交往方面，他们很懂得要怎么准备，绝不会失礼或没面子，是颇让人放得下心的幕僚。

但是这些儒生一碰到办理大事就不行了，不但瞻前顾后，没有效率，并且缺乏弹性。所以刘邦在重要的工作上很少用到他们。

随何主动晋见刘邦，问道："陛下认为没有人才，是什么意思呢？"

刘邦说："如果有谁能为我说服九江王，让他背叛楚国，牵制项羽不敢离开彭城，那么只要再给我几个月的时间，我便能以全胜的方式取得天下了。"

随何大胆地表示："我愿出使九江，做大王的使者。"

眼前实在没有人肯干这件事，既然随何肯冒险出使，刘邦自然非常高兴，于是派遣20人的特使团前往九江去游说英布。其实刘邦对随何并没有足够的信心，但策反英布是既定策略，就让随何去试试也好。

随何到了九江，住在九江王府对面的馆舍里，投书求见英布。

英布与谋士费赫商议针对随何之行的策略。

费赫说："这次随何来，一定是因为汉王新败睢水，无力与项王为敌，差他来下说辞，劝说大王归汉。大王暂且以病推辞，不要轻易相见，让汉王知道大王分量。"

英布让门官告诉汉使暂且回去，等到自己病好了，再来相见。

随何得到回报，猜想一定是谋士费赫从中作梗，即到费赫门下求见。费赫返家，听说随何求见，想知道究竟，忙下阶迎接。

相见礼毕，费赫说："大夫来此有何贵干？"

随何说："汉王新败于彭城，在荥阳招募兵丁，着诸将各归乡里。我是六安人，久念父母之邦，归来拜扫父母之墓。经过九江，敬慕九江王英名，特来求见。九江王怀疑我是汉使，称病不见。我本来想一直到六安去了，但是怕此怀疑始终不解！所以特来拜见大夫，请求代为转告。并且，大王坐镇九江，应当折节下士，招募天下贤士，成为一代明主，使天下之人仰慕，大夫也因此可以成为辅弼贤臣。如今我慕名而来，却被拒而不见，四方贤士听说九江王倨傲如此，谁还愿来相投呢？像大夫这样的善辅之人，岂可坐视不言？"

费赫内心被随何说得忐忑不安，但脸上却不表现出来，从容地说："大夫暂住一宿，待明日英王病情好转，我就入朝告禀。"

第二天，费赫去见英布，说："随何不是汉王说客，而是归家探亲，途经九江，羡慕大王英名，特来请见。"

英布说："慕名求见，拒之非礼。"叫人去请随何进见。

随何与英布相见礼毕，英布问道："先生跟随汉王日久，必知汉王许多备细。前日汉王睢水之败，如何不用韩信？"

随何说："前日汉王亲发手书，布告天下，为义帝发丧，兵将缟素，天下诸侯闻书而到者，都深恨项羽放弑义帝，都愿协助汉王讨伐项羽。因此汉王留韩信镇守三秦大地，作为大本营。不想霸王秘密派人持书，通告天下诸侯，放弑义帝之人是九江王。其罪尽归大王，因此诸侯转而深恨大王，不助汉王攻楚。因此有睢水之败。齐、梁、燕、赵都准备起兵与大王争衡。弑逆之恶，古今都认为是第一大罪，如果项王一旦把这个罪名公告诸侯，天下汇兵而来，大王尚且不知，而君王百姓都会把大王当成天下罪人，大王就是一家一户的去劝说，人们也不会相信了！大王凭什么立身于天地间呢？"

英布一听，起立北指大骂："江中放弑义帝，实是项羽主谋，我不过是执行他的命令而已。如今却把这等恶名加在我的头上，让我一个人去遭受万世人的讥诮！"

随何急忙劝阻说："大王不要生气，唯恐左右之人闻听，传入彭城，项王必加罪责。"

英布说："我曾经常常思量，杀子婴，掘皇陵，弑义帝，这三件事都是项王之命，但是心中时常负疚不已，要是有朝一日，天下诸侯以此为借口，我怎么去辩白？哪知今日项王把这些罪恶都归于我的头上，我就是用尽长江之水、南山之竹，谁人又能明白我的内心呢？"

随何说："大王要想表明心迹，这也不难，只要同心协力支持汉王，合兵伐楚，声讨项王之罪，清浊自然分明。如果像现在这样坐守九江，等到诸侯合兵讨罪，大王现今又是楚臣，即使有千张嘴巴，也辩白不清。以我愚见，不如归附汉王，让天下诸侯尽知，项王乃弑杀义帝主凶，大王为洗恶名，已经有了讨贼之举，这才是长久之策。如今形势，楚已经不如汉。大王不归顺万全之汉，而依附危亡之楚，恐智者不取。"

英布进前附身说："我近日与楚有隙，也准备洗此不白之冤。我也知汉王为长者，实有心从之。先生少待几日，我当计议与先生同行。"

英布与随何正在密谋，左右传报楚使送项王诏书到。

英布叫随何进内室，忙接诏。诏书说：

> 九江王英布，偷安自逸，楚兵伐齐，装病不起；睢水会战，坐观胜负。朕劳师疲士，久无一言相慰，实失君臣之礼……会兵伐汉，星夜前来，毋误！

英布看完诏书，沉吟良久不语。

随何从内室走出，对楚使者说："九江王已经归附汉王，哪有发兵助楚之理？"

楚使者惊问："你是何人？"

随何说："我是汉使随何，已与九江王约定同心伐楚，为义帝发丧，共诛暴逆，你尚不知进退？"

楚使看到英布不说话，又听到随何之言，知道事情发生重大变故，急欲下阶逃走。

随何说："从项王诏书上看，已有杀大王之意，企图杀大王以灭天下人之口，使放弑义帝的罪恶，全部推到大王身上！大王应该立即斩杀楚使，表示助汉攻楚的明确态度！"

英布大怒，立斩楚使，扯碎诏书，起兵攻楚。项羽令项庄、龙且攻打英布。龙且击败英布军。英布准备带兵归依汉王，但恐目标太大，被项兵追杀，所以与随何自小路赶到荥阳。

随何带着英布去见汉王刘邦。刘邦正坐在床上洗脚，召他入见。

英布见此，懊悔不已，退出之后，与随何说："我被你骗来依附汉王，我是一国王爵，相见之际，一点儿礼节都没有，让我进退两难。不如自尽，以惩罚我的不智。"

随何忙制止说："汉王醉酒未醒，过一会儿相见，自有特殊待遇，大王千万不可性急。"

随何把英布介绍给张良、陈平，各自都有专门房舍，帷帐器用极甚齐全，饭食供给与汉王一般无二。英布又大喜。少倾，文武大臣一起陪英布进见汉王。汉王礼仪谦恭，态度亲近，君臣之间，毫无嫌疑。

英布自思："汉王的确是忠厚长者，刚才差点自误。"于是死心塌地地跟了刘邦。

彭越又是怎样被刘邦收服的呢？

彭越是昌邑人，原先在巨野泽打鱼，后来当了山大王，也就是《史记》所说的"为群盗"。陈胜、项梁起事，他的同伙对他说："而今豪杰并起，纷纷叛秦，你也可以组织一批人，效仿他们。"

彭越说："方今两龙争斗，再等一时吧！"

这样又过了一年多，巨野泽中之盗百余人相聚在一起，一起去找彭越，请求说："你来当我们的头头吧！"

彭越推辞说："我不能带领各位弟兄，能力不足。"

众人强求不已，彭越方才同意。

彭越说："明天早晨日出会集，迟到者斩首。"并反复告诫大家千万记清楚。

到了第二天，绝大多数人准时到达，但是还是有十几人迟到。最迟的一个到的时候已经是中午了。

彭越集合众盗训话："我没有能耐，但是众位兄弟强推我为头头。如今约定会集，但是迟到的人很多，不可能尽皆杀头，如今把最后一人斩首示众。"随即下令他封派的司法官行刑。

众盗都笑着说："何必如此严格，以后不迟到就是了！"

彭越大怒，亲斩最后到的那人，设立祭坛，号令群盗。群盗大惊，十分害怕，不敢违反彭越将令。彭越带领部属，攻城略地，收罗诸侯的散兵游勇，很快发展到千余人。

刘邦入关的时候来到昌邑，彭越就协助刘邦攻打昌邑。刘邦继续西进后，他仍然留在臣野。就是自那时起，他们有了交往。后来项羽分封天下，彭越又变成了项羽的部下。

刘邦冒险进兵彭城时，项羽伐齐、梁、燕、赵未回，彭城守将是彭越。因为是故交，刘邦就令陆贾修书彭越，历数项羽放逐义帝，残暴不仁等罪恶，力劝彭越开城投降，做一个流芳千古之人。陆贾带上书信，亲见彭越，劝说论理。彭越大喜，开城迎接汉王入城。刘邦被项羽打败后，彭越一直在楚地开展游击战争。

经过张良的推荐之后，为了联络彭越，刘邦派刘贾、卢绾带领人马前去寻找、安抚他，从此，彭越就一直在项羽的后方开展敌后游击战。当项羽带兵来攻之时，彭越领兵退走；当项羽带兵攻刘邦之时，他又率兵在后方骚扰。彭越十分了解楚地情况，楚军辎重粮草武器，大部分都囤积在燕西，但是平时兵力不足，一直未敢攻击。刘贾、卢绾带兵来后，彭越就决定偷袭楚军粮食辎重囤积之地。

彭越、刘贾、卢绾率领人马，借着浓浓的夜幕，悄悄地围住了这个楚军后勤补给之地。只见一些装扮为楚军的汉军潜进库区，四处放火，一时间火光冲天而起。守卫楚军方从梦中惊醒，正准备扑灭大火，四面八方喊声、杀声，惊天动地。楚军尚未组织有效还击，汉军早已杀将过来，杀得楚军四散逃命。燕西囤积物资，除了烧焚的，尽被汉军运走。彭越也是一个与英布类似的猛将，乘势夺取梁地，连下睢阳、外黄等17 座城池。

汉三年（公元前204年）四月，楚、汉相争到了最激烈、最残酷的时期。刘邦、项羽在荥阳相持一年之久，最后项羽采纳部下建议，派钟离昧切断了汉军敖仓的粮道和外援，把刘邦死死困在荥阳。刘邦被困城中，内缺粮草，外无救兵，情况十分危急。刘邦听从陈平、张良之谋，派使告知项羽，愿割荥阳以东之地与项羽讲和，寻求缓兵之计。项羽深恨刘邦反复无常，偷袭彭城，再加上范增等人力劝乘机消灭刘邦，项羽也欲置刘邦于死地，当然不肯尽弃前功，与刘邦签订如此孤城之盟。

陈平

眼望缓兵之计前途渺茫，刘邦更是忧虑重重，有惶惶不可终日之感。

刘邦召来陈平说："天下动荡纷纷，什么时候才能得到安宁？"

陈平献谋说："项羽为人恭敬仁爱，守节之士、好礼之人都喜欢追随；但是，一到赏赐功臣，他又十分吝啬爵位和封地，因此真正有才能的人都不愿意依附他。大王虽然不讲礼数，品行清廉的人大都不肯曲节相从，但是大王能够慷慨厚封功臣，因而有才能的亡命之徒、嗜利之人都纷纷归依。大王如果能够去其短，用其长，天下弹指之间可定。但是大王秉性轻慢，动不动就出口伤人，怎么能够吸取项王之长，招纳廉洁之士呢？我反复考虑，可以搅乱楚国之人，就是项王的那些忠心赤胆的重臣，如亚父范增、钟离昧、龙且、季布、周殷这几人。大王如果舍得几万斤金子，施行反间之计，离间楚国君臣，让他们互相怀疑，上下离心。项羽本喜猜忌信谗，必然内讧日起，互相残杀。到了那时，大王乘机举兵反攻，楚王必灭。"

陈平的这篇策论，起伏跌宕，是经过长时间认真构思，反复揣摩而成的。陈平不怕刘邦生气，赞扬项羽讲仁谈义，是项羽的长处；而刘邦不讲礼数，出口伤人，是刘邦的短处。项羽手下之人品行高洁，而刘邦手下无赖颇多。

刘邦听了这些话，难免面红耳赤，但是刘邦夺取天下向来是不择手段的，所以他不会生气，大概他熟知"道吾弱者是吾师"的古训。

陈平告诉刘邦：楚军将士重身份、讲名节，因此难免迂腐，缺乏足够的争利进取精神；而汉军将士出身低微，虽然是一些争名夺利的亡命之徒，但是他们敢于赴汤蹈火，为吃一口饭就敢去杀人越货，极有进取之心。

陈平还告诉刘邦：项羽舍不得本来毫无实际价值的爵位，企图把天下装进自己一个人的口袋里，因此无法笼络人心；刘邦拿天下土地封赐下人，用本无实际价值的爵位换取将士的拼死图报，获得慷慨的名声，这正是夺取天下的正道。

像这样明白而刺耳的话，只有陈平这样有胆识的人才能说得出来；也只有刘邦这样大度的人才能够听得进去。刘邦"乃出黄金四万斤与陈平"，任凭他支用，"不问出入"；刘邦可谓"用人不疑"。

陈平用重金收买楚军将士，一时间流言纷纷，竞相传言钟离昧等人为项羽部下大将，屡建奇功，但是一直不得裂地封王，企图与刘邦联合，消灭项氏而分地为王。项羽果然怀疑钟离昧等人，恐怕夜长梦多，拼死攻打荥阳。

刘邦组织将士拼死抵抗。

张良、陈平等人见形势危急，为了继续施行反间之计，假意派使去告诉项羽，刘邦情愿回军关中，把关东之地交还项羽。项羽久攻不下，又怕内部生变，不听范增劝告，只得派使者到荥阳城中与刘邦谈判，以便探听虚实。项羽派谁为使，史书没有记载，小说家们说是项羽的舅子虞子期。

虞子期到了荥阳城中，刘邦大睡未起，先被招到了馆舍里面。他进入馆舍，陈平等人即来相见，送上太牢大宴。太牢大宴是招待重要人物的宴席，一般不可轻用。虞子期进见，觉得刘邦确有求和之意。

尚未进食，陈平问虞子期说："亚父派你进城，不知有何赐教？"

虞子期一惊，如实说："我是楚王使者，不是亚父使者，不知亚父有何交代！"

陈平立即起身，出门低声对侍者说："我还以为是亚父使者，原来是项王使者……"

虞子期在屋内听得清清楚楚，心中怀疑不定。侍者进到房内，将太牢大宴尽数撤去，只拿一些粗茶淡饭招待虞子期。虞子期心中十分愤怒，但是尚未见到刘邦，只得等候接见。

过了好一阵子，才有人来请虞子期进见刘邦。刘邦不在公堂接见楚使，而在内室外面接见。虞子期去的时候，刘邦尚未穿戴完毕，又被引到另一密室，等待刘邦收拾。

虞子期独自一人待在房间里，只见到处都是文书档案，忍不住随手翻看，不想竟发现一封不具姓名的书信，其书曰：

"项王彭城失守，兴兵远来，人心不服，天下离心，兵力不过二十万，势孤力弱。大王不可退回关中，急唤韩信回军，老臣与钟离眜等作为内应，楚军指日可破。黄金不敢拜受，破楚之日，愿裂地封于故国，子孙享受百世……"

虞子期大惊，这一定是范增密书，急忙藏于身上。哪知壁间早有人监视，见此情况，急忙报与张良、陈平。

过了不一会儿，侍者来叫虞子期去见刘邦。

刘邦依旧睡意浓浓，糊里糊涂地说："吾跟项王都是楚怀王臣下，先入关中者为王，我先入关中，应当为王。如今已得关中，我要当王……"

虞子期听了半天不得要领，刘邦睡意来袭，两个女人扶入里屋歇息去了。虞子期只得出城将出使详情报与项王。项羽因此十分怀疑范增。

范增听说项羽派人与刘邦讲知，急忙进谏，项羽哪里听得进去，反把范增骂了一顿。

范增看到项羽最终难成大事，自己忠心耿耿反被怀疑，也生气了，请求项羽让他回归故里。范增可能也是赌气，哪知项羽更是薄情，竟同意范增的请求。范增解甲归田，又气又悔，回归途中死于彭城。

范增是项羽手下唯一的著名谋臣，竟被陈平用计除去。后来大将周殷在英布引诱下叛楚归汉，钟离眜也遭到疑忌。

范增之死，终于唤醒了项羽，招来钟离眜等人加以劝慰，驱兵向前，拼力攻城。荥阳城内，伤亡惨重，三军将士，筋疲力尽。荥阳朝不保夕。陈平、张良又献一计，派相貌与刘邦相似的纪信假扮刘邦，诈降项羽，刘邦乘机带谋臣将士弃城而去。

刘邦与项羽荥阳相峙的基本格局是：萧何镇守关中，补充兵卒和粮草，建设根据地；刘邦自统大军，正面牵制项羽；韩信开辟北边战场，征讨反叛诸侯，消除左右威胁，壮大力量，孤立项羽；彭越在楚国后方作战，牵制项羽，相约英布，共击项羽。刘邦在张良、韩信的精心策划之下，布局远胜项羽。

第五节　项羽破城

范增死后，项羽才恍然大悟，这是刘邦的离间之计，大怒之下，下令立即攻打荥阳，为范增报仇雪恨，项羽亲临城下冒着箭矢攻城。

就在刘邦走投无路之时，张良用计，让纪信代替刘邦出城投降，并留下周苛、枞公、韩王信等人守城，而刘邦自己则带张良、陈平等一班干将能臣，偷开西门，夺路而逃。

再说刘邦从荥阳逃到成皋之后，听说纪信被杀，又悲伤，又气愤，

范　增

立即派人去关中要萧何征集人马粮草，准备再赴荥阳，与项羽死打硬拼。

刘邦帐下一位谋士辕生，献了一条调虎离山之计，说：“两家交兵，距今数月，我军十分疲惫。大王不用再去荥阳与项王争锋，只需率精兵从武关出发，直取宛洛。项王见此，必然顾及彭城安危，定会引兵拦截。这样，可以减轻成皋的压力，我军可以乘机得到休整。大王在宛城，高城深池，固守不战，等到时机成

熟，再回荥阳，一决雌雄！"

刘邦采纳了辕生的意见，出兵武关，直抵宛城，深挖护城河，加固城墙，积蓄粮草，以逸待劳。

项羽听说刘邦引兵南进宛城，害怕汉军深入楚地，又占彭城，忙撤荥阳之围，赶赴宛城，找刘邦决战。刘邦凭险固守，项羽一时难以取胜。项羽虽然不断胜利，但是被刘邦和他的手下人弄得一筹莫展。

正在这时，被刘邦封为魏相国的彭越带兵转战楚、梁之间，打败下邳楚军，杀死楚将薛公，气焰十分嚣张。项羽大怒，留部分将领监视刘邦，自带精锐之师，追歼彭越。

彭越听说项羽亲来，自知难敌，引兵渡过睢水，撤退而去。项羽无法追赶，只好忿忿而止，再攻荥阳。

项羽由于长期东奔西走，心中一股无名火无处发泄，下了严令，五日内定要破城。各位楚将谁也不敢违令，催促士兵攻城。

项羽亲自率兵攻打东门，季布攻打南门，龙且攻打西门，钟离昧攻打北门。这是楚军最强的阵容，攻城之将皆为最有名的将领。只听得四门金鼓震天动地，云梯、弓箭、甩石车，一应攻城工具，十八般兵器，各显神通，战斗异常激烈。

城内将士，在周苛、枞公的指挥之下，日夜提防，整日苦战，弓箭、砖石、灰瓶、蛮牌，乃至开水、垃圾、大便，都成了守城武器，攻防结合，奋不顾身。

魏豹看到这种情况，知道荥阳必破，不去协助周苛、枞公守城，反而去为项羽充当说客。

他乘马来到城头战场，对周苛和枞公说："汉王弃城逃走，就是因为荥阳已成废城，两位将军不明此理，如今反而坚守不降，这岂不是白白受罪吗？这对国家有何益处？一旦城破，你二位也想与项王为敌？"

周苛、枞公大怒："你这个反复无常的小人，连猪狗都不如，也敢谈论军事，在此扰乱军心！汉王临行，把荥阳交给我们，知道我们有能力守住此城。现在你却劝我们投降，贪图荣华富贵！我等头可断，血可流，志不可移！留下你这样一个无耻小人，最终必为祸患。"下令将魏豹削首示众，号令三军："此人欲做内应，扰乱军心，今日斩首示众。大家齐心守城，不得怀有二心！"

众军士齐说："愿与将军拼死守城，绝不怕死贪生。"

项羽听到如此情况，更加愤怒不已，严令诸将拼死攻城。城内又紧靠城墙筑起土城，防守更加严密，楚军见了，各有退兵之意。项羽大军整整攻了九日，荥阳依旧在汉军手中。

项羽又召集军事会议，说："荥阳久攻不下，各位将军有何良策？"

项伯、钟离昧说："攻取城池，怕就怕兵士不肯舍命而上，如果一人拼死纵火烧毁城楼，众军一拥而上，此城哪有不破之理？如果拖延时间太久，刘邦率领救兵到来，我军就难以攻下荥阳了。"

项羽决定："明日攻城，活着回来的立地斩首！"

次日，项羽与各位将领身先士卒，奋力攻城。苦战半日，汉军实在无法抵抗，楚军攻入城内，周苛、枞公、韩王信都成了俘虏。

项羽将周苛唤到面前，和气地说："你率军坚守一座孤城，内无粮草，外无援兵，直到今日方破，真是将才，如能归顺，我封你为上将军，食邑三万户！"

周苛大怒："你不去投降汉王，反而劝我投降你，真是岂有此理？你难道是汉王对手？"

项羽大怒："我看你是个人才，怜爱而已。你如此不识抬举，难道我杀不了你？"

项羽下令将周苛投入鼎镬烹杀，片刻之间变成一锅肉羹。

项羽又将枞公叫入，大骂："量你一个匹夫，也敢抗拒天兵！今日被擒，若肯归顺，封你做个荥阳太守，否则，叫你死无葬身之地！"

枞公说："城破被擒，势穷力竭，有死而已，岂肯归降你这暴君？恭请早戮，以尽臣节！"

项羽见枞公忠义，又叫季布劝降。

枞公说："大丈夫建功立业，成就美名，生顺安死，只求心中无愧而已，我已竭力守城，不是才智不足，实是实力不足。你劝我今日投降，我明日又反，只知有汉，不知有楚，忠贞不贰，万金不移！"

项羽见此，默然良久，下令推出斩首。

只有韩王信投降了项羽。

项羽盛怒，准备尽屠荥阳百姓。

项伯力劝："与大王争天下的是刘邦，不是荥阳百姓。天下百姓都是大王赤子，如果尽皆屠杀，岂不伤天下人之心？大王应该抚恤百姓，安定人心，休整几日，进兵成皋，截断刘邦退路，叫他无处可逃，刘邦必然束手待毙。"

项羽听从项伯劝告，不杀荥阳百姓，乘势进逼成皋，刘邦自知难敌，弃城而去。项羽轻取成皋，心中大喜。下令休整，继续西进。

在将近一年的相持时间里，项羽不断取得胜利，但是疲于奔命，势力不仅没有强大，而且逐渐势孤力穷。从战略上讲，他缺乏总体布局，君王干了将军的事；从战术上讲，他经常听从刘邦指挥，刘邦逃到哪里，他追到哪里。事实上，刘邦已经在这个时候取得了楚汉争霸的主动权。

第六节　分一杯羹

项羽打下荥阳后，留下大将曹咎守城，叮嘱他要坚守城池，切勿出战，只要坚持 15 天就是胜利。孰料，项羽刚走，刘邦，张良就在城下来了个"骂城计"，派人日夜辱骂曹咎，什么词难听就捡什么词用，什么话难堪就挑什么话说。这简直就让曹咎烦透了！于是怒火中烧的曹咎就带兵杀出城，没想到却中了汉兵的埋伏，很快就全军覆没。刘邦马上派人占领了成皋和荥阳，夺回了这一战略要地。

正在追击彭越的项羽听到成皋失守、曹咎自杀的消息，即派钟离昧率师先行，自己领大军随后赶赴成皋。

刘邦知道项羽西进，派重兵把项羽先头部队钟离昧围在荥阳东边。钟离昧远道而来，兵微将寡，抵挡不住以逸待劳、兵多将广的汉军，眼看支撑不住，正巧项羽大兵到来，很快击退汉军，救出了钟离昧，进军广武，与汉兵夹涧对峙。

广武，位于荥阳东北 20 余里处，本是山谷。广武山，西接汜水，东连荥泽，地势高耸，非常险峻。山中一道涧水，也叫广武。广武涧旁，坐落着两座山峰，相距只有 50 余米。西边山峰旁，刘邦因山势构筑好了坚固的工事，赤旗飘舞，兵器林立，一面大旗，上书"刘"字。东边山峰旁，项羽新筑石垒，与刘邦工事遥遥相对，刀枪剑戟密布，大旗上一个大大的"项"字。

两军你望着我，我望着你，虽然距离不远，却发动不了进攻，双方只好怒目而视。刘邦的粮食补给从敖仓源源不断运来，而项羽却要从南方运来，经常受到彭越这样的游击队截、抢、烧等，所以情况越来越不妙。

项羽粮草缺乏，忙与项伯、钟离眜等人商议说："目前两军相持，我军粮草缺乏，难以为继，诸位有何良策？"

项伯说："刘邦之父刘太公拘禁在此已经几年，何不请他来，叫他修书给刘邦，令他退兵，然后放他回去。如果刘邦不依，定将太公诛戮，让刘邦成为万世罪人！大王若依此计，可抵百万雄师！"

项羽依言，令人从彭城取来太公。

项羽对太公说："刘邦一直拥兵拒我，一点都不顾及你的处境。我今天叫你来，让你修书一封，令刘邦罢兵息战，我放你和吕雉回去，让你们父子夫妻团聚，你认为如何？"

刘太公说："刘邦从小贪财好色，不顾及父母家小，如今以富贵为重，把我们丢在这里不管不问，恐怕写封信也没有什么用处。"

项羽说："你先写书寄去，看他如何。"

刘太公只得修书一封交给项羽。

项羽看完说："刘邦见书如不退兵，真是衣冠禽兽不如。"即差人将书信送与刘邦。

刘邦听说楚使送刘太公家书到来，忙唤张良、陈平问计。

张良说："太公送来家书，必是项羽退兵之计。大王见书，不可哭泣，只需如此……"

刘邦唤楚使送上家书。家书略云：

太公付书汉王刘邦：

　　我曾经听说，虞舜天下孝子，弃天下如敝帚；你如今以富贵为重，把我当成路人。我遭虏至今，已经数年，幸得项王恩惠，未加杀戮，日给饮食，得保性命。王后吕氏思念子女，日日以泪洗面。你恣意纵横天下，一点儿也不想念我等，真是铁石心肠，土木形骸。如今项王把我押到广武，屡次欲杀，悬头成皋，扬你不孝之名。我再三求告，特修家书给你。你要细细思量，你的身体从何而来？世界上的万事万物什么最重？你如果明白这个道理，就像虞舜弃天下如敝屣那样，立即罢兵息战，取我回去，使父子夫妇团聚。如果继续屯兵相抗，我命难保。你即使拥有天下，也是用你老父的性命换来的，万世骂名，你的心难道能平安吗？

刘邦装着醉酒未醒的样子，看完家书，两眼朦胧，随随便便地说："我与项王北面侍奉怀王，结拜为兄弟，我的父亲就是他的父亲。我父亲在楚地就同在我汉营一样，何必要分彼此？如果项王杀我父亲，天下人不只骂我，也会照样骂他！前日项王杀了义帝，天下诸侯至今咬牙切齿；如果今天又杀我父亲，难道不怕天下人唾骂？孟老夫子曾说：杀人之父，人亦杀其父，相差不过一丁点儿。你回去对太公说，宽心在项王那里住些日子，就像在我身边一样……"说着说着，刘邦两眼微垂，被两个女人扶入后面歇息去了。

楚使未得回复，不想回去，刘邦已经进去了；回去，怎么交代也是个问题。

张良、陈平设酒相待，劝他回去。楚使回见项羽，将具体过程详述一遍。

项伯说："看刘邦的所作所为，最终也成不了什么大气候！大王只准备与他交战，刘邦不可能取得胜利。"

项羽说："刘邦这个酒徒，视父母妻子如草芥，怎么能跟他谈论是非？我自有妙计。"

项羽下令在峰顶筑一方台，台中放一大俎，把刘老太公押上高台，置于俎上。

项羽带领众将齐上峰顶，大呼："请刘邦答话！"

汉兵见此情景，急忙报告刘邦。

刘邦听说放声大哭："我生不能奉养父母，为了争夺天下，反让我父受此痛苦，不如早早休兵罢战，救我太公回国。"

张良、陈平急忙制止说："大王不必如此。项羽现今粮缺兵疲，所以拿太公作质，要挟大王休兵罢战。大王不要心急，须用智慧胜之。"

刘邦说："太公被置俎上，我心中哀痛十分。即使得不到天下，有什么要紧，救我父亲是第一要事！"

张良说："退兵也未必能救太公。只有狠心坚持下去，才能保证太公平安……"

刘邦只得擦干眼泪，振作精神，在众将簇拥下，登上峰顶。刘邦看到太公被绑缚在俎上，心如刀绞，但是脸上却装着若无其事的样子。

项羽见刘邦上来，高声大吼："刘邦听着，你若不快快投降，我将烹食你的父亲！"

汉兵一听，尽吃一惊，项羽杀人如麻，凶残无比，遂目光一齐投向刘邦。

刘邦镇静自若，略微向前移动，也大声说："项羽听着，我与你都北面受封于怀王，早已结为兄弟。我的父亲就是你的父亲，今天你如果定要烹杀你的父亲，烹了之后，不要忘记分我一杯羹！"

刘邦一副无所谓的样子，两军将士一听此言，都感到一惊，既而窃笑不已。

项羽一听，顿时找不到恰当的语言，不可想象，天下居然有如此禽兽不如的人，气得面皮变青，用手一指刘邦，"你……你……"抽出佩剑，要斩太公。

项伯急忙劝阻："天下之事尚未可知，不要做得太过分。要想争夺天下之人，哪一个会顾及家口。如今杀人之父，有何益处？只不过惹人更加仇恨罢了。"

项羽大喝一声："关起来！"又对西峰上的刘邦说："天下大乱已经多年，都是因为我俩的缘故。与其让天下百姓遭受如此苦难，不如今天我俩'单挑'，一决雌雄，免去天下苦难。"

"单挑"就是两个人单个儿打斗，就像外国人的决斗。项羽提出要与刘邦"单挑"，刘邦自知不是项羽对手，当即笑着说："我愿意斗智，不愿意斗力。"

项羽遇到这样软硬不吃的刺头，无可奈何，只得令三位勇士向前挑战。刘邦手下有一神箭手叫楼烦，箭无虚发，百步穿杨，连放三箭，三名楚军将士被射杀涧前。项羽大怒，亲自跃马横枪，亲到涧边挑战。楼烦看见项羽马骏人威，目如闪电，声如震雷，目不敢视，未射先惧，双臂发抖，拉不开弓，迈不开步，抖抖退回营中。

刘邦看到这种情况，十分吃惊。

项羽到了涧边，指着刘邦说："刘邦，我跟你斗三个回合，你胜了，我收兵回去！"

刘邦也上前去，骂道："项羽，你不要逞匹夫之勇！自从反秦以来，你犯有十大罪行，你知道不知道？第一大罪，背叛义帝入关盟约，把我封到巴蜀；第二大罪，残杀大将军宋义，篡夺军权，目无尊长；第三大罪，奉怀王之命救赵，得胜不报，劫持天下诸侯入关；第四大罪，焚烧秦国宫室，挖掘秦始皇陵墓，劫取天下财宝；第五大罪，擅杀秦降王子婴，窃取灭秦大功；第六大罪，诈坑秦兵降卒二十万人于新安城南，残暴不仁；第七大罪，擅自分封天下，任人唯亲，宰割不均，你的亲信，尽封好地，故将功臣，被逐被杀；第八大罪，放逐义帝，建都彭城，强占韩、魏土地为己有；第九大罪，弑杀义帝，人神共愤；第十大罪，为政不平，主约不信，昏庸无道，天理难容。我亲率仁义之师，联合天下诸侯，共诛人民公敌，你只配与刑徒罪犯交手，你有什么资格跟我对阵?"

刘邦一席嘴巴仗，把项羽气得眼冒金星，根本不想跟刘邦再说什么，霸王鞭一挥，早就埋伏在涧边的弓弩手，一齐发弩射箭，箭如急雨，纷纷向刘邦飞来。

刘邦见到情况不妙，正想回马逃走，一箭早射在胸上，一阵疼痛钻心。

刘邦害怕搅乱了军心，忙提起右脚，用手摸摸，说："贼兵射中了老子的脚趾。"

左右卫士保镖已知汉王用意，忙扶着刘邦，急回大帐，招来医官，取出箭头，敷上金枪药。幸好伤得不重，不致取命。

项羽看到射中刘邦，心中大喜，由于深涧相隔，无法挥兵追杀，眼看汉兵退去，只好怏怏收兵回营，派人打探刘邦受伤消息。

刘邦受伤躺在床上呻吟，张良强劝刘邦带伤巡行军中，稳定军心。刘邦知道事关重大，只得裹好胸伤，左右心腹扶持上车，巡视军营。汉军大小将校见刘邦尚能巡视，放下了一颗悬着的心。刘邦巡视军营后，立即秘密返回成皋养病去了。

广武山的这一场对峙，刘邦经历了一场灵魂大交战。后世人们据此评论，认为刘邦是一个大无赖、大痞子。英雄斗不过流氓，这是一个有力的证据。其实，刘邦的这一系列举动，都是超级谋略大师导演，刘邦精彩表演的千古名戏。

第七节 垓下之战

就在刘邦夺回成皋的时候，韩信也取得了伐齐的胜利，汉家可谓双喜临门。可是这场胜利，是很富有戏剧性的。

郦食其在劝刘邦攻打成皋之后，又主动请求任务，去游说齐国投降归顺。

他说："燕、赵已经归附，只有齐国未下。齐国东有泰山和大海，北有济水，西有浊河，南连楚地，并且齐人历来诈变无常，所以韩信几万兵，恐怕一时难以平定。为了免动刀兵，我愿去游说齐王。"刘邦连声叫好，派遣郦食其出使齐国。

本来郦食其凭他三寸不烂之舌，借助韩信的军事威胁，说服了齐王田广拱手将拥有70余座城市的齐国归附刘邦。可是最后乐极生悲，郦食其不仅功亏一篑，还搭上了性命。

韩信得到郦食其大功告成消息时，就与张耳商议起兵伐楚之事。这时，韩信的谋士蒯彻竭力劝阻，说："将军奉命伐齐，经过多少努力才到如今这个地步，岂可不战而退？汉王独派郦生到齐游说田广，具体情况如何尚难料定。况且，汉王并未下令制止将军攻齐，怎么能凭郦生一封私人信件，就移兵攻楚呢？郦生，只不过一介儒生，任他那巧嘴滑舌，不用一兵一卒，收复齐国七十余城；而将军却统兵数万，征战不已，方才得到赵国五十余城。将军为大元帅数年，功劳反而不如一位儒生，将军不感到有愧乎？将军与其率兵击楚，不如整顿三军，乘齐无备，直抵齐都，干戈到处，齐王必然束手就擒！"

韩信说："郦生此行，乃是汉王之命，我如果又兴师讨伐，恐怕违背汉王之令，也对郦生不利！"

蒯彻说："汉王先派将军伐齐，后又遣郦生游说，这一定是郦生贪功，用言辞鼓动汉王，并非汉王本意。将军回师，诸将也会以为将军无能，此后汉王必然轻武将而重儒生！"

张耳也说："此言深为有理，将在外，君命有所不受。元帅不要过于拘泥！"

韩信忌郦食其之功，贪下齐之利，于是整顿军马，杀向齐国。

韩信挥师渡过黄河，经过平原，攻历下，斩田解，擒华无伤，直逼齐国都城临淄。

齐王田广终日与郦食其饮酒取乐，听到如此回报，大惊不已，忙着人召见郦食其。齐王田广说："先生前日得书，说韩信已回成皋，如今怎么又来攻齐？显然通同共谋，使我无备！"

"我来齐国，不是私人行为，是奉汉王明旨而来。如今韩信背约攻齐，不光是卖我，也是欺负汉王。"

齐王说："先生劝我归汉，如今韩信又兵临城下，先生即使不是欺诈，但是形迹可疑。劳烦先生修书韩信，如果大兵退去，先生实为不欺；如果大兵不退，就是合伙欺我，天理难容。"

郦食其不无感激地说："写书恐怕不会有多大作用，等我和齐使同去晓以利害，韩信之兵可退。"

齐王嘲笑说："先生此去，韩信依言退兵，尚可看到你回来；如果韩信不退兵，这不是放虎归山吗？岂有再回来的道理！我正准备留下你作为人质！"

郦食其说："既然大王怀疑我，我就立即修书给韩信，死生存亡，在此一举！"

韩信见郦食其之书，久久沉默不语。

蒯彻说："将军还犹豫不决，听从郦生之言退兵吗？"

韩信说："郦生奉汉王之命游说齐国，我如今攻破齐国，齐国必然加害郦生！恐怕对于汉王的命令，也有所阻碍。"

蒯彻说："汉王先派将军伐齐，又没有诏令叫你停止，将军伐齐是汉王诏令。既然派遣了将军，又去派郦生，过错在汉王，不在将军，将军有什么可犹豫的呢？"

韩信说："如果齐国杀了郦生，这跟我杀的有什么两样？我心中实在不忍。"韩信多次得郦食其之助，他是一个很讲情分的人。

蒯彻说："一个人的性命与平定一国之功，轻重大小，明明白白，元帅向来大智大勇，如今怎么变得如此儿女情长？"

辎车画像

韩信在大功面前，终于失去了心理天平，拒绝回书，对来人说："郦大夫前日下齐之时，应该先奏明汉王明诏于我，令我暂屯赵境，然后由赵到齐。郦大夫不奏知汉王，私下说齐，贪功领赏，齐国其实是害怕我大兵，假意归顺，不是本心。今日降，明日反，人马征劳，往返之费，这怎么了得！今日一鼓灭之，斩草除根，实为国家着想。如今伤害大夫一人之命，成就我平定一国之功！他日汉王论功行赏，大夫子孙也得裂土封君，不要今日怨我！"

差人进入临淄，将韩信之话细陈一遍。

郦食其闻言，只得大骂一通。

齐王大怒，将郦食其投入油镬烹杀！

韩信贪功不仅增加了他的骄傲情绪，而且为自己将来灭亡埋下了隐患。郦食其借助韩信的军事压力和军事才能，迫使齐王归附刘邦，这对整个汉国来说，具有重要的战略意义。但是韩信贪功，从自己的利益出发，葬送了这次不战而屈人之兵的成果，值得后世反复玩味。

刘邦回到成皋养病，传来了韩信攻下齐国，大败楚将龙且的好消息。刘邦忙遣使祝贺，便约韩信率兵会师灭楚。韩信挟功请赏"假齐王"，刘邦感到很气愤，但是由张良、陈平建议，趁机立韩信为齐王，叫他带兵速来灭楚。

到了此时，项羽才最终认识到韩信的作用，忙派说客武涉游说韩信反汉归楚，但是韩信思念刘邦之情，武涉无功而返。

汉五年（公元前202年）七月，刘邦久等韩信不来，立英布为淮南王，叫他带兵回九江，截断项羽退路；又令彭越在楚、梁大力开展游击战，截断楚军粮道。

项羽军中缺粮，后方不稳。此时张良、陈平劝刘邦乘机讲和，救回太公和吕雉。

项羽求之不得，与刘邦签订条约：鸿沟之西属于楚国，鸿沟之东属于刘邦。项羽签约之后，高高兴兴地带着他的队伍去彭城享受天下太平去了。刘邦父子相聚，夫妻团圆，也想回家乡过几天和平的日子。

张良、陈平力劝刘邦趁此进军，一举消灭项羽；鸿沟签约不过是为了救回太公等人。刘邦经不住众人劝说，决定趁机消灭项羽。

由于韩信占领了黄河中、下游的广大地区，彭越又在梁地不断骚扰，使楚军供应困难，形势对项羽越来越不利。而汉军方面，萧何不断从关中运送兵员和粮草，支援前线，刘邦兵多粮足，在荥阳以西稳住了阵脚。

汉五年十月，刘邦见围歼项羽的时机已经成熟，便采纳张良、陈平的建议，率兵出阳夏，同时以封王为奖励，传令各路诸侯率军西向，在固陵会师。不久，韩信、彭越、英布等诸路兵马先后到达，从成皋到荥阳一路相连数百里，人马跃动，震天动地。刘邦见诸路兵马如期而至，心中大喜，当下命韩信为总统帅，指挥各路大军；又命萧何、夏侯婴运输粮草，供应前方。

汉五年十一月，刘邦率兵进入楚地，围攻寿春。又派人诱使驻舒县的楚国大司马周殷叛楚降汉。到了十二月，终于将项羽围困于回奔彭城的路上垓下。

项羽兵至垓下时，登高西望，只见四面八方的汉兵像蚂蚁一样多，不禁仰天长叹道："我悔不该当初不杀刘邦，又受他欺骗，与他议和。如今他背约发兵，太无信义了！"项羽怒不可遏，命10万将士就地扎营，布兵列阵，准备与汉军决战。

韩信受命汉军总统帅之后，将30万人马分成10队，布置了十面埋伏阵，四环接应。请刘邦守住大营，他亲率3万人马上前挑战。士兵按韩信命令，冲着楚营高喊："人心皆背楚，天下已归刘。韩信屯垓下，要斩霸王头！"项羽一听，气得七窍生烟，率众冲杀出去。两军相接，交战几个回合，韩信且战且走，把项羽引进了包围圈。楚将虞子期怕中埋伏，打马追上项羽。劝道："韩信多谋，汉军势众，主公不必急于追杀，待我江东援兵赶到，汉兵粮草空虚，再杀他也不迟。"此时项羽已怒不可遏，如何能听进这些话，他狠狠瞪了虞子期一眼，全不把汉军放在眼里，一直杀奔过去。

忽然杀声四起，汉军伏兵两路杀出。两军鏖战一阵，项羽冲开汉军，直追韩信。没追出多远，又有两路伏兵杀出，截住项羽，再度厮杀，不多时，又被项羽冲破。项羽气得血往上涌，一心要抓住韩信，径直追去。接连汉军伏兵四起，十面埋伏，一起杀出，将楚军团团围住。项羽方知中计，余气未消，身心俱惫，只得奋力杀开一条血路，带领残部退回垓下大营。

10万楚军经过几番厮杀，剩下的已不足两三万人，垓下被围，岂能动弹！一晃几日过去，粮草断绝，外无援兵，不禁陷入一筹莫展的苦境。时值隆冬，寒风刺骨，雪飞冰凝，楚军将士忍饥受冻，多有怨声。这天夜里，寒风凄凄，忽高忽低，像是怒号，又像是哭泣。随着凄切的风声，四面隐约地传来楚歌，低沉凄怆，如泣如诉：

寒月深冬兮，四野飞霜，天高水涸兮，寒雁悲怆。

最苦戍边兮，日夜彷徨，披坚执锐兮，孤立山岗。

虽有田园兮，谁与之守？邻家酒热兮，谁与之尝？

白发倚门兮，望穿秋水，稚子忆念兮，泪断肝肠。

终生在外兮，何时反省？妻子何堪兮，独宿空房。

一旦交兵兮，蹈刃而死，骨肉为泥兮，衰草沓茫。

魂魄幽幽兮，不知所往，壮士寥寥兮，付之荒唐。

项羽听了，暗暗吃惊：莫非汉军已把楚地全占了吗？为什么汉军中有那么多楚人呢？楚军将士也被这歌声引动了思乡之情，无心再战，纷纷逃散，连跟随项羽多年征战的将军们，也暗地里不辞而别，项羽的叔父项伯也偷偷离去了。军心大乱，一夜之间，项羽身边只剩下了千余人。项羽愁眉不展，坐卧不安，连声叹息。次日凌晨，项羽别姬突围，几经转战，只身来到乌江边，见前有滔滔江水，后有汉将灌婴率兵紧追不舍，心灰意冷，无颜再见江东父老，便拔剑自刎了。一代悲剧英雄，就这样血洒乌江之滨，年仅 31 岁。

自此，历时四年的楚汉战争终于以刘邦的胜利而告终。

垓下之战，是楚汉相争中决定性的战役。它既是楚汉相争的终结点，又是汉王朝繁荣强盛的起点，更是中国历史上具有里程碑意义的转折点。它结束了秦末混战的局面，统一了中国，奠定了汉王朝四百年的基业。因规模空前，影响深远，被列为世界著名的古代七大战役之一。

乌　江

第四章　草根皇帝

第一节　善于用人

在中国历代的成功帝王里，刘邦可说是谋略最差的人了。但他有一项别人最缺乏的优点，那就是善于用人。

汉五年（公元前202年）五月，刘邦在定陶称帝，在洛阳南宫置酒大宴群臣武将。

看着满朝的文武大臣，刘邦一时得意非凡，他突然心血来潮，在宴会上遍告群臣说："列侯众将，你们有什么事情都不要隐瞒，尽管畅所欲言。你们都来说说，我为什么取得天下？项羽为什么失去了天下？"

高起、王陵两人说："皇上傲慢无礼，并且经常出口伤人，但是皇上派人攻城略地，得到的土地都用来封赏功臣，与天下共同享受好处；而项羽虽仁慈爱人，但妒贤嫉能，有功不赏，有贤能的人会受到怀疑，战胜了也不给人记功，得到的土地一个人独吞，所以他失去了天下。"

两人是否抛砖引玉，引诱刘邦加封他们，不得而知，但是刘邦用重赏去拉拢部下，这倒是事实。垓下决战之前，刘邦为了调韩信、彭越两人出兵破楚，诱以重赏，两人带兵前来，最终才打败了项羽。

刘邦并不满足这样的赞誉，他得意之下，忍不住也想夸耀自己几句，但又要显出些谦虚，于是说："你们两个人只知其一，不知其二。运筹帷幄之中，决胜千里之外，我不如张良；治理国家，安抚百姓，供给馈饷，粮道不绝，我不如萧何；指挥百万大军，攻无不克，战无不胜，我不如韩信。这3个人，都是人中豪杰，我能够加以重用，这就是我能够夺取天下的根本原因。项羽手下有一个范增也不能使用，所以他被我打得大败。"

刘邦大宴群臣时说的话，很明显是套用了韩信的意思。当然，也是在总结历史经验。他的这种说法，的确是亲身体会。

为刘邦打下江山的人才，除了张良、韩信、萧何、陈平之外，还有很多值得提及的人。这些人在不同的工作岗位上，都为刘邦打天下流了汗、洒了血、出了力。乱世重才轻德，刘邦本人虽然没有多么杰出的才能，但他的确很会用人。三教九流，他兼容并蓄，尽收囊中。

樊哙：以杀狗为职业，与刘邦是连襟，起事后，为刘邦重要武将，屡建战功，救驾鸿门，官封舞阳侯。

夏侯婴：沛县县尉马车夫，从刘邦起义，能征善战，举荐韩信，跟着刘邦南征北战，曾救下太子刘盈和鲁元公主，刘邦称帝后，封侯，重操旧业，官至太仆，管理皇帝车驾。

周勃：以编席为职业，兼作吹鼓手，跟着刘邦大战多年，被刘邦封为太尉，后来平定诸吕，安定汉朝。

英布：原是骊山刑徒，逃走后当了山大王，跟着项羽灭秦，作战勇敢，被封九江王，后来叛楚归汉，为刘邦三大主将之一，被刘邦封为淮南王。

郦食其：高阳酒徒，"家贫落魄，好读书"（《汉书》语），投靠刘邦以后，凭三寸不烂之舌，屡建奇功，后来被韩信争功所卖，被齐王田广烹杀。

曹参：秦时为狱官，跟着刘邦起事后，战功显赫，评功时为第二位，官封平阳侯。

周昌：秦时为泗水卒吏，跟着刘邦入关破秦，为人口吃，性格直率，不怕事，刘邦当皇帝后他受命掌管大印文书，后因刘邦宠爱儿子赵王如意，专拜他为赵相，封为汾阳侯。

叔孙通：在秦时为待诏博士，逃亡后投义帝，附刘邦，制定朝仪，为刘邦安定天下立下了汗马功劳，被拜为太常、太子太傅等职。

陆贾：儒生，与洛阳王申阳是老乡，一直追随着刘邦当谋士，刘邦称帝后，建议刘邦以儒学治天下，曾撰《新语》一书，为安定汉代天下发挥了很大作用。

随何：说客，曾策反英布归汉……

魏无知：曾推荐陈平……

郦商：郦食其之弟，劝谏吕后不要屠杀大臣……

娄敬：普通兵卒，劝刘邦定都关中，建议刘邦和番……

张耳：先后被项羽、刘邦封为赵王……

如此等等，不一一介绍。

在刘邦手下做事的不乏奸人，但是刘邦就是有那么一种向心力，让他们每一个人都能在他刘邦的旗帜下前进！

不信？请看：

刘邦夺下沛县，当上沛公，全仗萧何等人。

刘邦进入关中，拿到当关中王的王牌，全靠张良、郦食其、陆贾、樊哙等人。

刘邦约法三章，收买秦人民心，全靠张良、萧何、樊哙等人。

刘邦鸿门逃席，全靠项伯、张良、樊哙等人。

刘邦进入汉中为王，全靠张良、项伯、陈平等人。

刘邦得到韩信拜为大将，全靠张良、萧何、夏侯婴等人。

刘邦平定三秦，全靠韩信等人。

刘邦能够稳住韩信等人，全凭张良、陈平等人妙计。

刘邦能够稳定后方，全凭萧何等人。

……

陈平是一个地地道道的穷人，陈平仰仗兄长成人，娶妻为五婚寡妇。家徒四壁，顺着墙边搭个棚子，有门无窗，但是门上却只能挂块破席，不能遮风挡雨，更不能防寒防盗，幸好他没有什么可偷！但他是一个超凡的谋略家，为刘邦设下许多妙计。

陈平为刘邦夺取和稳定天下立下了不可磨灭的功勋，刘邦论天下英雄之时虽然没有将他列入汉初三杰，但是他的奇谋韬略足以与帝师张良媲美。他的沉着、稳重不如张良，但是他的急中生智，张良似乎不及。刘邦夺取天下之后，张良恪守"无为"，隐身自保，而陈平则一直在官场活动，最后辅助汉文帝治理乱世，充分表现出战国时代纵横家的精神风貌。

陈平是阳武（今河南省原阳东南）户牖乡（今河南省兰考东北）人，少时家贫，喜好读书，跟着兄嫂同住，仅有薄田30亩。其兄陈伯宽厚仁慈，自己埋头耕耘，供养陈平读书游学。但是其嫂见他游手好闲，心中很不是滋味。

一次，有人问："你们家这样贫穷，陈平怎么吃得白白胖胖，长得如此魁梧？"

其嫂在一旁冷言冷语地说："他只不过满肚子秕糠罢了，有这样的小叔子，还不如没有好。"

陈伯听说此事，休掉了妻子。可见其兄对他厚爱之至。

陈平已经长到娶媳妇的年龄，可是高不成低不就。有钱人家的女孩不肯嫁给这样一个穷书生，贫穷人家的女孩陈平又看不起。陈平的婚事一拖再拖，不觉中年龄已大。

同乡有位富户叫张负，孙女5次出嫁，但都不幸死了男人，世人传说此女妨夫，再也没人敢提亲。陈平见此，意欲娶之。恰逢邑中死了人，陈平知道张负主持操办丧事，刻意去帮忙，好好地在张负面前表现了一番，获得张负的好感。张负看见陈平长得一表人才，做事精明，有心与他交往。张负到陈平家，看到陈平家居穷巷，靠着邑中围墙搭一个斗室，人们常说家徒四壁，而陈平的家却是家徒三壁，有门无窗，门上挂着一张"弊席"，挡风尚且不能，防寒恐怕更成问题了。但是张负慧眼独具，看到陈平门口有大车、大马来往之迹，感觉到陈平不是平常之辈。

张负回到家中，叫来儿子张仲说："我准备把孙女嫁给陈平！"

张仲感到吃惊："陈平家中一贫如洗，一向不耕田持家，全无生计本领，县中之人都耻笑他的所作所为，父亲怎么突然提起此事？"

张负说："像陈平这样形貌奇特之人，难道会长期贫困！"

张负做主，把孙女嫁给了陈平。因为陈平家贫，张负特地借给他许多钱米，作为娶亲之资；又送给他不少酒肉，用来招待亲朋。

张负还专门告诫他的孙女："你不要因为他贫穷而对他不恭不敬，有失妇道；你对待陈平的兄嫂要像对待自己的父母一样！"

张负的孙女五丧其夫，人生道路如此不平，早已在柔弱的心灵深处刻下了深深伤痕，六婚嫁得一位美男子，自然温柔备至，关怀备至，陈平被她侍候得乐不可支。陈平得到富翁相助，贤妻支持，"资用益饶，游道日广"，陈平开始由家庭走向社会。

陈胜、吴广起义，周市略地河南，拥立魏国旧公子魏咎为魏王，周市自任魏相。

秦二世二年（公元前208年）六月，魏王咎率师与秦少府章邯在临济（今河南省封丘东）开战，陈平邀约数人去投奔魏王咎，被授以太仆之职。太仆是一位近臣，专管魏王车马出行事宜。陈平屡次向魏王咎献计，不仅得不到采纳，反而遭人疑忌，受人谗毁。陈平知道魏王咎乃庸庸之辈，难成大事，便毅然出走，另寻出路。

第二年冬，项羽带兵到了黄河之滨，北击秦军解赵王歇巨鹿之围。陈平此时投奔到项羽麾下，参加了惊心动魄的巨鹿大战。跟着项羽进入关中，陈平被项羽授以卿爵。但是陈平仍未受到应有的重视，因为项羽缺乏识人的才智。

汉元年（公元前206年）正月，项羽宰割天下，分封诸侯。刘邦四月进入汉中，八月就起兵平定三秦大地。

汉二年（公元前205年）春，殷王司马卬背楚附汉，项羽派陈平率兵征讨，官封信武君。陈平初试锋芒，收降了司马卬，项羽封他为都尉，还"赐金二十镒"。

同年三月，韩信巧妙诱敌抓获了司马卬，尽占殷地。项羽恼羞成怒，迁怒陈平，"将诛定殷者将吏"。陈平惧诛，挂印封金离开了项羽，在黄河边上遭逢水贼，急中生智，有惊无险，反应敏捷，堪称一绝，他又一次"良禽择木而栖"。

陈平赶到河南修武，投奔旧友魏无知。魏无知向刘邦推荐了陈平。刘邦在鸿门宴上和咸阳曾通过张良得到陈平帮助，刘邦置酒相待。吃过东西之后，刘邦准备送客。

陈平对刘邦说："我因事来投汉王，所言之事不能超过今日！"

刘邦于是与陈平交谈。谈的什么内容，于史无载，不作推测。但是，"王与语而说之"。

刘邦因而问："您在楚国官居何职？"

陈平回答："为都尉。"

刘邦当天就封陈平为都尉，"使为参乘，典护军"。"参乘"就是陪乘。古人乘车出行，驾车手位于中间，尊者位于车之左面，参乘位于车之右面。陈平一下子成了刘邦近臣。陈平被破格提拔到如此地位，并为"典护军"，责任是监护三军。

诸将看到陈平一步登天，嫉妒之心油然而生，一片哗然，对刘邦说："大王得到一个楚国降兵，还不知道他的品行高下，才能大小，便官封都尉，同车共载，还叫他监护三军，未免抬举过分，恐失旧将之心。"

刘邦自有眼光，不为闲言碎语所动，更加信任。征伐项羽，于彭城大败而回，收散兵进守荥阳，不知什么原因，刘邦加封陈平为副将。估计是陈平为刘邦出了什么秘计。

早已心怀醋意的大将们终于按捺不住，开始闲言碎语，诋毁陈平。

大将周勃、灌婴一起去找刘邦，进谗言说："陈平身材魁梧，面如冠玉，但是未必有真才实学，品性未必高尚。我们听说陈平家居之时，曾经与嫂私通；在魏王咎手下，为人不容；逃亡楚国，无能不被重用，半途而废，又亡归大王。大王破格擢升，叫他监护三军。我们听说他曾经私下受人贿赂，送他金子多的人，便被分派干个好差事，否则，便安排干些不好的差事。陈平是一个反复无常的乱臣，希望大王当心他！"

后世之人经常举例说陈平是有才无德的典型，开口闭口就说陈平"昧金"、"盗嫂"。

其实，盗嫂之事，无案可查。《史记》曾载，他有一嫂，曾因说他

周勃雕像

"徒有其表"被他大哥陈伯休了。后来他娶张负之孙女，张负曾经对他孙女说过"事兄如事父，事嫂如事母"的话，可能陈伯又娶一妻，但是，史书未载陈平与她私通。周勃、灌婴也不过信口而言，制造桃色事件去诋毁政敌而已。

至于"昧金"，看来也是子虚乌有。陈平在乡中的时候，曾为社里分配肉食"甚均"。父老乡亲赞美他说："善，陈孺子之为宰！"可见他早年就胸有大志；

后来他告辞项羽，挂印封金，一贫如洗，不像是个贪财之辈。但是从《史记》的记载来分析，陈平曾说"臣裸身而来，不受金无以为资"一语，他可能的确收了汉军将士的金子，可是，大概应该是取之于民，用之于民，相当于今天的礼品交公。

可是刘邦听了周勃、灌婴的谗言，也感到陈平行迹可疑，叫来他的推荐人魏无知加以责备，转述周勃、灌婴之语。

魏无知，并非"无知"，而是"有知"，他有知人之明，发现并向刘邦推荐了陈平这样的旷世奇才，又能根据刘邦豁达大度，不拘小节，求贤如渴，争揽人才的性格和心理，审时度势，强调乱世之才重于德，来了个答非所问，做出了一个充满哲理的回答。

魏无知说："我向大王推荐陈平，是因为他有才能；而大王如今责问我的，却是陈平的品行。陈平即使有尾生、孝已那样的高风亮节，对于大王的胜负又有什么用处呢？大王又能够叫他干什么呢？如今楚汉相争，我向大王推荐的是奇谋之士，只考虑他是否真正对国家有利！至于说陈平私通其嫂，受人贿赂，我管不了那么多，这与争夺天下有什么关系呢？"

"尾生"何许人也？《庄子·盗跖》中说：尾生与一女子相约在桥下相会，时间已过，女子没有按时而来，河水暴涨，他抱住桥柱被水淹死。他是传说中的一位古代守信之士。孝已是殷商宗武丁之子，以孝行名垂后世。

陈平是不是与其嫂私通，不是一句两句话能说得清楚的，这是一桩案件，需要立案、取证、审理，结案……陈平受贿赂一事，也是如此。

魏无知避实就虚，刘邦虽然善辩，也只得如此而已；但是刘邦又"召让平"（《史记》语）。

"让"就是责备。但是刘邦不好"让"陈平"盗嫂"、"昧金"，大概是此类事太小，不便启齿，或许也是因为魏无知尚且把自己说得无言以对，不想再在陈平面前自讨无趣，所以他换了一个话题，要"让"（责备）陈平"信"的问题。

刘邦说："先生先事魏，又事楚，如今又与我交游，讲求信用的人都是这样的吗？"

陈平并不直接回答刘邦的"让"，而是大讲了一通用人之道，分析对比不同的用人策略，说出项羽、刘邦在政治上的得失。

他说："我臣事魏王咎，魏王咎不能采纳我的奇谋妙计，所以我去投奔项王。项王用人唯亲，委官封职，不是项氏宗族，就是舅子姑爷，其他人即使有旷世奇才也得不到重用。我听说汉王能够任人唯贤，所以来投奔。我腰无分文，囊空如洗，不接受别人馈赠的金钱，拿什么去为大王办事呢？我的建议大王果真能够采纳，大王就采用；如果大王不想采用，那些钱财都在那里，我立即封存交官，希望大王放我走吧！"

陈平此论，岂止是一篇答话，简直是一篇绝妙策论；更为妙者，这也是陈平的一个进身法术。陈平批评魏王咎不能采纳良谋，批评项羽任人唯亲，歌颂刘邦任人唯贤，把刘邦一直往上推，重用我陈平，你就是一位任人唯贤的英明领袖。刘邦获得了心理上的满足。

刘邦听了陈平的妙论，"乃谢，厚赐，拜为护军中尉，尽护诸将"。陈平不仅得到了重赏，还升官护军中尉，专门监督诸将，其结果"诸将乃不敢复言"。

再说说刘邦事业的主谋人张良。

张良的祖上是韩国人，他的祖父的祖父开始作为韩臣，对韩国素来赤胆忠心。韩国被秦国消灭的时候，张良年龄较小，还没有在韩国为官。韩国灭亡之后，张良舍家疏财，弟死不葬，四处寻求刺客刺杀秦始皇，决心为韩国报仇雪恨。

公元前218年春天，张良与收买的刺客在博浪沙（今河南省原阳县东南）行刺秦始皇。这位刺客是一位大力士，手能抛掷120斤的铁锥，可是铁锥误中副车。秦始皇大怒，下令悬重赏捉拿刺客。

张良不得不改名换姓，逃亡到下邳。

张良经过十年的修身养性，苦读兵书，磨炼了他的性格和情操，陈胜、吴广起义的消息传来，他纠集百余人实现自己的宏图大志。在他准备投奔景驹的时候，碰上了刘邦，开始了他的"帝师"生涯。张良给刘邦讲授《太公兵法》，刘邦"善之，常用其策"，张良认为"沛公殆天授"。

张良跟着刘邦西进关中。宛城之役，他巧劝刘邦站稳根基，然后出击，刘邦因而没有后顾之忧放心前进；兵进武关，张良劝刘邦文武兼施，奇袭而过，加快了入关速度；刘邦见到宏大富丽的秦皇宫和婀娜多姿的美女，企图潇洒一回，张良劝他回军灞上，没有给项羽留下更多的把柄；项羽下令兵伐刘邦，张良及时劝告刘邦以屈为伸，鸿门宴上，巧妙周旋，使刘邦虎口逃生；项羽背约把刘邦封到汉中，刘邦等人企图孤注一掷，张良力劝刘邦不要莽撞行事，并且放火烧毁栈道，向项羽表示刘邦无心东进……

张良总是在关键之时挺身而出，为刘邦排忧解难，最终成为一个千古帝师！

张良的故事很多，我们仅择两则复叙于此。

汉三年（公元前204年）十二月，项羽围攻刘邦，切断汉军粮道和援军通道，荥阳城内十分危急。刘邦忙请来郦食其，商议削弱项羽的良策。

《史记·留侯世家》载：

食其曰："昔汤伐桀，封其后于杞。武王伐纣，封其后于宋。今秦失德弃义，侵伐诸侯社稷，灭六国之后，使无立锥之地。陛下诚能复立六国后世，毕已受印，此其君臣百姓必皆戴陛下之德，

莫不乡风慕义，愿为臣妾。德义已行，陛下南乡称霸，楚必敛衽
而朝。"汉王曰："善。趣刻印，先生因行佩之矣。"

郦食其还未去游说六国后代，张良来拜见刘邦，刘邦正在吃饭，忙
站起来迎接张良入座。

刘邦说："子房先生靠前！有人给我出了一个削弱项羽的妙计！"
刘邦把郦食其的话原原本本地告诉了张良。

《史记·留侯世家》载：

良曰："谁为陛下画此计者？陛下事去矣！"

汉王曰："何哉？"

张良对曰："臣请藉前箸为大王筹之。"曰："昔者汤伐桀
而封其后于杞者，度能制桀之死命也。今陛下能制项籍之死
命乎？"

曰："未能也。"

"其不可一矣。武王伐纣，封其后于宋者，度能得纣之头
也。今陛下能得项籍之头乎？"

曰："未能也。"

"其不可二矣。武王入殷，表商容之闾，释箕子之拘，封
比干之墓。今陛下能封圣人之墓，表贤者之闾，或智者之
门乎？"

曰："未能也。"

"其不可三矣。发巨桥之粟，散鹿台之钱，以赐贫穷。今
陛下能散府库以赐贫穷乎？"

曰："未能也。"

"其不可四矣。殷事已结，偃革为轩，倒置干戈，覆以虎
皮，以示天下不复用兵。今陛下能偃武行文，不复用兵乎？"

　　曰："未能也。"

　　"其不可五矣。休马华山之阳，示以无所为。今陛下能休马无所用乎？"

　　曰："未能也。"

　　"其不可六矣。放牛桃林之阴，以示不复输积。今陛下能放牛不复输积乎？"

　　曰："未能也。"

　　"其不可七矣。且天下游士离其亲戚，弃坟墓，去故旧，从陛下游，徒欲日夜望咫尺之地。今复六国，立韩、魏、燕、赵、齐、楚之后，天下游士各归事其主，从其亲戚，反其故旧坟墓，陛下与谁取天下乎？其不可八矣。且夫楚唯无强，六国立者复桡而从之，陛下焉得而臣之？诚用客之谋，陛下事去矣。"

　　刘邦停止吃饭，破口骂道："迂儒，差点坏了老子的大事。"

　　刘邦立即下令赶紧销毁已经铸好的印玺。

　　张良的这一段妙论，是一篇反对教条主义的绝妙教材。时代不同了，完全照搬"古圣先贤"的所谓成功经验，是行不通的。汤、武分封夏、商后人，是因为他们已经胜券在握，能够左右天下局势；而刘邦被项羽困在荥阳城中，自身难保，哪有资格去分封他人。周武王表彰先朝忠良贤士，意在塑造典型文明形象；而刘邦此时正该招降纳叛，结党营私，所谓乱世重才不重德。刘邦后来杀了对他有恩的丁公，也是为了树立忠君典型。周武王散粮施钱，旨在医治战争创伤；而刘邦内乏粮草，外无救兵；周武王刀枪入库，马放南山，向天下显示，和平年代已经到来，而刘、项之争正处在如火如荼的阶段，哪里谈得上偃武修文？张良特别提到跟着刘邦出生入死的将士都想升官发财，光宗耀祖，而把天下都分给六国之后，谁替刘邦去流血，去卖命？从张良话中还可以看出，分裂的时代已经过去，一旦分封，天下形势势必大乱，可见张良有十分敏锐的预见性！

我们再看张良力主封赏雍齿。

刘邦平定天下当上皇帝之后，自然要论功行赏，赐封曾经为他的江山流血流汗的功臣。张良没有参加过具体的战斗，所以没有具体的功绩可摆，但是刘邦自有处理方法。

刘邦当着群臣之面对张良说："运筹帷幄之中，决胜千里之外，这就是子房先生的功劳，你自己选择齐地三万户作为封地。"

张良说："我在下邳开始跟着皇上，这是上天的安排。皇上使用我的计谋，幸得有时奏效，我只希望得到陈留就足够了，不敢受三万户的重赏。"刘邦因此封张良为留侯。

战争是激烈的，而战后的评功受赏常常更加激烈。真是"男儿有泪不轻弹，只因未至分封时"。此时刘邦的下属正是处于这种情况之下。

刘邦大封功臣，只封了20余人，其余之人日夜争功不绝，刘邦没法进行封赏，只得暂时停下来。

刘邦与张良在洛阳南宫闲坐，从复道中看见各位将领东一堆西一堆地坐在沙地上议论纷纷。

刘邦问张良："这些人在谈论些什么？"

张良说："皇上不知道吗？他们是准备谋反！"

刘邦惊奇地说："天下刚刚安宁，凭什么要造反呢？"

张良说："皇上从一个平民百姓开始，带着这些人最终夺取了天下，如今皇上贵为天子，但是获封受赏的人都是萧何、曹参等故人，而诛杀的都是皇上平生所痛恨的人。如今计功封赏，大家都认为天下不够用来封赏。这些人害怕皇上不能尽封，又恐怕被怀疑或追究过去的不是之处，所以聚在一起准备谋反。"

刘邦立即忧心忡忡，忙问张良："该怎么办呢？"

张良说："皇上平日最痛恨，并且文武群臣都知道的人是哪一个？"

刘邦说："我一直最痛恨雍齿。这人虽然是我的同乡，但是起事之初，我叫他守丰城，他叛变投了魏国；彭城之败，他率兵穷追不舍，我差点被他抓住……我早就准备杀了他，但是他后来立了不少战功，所以不忍杀他。"

张良说："现在赶紧加封雍齿，让群臣都知道这件事。大家看见雍齿得封，必然个个都认为雍齿这样的人都得到了封赏，何况他们自己呢？"

刘邦立即下令摆设酒宴，加封雍齿为什方侯；暗中下令丞相、御史加紧计功，以便进行封赏。

群臣喝足吃饱，互相传言："雍齿都得到封侯之赏，我们还忧虑什么呢？"

群臣是否真要谋反，不能妄下断语。但是张良抓住这样一个机会，劝告刘邦不要尽封亲信，以免失去人心。为了安定人心，张良献了一条"择劣封赏"之计，妙不可言，千古流传。

张良足智多谋，淡泊明志，不钻营，不恋官，一辈子金光灿烂，平平安安，不愧"千古帝师"的称号。但这样一个聪明绝顶的人，为什么会投到刘邦这样的无赖手下，为他卖命呢？这就是刘邦的过人之处了。谋臣最希望的结果未必是功名，如果能得到人欣赏他们，信任他们，言听计从，那么即使是实力再弱，他们也愿意追随，所谓士为知己者死，就是这个道理。刘邦海纳百川，对张良言听计从，倍加信任，这才使得张良的计谋有了施展的地方。从这一点就可以看出，刘邦具备了一个帝王的基本素质——会用人。

第二节 笼络人心

　　怎样笼络好自己的下属，让下属为自己卖命，这是任何一个统治者都关注的大问题。如果手下全都是各怀私心，随波逐流的人物，那么后果是不堪设想的。但要让手下人为自己卖命，自己就得有过硬的心机和权术。

　　范增死后，项羽失去一个重要谋臣，刘邦少了一个对手。项羽悲愤交加，刘邦拍手称快。刘邦重赏陈平，依旧派兵严守荥阳，不再谈及议和之事。

　　项羽此时似有省悟，这一定是张良、陈平使用离间之计，忙召见钟离昧等人说："将军忠心耿耿，切勿再生他意。"

项 羽

　　钟离昧说："下臣跟随大王数年，虽然才疏学浅，但是赤胆忠心，至死不易。亚父忠心报国，岂有反叛之意！前日虞子期所得之书，一定是刘邦等人之计！"

　　项羽大怒，立项伯为军师，管理大小一切事务，下令立即攻城，务必打破荥阳，为范增报仇雪恨。项羽亲临城下冒着箭矢攻城，刘邦粮绝弹尽，实在不能支持。

刘邦焦急不已，忙与张良、陈平定计。张良、陈平回到住所，邀请诸将商议军机大事。张良在中堂悬挂一张大图，图上车中端坐一人，车后数十甲兵追赶甚急，树丛中藏着一人。众人见此，均不解其意。

张良解释说："春秋时期，齐景公与晋国作战，齐景公大败而逃，众军尽皆跑散，只有田父御车，后面追兵越来越近，眼看景公就要束手被擒。田父说：'情况紧急，大王藏在树丛之中，将王服与我更换，我坐在大王车上，大王方可脱逃此难。'齐景公说：'我虽然可逃此难，你必然被擒，我于心不忍。'田父说：'食人之禄，死人之事。留我一人，不过森林增一叶；大王得脱，百姓有主，天下受益。'齐景公只得依计而行。晋兵追到，看见田父坐在王车之中，以为是齐景公，擒见晋将。晋将知道不是齐景公，准备将田父斩首。田父说：'我代替君王被杀，不足为惜！但是恐怕将军如今杀我一人，今后如有人为君王效死，害怕被杀，而不肯效力。'晋将深服田父之论，叹息说：'下臣不怕死难，君王得以免死，实为忠臣。杀之不祥，赦其大罪，成其大节。'田父免死。"

诸将听完张良的故事，纷纷奋然起身说："父有灾难，儿子代之；君有灾难，臣子代之。我等愿代替汉王而死！"

张良说："各位虽有忠心，但是仪容与汉王不像。必得一位将军与汉王仪容相似，方可诳住项羽。"

大将纪信声称："我愿代汉王一行。"

张良、陈平大喜，忙带纪信去见刘邦。

纪信说："荥阳城内兵少粮缺，很难坚守。臣请扮着大王出城诈降，大王趁机冲出重围。"

刘邦说："不行，不行。我未定大业，下臣未得滴水之恩，而今纪将军代我赴难，我却趁机逃跑，损人利己，仁者不为！"

纪信说："情况危急，我若避难，倘若城破之日，势必玉石俱焚，那时，臣徒死无益；今日代王一行，大王出此重围，我得长留芳名于世。大王切切不要以我为念。"

刘邦依然犹豫不决，连说"不妥"。

纪信拔剑在手，进前而言："大王如果不听我言，我即自刎而死，表示我绝无留意。"

刘邦趋步下阶，抱住纪信而泣，说："将军忠诚，惊天动地，千载留名！将军双亲健在否？"

纪信说："慈母健在。"

"将军之母亲就是我刘邦的母亲。将军有妻子吗？"

"有。"

"将军之妻就是我的亲妹。"

"将军有子女吗？"

"只有一子尚幼。"

"将军之子就是刘邦之子。将军的母亲、妻子、孩子，刘邦都会终生成全，将军不用担心。"

纪信伏地叩头："我死得其所！"

张良、陈平、纪信与刘邦细细商议方案，然后写出降书，差人出城送给项羽。

刘邦使者拜见项羽，递上降书，称："汉王被困危急，不敢割地占有关中，情愿投降与大王相见，只求免死。"

项羽接了降书，问："你主几时出城投降？"

"今天晚上即出城投降。"

项羽许诺，放回刘邦使者，密传军令："如果刘邦出城投降，等到见面之时，将刘邦碎尸万段，消我心中之恨！"令季布、钟离昧埋伏精兵伺候。

日落西山，黄昏降临，几只昏鸦惨鸣，掠空而过。

荥阳东门打开，两行而出，全是打扮得花枝招展的妇女。女人走路缓慢，足足走了3个时辰，不下数千人。

走在后面的妇女都穿着军装，老、少、美、丑，应有尽有，一个个都披军衣拖枪戟，边走边嚷："城内男丁越来越少，汉王命令我们也来守城。城内缺粮断水，希望众将放我们一条生路。"

项羽见此情况，笑着说："刘邦真是酒色之徒，行军打仗后宫女人依然如此之多，怎么能成大事？范增多虑，实在言过其实。"

出城的队伍，一队紧接着一队，没完没了。楚兵都拥过来看热闹，品头评足，想入非非。各门士兵都先后赶到东门。

楚兵追问："汉王为何还不出城归降？"

"汉王车马尚在后头呢。"

刘邦看到时机已到，令御史大夫周苛、裨将枞公和魏豹率城中人马留守荥阳，自带张良、陈平等一班干将能臣，偷开西门，投奔成皋而去。

荥阳东门。三鼓已尽。

女人队伍看看将完，赤帜排队而出，汉王车驾缓缓而来。黄屋大纛（大旗），前呼后拥，隐隐约约，蠕动而行。车仗快到项羽面前，但是却不见行君臣之礼，亦没有归降之意。

楚军将士看到汉王车仗，欢声雀跃，高呼万岁，喧声沸腾，欢庆胜利。

项羽见刘邦不肯下车，高声骂道："刘邦已经醉死车中！为何还不下车投降？尚敢像呆木头似的坐着！"

项羽左右打着火把往车里一照，只见刘邦端坐不言。

左右问汉王："为什么不说话？"

纪信说："我不是汉王，我是汉王大将纪信。汉王被困荥阳很久，早已出城约会韩元帅，英布、彭越等将，直取彭城，捉拿项羽家小，在广武与楚决一雌雄，一分胜负。早晨下战书，乃是诈降。"

左右急忙报告项羽。

项羽一听，勃然大怒，既而又长叹："刘邦逃跑得太容易了，纪信代主而死，真是忠臣良将！"急唤季布："纪信代替刘邦出城，杀之无益，我爱其忠义，速劝他下车投降。"

季布向前大呼："纪信听着，你代替刘邦出围，是一个忠臣。项王怜爱，不忍诛杀。你应该感谢项王大恩，下车投降，官爵依旧，不可自误！"

纪信在车中大骂："你等不要痴心妄想，大丈夫在世，忠贞不贰，头可断，血可流，生为汉臣，死为汉鬼，浩然正气，千古不灭！"

项羽听到此言，知道纪信不肯投降，大怒不已，命令兵士举火焚车。

烈焰腾腾，浓烟滚滚，纪信的骂声从火光中不断传出……

再看一看王陵的大功。

话说张良巧联西魏，为刘邦走出关中，走向全国争取了大好形势。韩信与谋士将领商议派人去沛丰密取刘老太公之事，以便安定刘邦之心。

大将王陵表示愿往，献计说："我早年曾经在南阳聚党，认识二位壮士，一个叫周吉，一个叫周利，亲兄弟，很勇敢。他们啸聚山林，与我刎颈之交。两人最讲义气，不愿当官，只图山林快乐。近闻人马已经发展到万余。我愿去约这二位壮士，带着兵卒去沛县搬取太公等人，元帅再派人到中途相迎，可保无事。如果动用人马去取，楚王得知，难保无事。"

韩信说："此计极妙。"忙奏知汉王。

刘邦又是大喜，急派王陵带着一二随从，即日启程，往沛丰搬取老小。

王陵同随从扮着商人模样，离开咸阳，火速向沛丰进发。王陵寻到周吉、周利兄弟二人，说明来意，两兄弟慨然应允，带领 3000 精干兵卒，自小路往沛丰急进。离沛丰尚有 30 余里，忽见前面来了一路人马，打着楚兵旗号，后面跟着几辆囚车。

王陵感到蹊跷，与周吉、周利跃马而出，大叫："快快留下太公家眷，留下买路钱，放你过去！"

一将出马骂道："何处山贼，如此大胆，敢到太岁头上动土？我奉项王钧旨，捉拿刘邦父老妻子，尔等何处贼人，自来送死！"

王陵、周吉、周利更不答话，指挥 3000 兵士追杀过去。楚军寡不敌众，抛下囚车等物，四散逃命而去。3000 打开囚车，一问，正是刘老太公。

刘老太公何以会被楚兵抓住呢？

项羽在彭城派兵遣将讨伐齐、梁，不断接到传报，西魏王、洛阳王都已归顺刘邦，占领了关中、陇西、北地、上郡等地，纵横 7000 余里。但是项羽正与齐、梁联兵不下，于是听从范增建议派部将带着 1000 人马去捉拿刘邦家小作为人质。楚兵还未到达沛丰刘老太公家中，刘老太公听说刘邦攻下咸阳，即带着家眷出门投奔，正好被楚兵抓个正着。不过楚兵还未走出 20 里，又被王陵、周吉、周利抢了回去。

刘老太公得知这大批兵马是他儿子来接他的，悲喜交加。3000 人马本来不算什么，但在刘老太公这个乡间老人眼里，已经是兴师动众了。三位将领听说情况，催促三军急急向咸阳进发。

楚兵逃回楚营，报告强贼抢走刘太公，损兵折将一事。项羽怒不可遏，猜定并非什么强人，一定是刘邦派人抢去，急令钟离昧、英布领兵 3000，星夜追赶。

王陵、周吉、周利带着太公老小离了沛县，由于人口众多，不便急行，刚到河南商城，只见后面尘土飞扬，追兵到来。

王陵说："我护卫太公先行，二位兄弟挡住追兵。"

周氏弟兄二人说："兄长先行一步，我们对付追兵。"两人排开阵势，专等追兵。

钟离眜、英布引兵追到，高叫："逆贼，快留下汉王家小，饶你性命！"

周吉回答说："我奉汉王之命搬取家小，与尔等有何相干？趁早乖乖回去，可免一死！"两军混战，胜负难分。

突然钟离眜在阵后鸣金，双方收兵。

英布回营问钟离眜："将军何故鸣金？"

钟离眜说："后面有军马到来，恐有汉军埋伏。况且二将骁勇，不如回报项王再做处置，否则恐遭奸计。"

英布向来胆大不怕死，大声说："远道来追，不见下落，如何便回？"又擂鼓进军。

两军又展开厮杀，钟离眜率兵从后面两下夹击，周吉、周利之兵纷纷乱蹿，二周战死，英布将二周的3000军马全都杀尽。天色已晚，英

布与钟离昧安营扎寨。

钟离昧对英布说："前面尘土飞扬，恐怕敌人劫寨，须当提防。"

英布觉得有理，楚军差不多一夜未眠。

尘土飞扬原来为王陵所设之计。王陵见到周吉、周利与英布和钟离昧血战，故意令人把树枝拴在马尾上在林中奔驰而布置疑计。钟、英二将因此不敢追赶。王陵等连夜奔跑，连续两日两夜，快到洛阳时，英布人马兼程追至。

王陵护着太公正在危急之中，周勃、陈武奉韩信之命前来接应。三将力战英布，战斗进行得难解难分。正在这时，洛阳王申阳率领大军前来助阵，将楚兵困在当中。钟离昧援军赶到，救出英布，且战且退。天色已晚，各自鸣金收兵。夜间，英布等带着楚兵一夜退尽。

王陵历经千辛万苦，终于完成了为刘邦接回刘老太公的使命，但是，他的老母却遭到了厄运。

钟离昧、英布引着楚兵回到彭城，备言王陵结识山寇，盗取刘邦家小之事。

项羽问："王陵何许人也？"

范增说："王陵是沛人，天生孝子。现今王陵之母尚在沛县，大王如将其母押来，传一言给王陵，王陵必到。"

项羽立即派人将王陵之母解到彭城。

项羽安抚王陵之母说："你的儿子王陵，不来辅佐我，却去投奔反贼刘邦。听说你有贤名，可写书招子来降，不失千金赏，万户侯。"

王陵之母低头不语。

范增密奏："且将王陵之母拘禁起来，安排好肉好饭供养，待王陵随汉兵入寇之时，再做处置。"

项羽将王陵母亲拘禁起来。

这个消息传到了王陵耳中，王陵放声大哭，泪如雨下，来见汉王，哭诉说:"臣母今年70有余,臣生不能孝养一日,今日反使母亲遭此大苦。我欲赴楚见母一面,虽万死不辞!"

张良说:"老母是否真被项王所囚,将军不过听说而已,未有实信。可差一人去亲见你母,看有甚言语,讨得数字,果然要将军去,将军再去不迟。怎么能不察实情就去见项王呢?"

汉王即派叔孙通为使去见项羽。

叔孙通见了项羽,说起王陵之母的事情。

项羽说:"王陵居住沛县,不来降我,反助刘邦为恶。我现在已将其母拘扣在此。王陵早来归降,母子可以相见;否则,即斩其母,让他成为万代罪人!"

叔孙通请求说:"请求大王让我见王陵母亲一面。"

项羽令人将王陵之母带来,与叔孙通相见。

王陵之母问:"你是何人?"

叔孙通道:"我是汉使叔孙通!"

"你来此为何?"

"老母之子王陵,听说老母受苦,即欲降楚来见,但是恐怕不确,汉王特差我来此,求请老母手书数字,即叫王陵来降,以便侍奉老母,尽孝子之道!"

王陵之母说:"这是什么话?汉王是宽仁大度的长者,我的儿子侍奉他,得其主矣!怎么能因为我而怀二心?望你告诉王陵,善事汉王,早建奇功,做一个千古流芳的名臣。我虽死犹生!"

言毕,王陵之母自尽。

一个好汉三个帮,刘邦取得天下,就是因为有一批这样忠心耿耿的人。作为一个头目,不可能是三头六臂,因此,其成功必须有一帮能人辅佐。这些人忠心耿耿,至死不渝。纪信之死,可谓壮烈。王陵替刘邦接回了老父,自己却失去了老母,令人感叹。

第三节 建都关中

首都是国家的心脏，也是国家的重心。设立的地方不对，就像是人失去重心，很快就要摔倒。选择都城，实际上关系到全局。历史上的短命王朝，大多与都城设立的不好有关系。

刘邦夺了韩信兵权，当了皇帝，收了田横，赦了季布，杀了丁公，感到一阵轻松愉快。这时来了一个叫娄敬的人，又把刘邦折腾了一阵。

娄敬是齐国人，在陇西戍守。此次经过洛阳，希望通过同乡齐人虞将军求见刘邦。虞将军看到他穿着粗皮裘服，恐怕不妥，给他准备了更换的新衣。

娄敬却说："我现在有丝帛的衣服，就穿丝帛的衣服进见；我现在有布衣，就穿布衣进见；我是什么样子，就怎样去见，不敢改变衣服去欺骗皇上。"

虞将军见他这位老乡不肯换衣服，只得由他，带他去见刘邦。

刘邦召见娄敬，见他虽然身着粗皮裘服，但却相貌不俗，问道："不知你见我有何事相议？"

娄敬说："皇上建都洛阳，是不是想跟周王朝比一比兴隆旺盛？"

"是。"

"皇上夺取天下与周王朝不同，所以建都也应该有异。周先人自从后稷封在邰（今陕西省武县西南），积德累善十余代人，到了太王、季王、文王、武王的时候，天下诸侯自动归附，于是灭掉商纣，成为天下共主。周成王即位，周公旦辅佐，于是修建洛阳为都，这是因为洛阳地处天下中心，天下四方诸侯进贡朝拜，路程相等。这种建都格局，周室强大，德行广布四方，兴旺发达则容易施行统治；而到了周室弱小，德行不广，衰败难免。周王朝强盛之时，诸侯四夷，纷纷来朝，一片兴盛景象；等到周室衰弱，天下都不朝拜。这不仅仅是后世德薄寡行，也是都城地势所致。"

"如今皇上起兵沛、丰，分国巴、蜀、汉中，奇兵夺取三秦大地，挥师东进，与项羽在荥阳、成皋之间进行拉锯战，大战七十，小战四十，天下百姓尸横遍野，父子兄弟同死疆场，这种情况数不胜数。天下百姓哀哭涕泣之声还在旷野不断，受伤残废的人还在呻吟，而皇上却企图与周室的兴隆相比，小人不敢随声附和。"

"皇上想想，秦地披山带河，四面雄关险阻，即使仓促之间天下发生巨变，百万之师可以很快组织起来。关中之地，资源丰富，土地肥沃，百姓淳朴，所以素称天府，号为雄国。"

"我反复计议，皇上迁都关中，万一山东之国发生变乱，秦国大地可保安然无恙。与人争雌雄，不卡住别人的脖子、喉咙，不压着别人的脊梁后背，要想取得全胜是不可能的。皇上定都关中，拥有三秦大地，八百里秦川，这就好比卡住别人喉咙，压着别人脊背，天下哪有不安宁之理！"

刘邦听了娄敬的话，觉得也有道理，于是诏告群臣商议。

群臣大都是山东诸国的人，纷纷发表意见，说："周王朝建都洛阳，传国数百年之久，而秦王朝建都关中，两代即亡。洛阳东有成皋，西有崤山，渑水，背靠黄河，面向洛水，其险足可固守，不可迁都关中。"

刘邦群臣的家乡观念很重，所以争着发言，生怕回到关中去。

群臣争论不休，刘邦也拿不定主意，只好亲自去问张良。

张良是一个看破红尘的人，所以一心辅佐刘邦，主要是为了替韩国报仇。自从项羽一死，江山一统，特别是建议刘邦夺去韩信兵权之后，他就向人宣称，他祖宗几代相韩为臣，韩被秦灭，他不惜万金家产替韩国报仇。如今暴秦亡，逆楚灭，汉室兴，而他凭三寸之舌，为帝王师，封万户侯，已心满意足，决心从此不问天下俗事，跟随赤松子学习道法，了此一生。

张良自从发表宣言以后，长期闭门不出，专习吐纳之术，不问世俗之事。

张良所要追随的赤松子，是传说中的一个仙人。传说赤松子

赤松子

在神农皇帝的时候为雨师，靠食水中之玉而生活。教神龙皇帝学仙，能够入火自焚不伤身体。经常出没于昆山之上，住在西王母的石室里，驾风随雨，行止自由。炎帝的女儿跟他学道，也成神仙。

张良宣称要跟随赤松子学道，也没去昆山等地，只是练习吐纳之术，大概相当于今天的气功之类。史书记载他练习"辟谷"，不吃饭食。他的此举，是不是为了逃避现实呢？恐怕是为了避免飞来横祸。如果韩信也像他一样，恐怕不至于身首异处，被灭三族。

张良虽然不理国事，但是刘邦下问，他也不得不答，其实他可能早有计谋，只是不肯先说而已。谈到迁都关中，张良自有一番理论。

张良对刘邦说了以下一段话："洛阳虽然有险可守，但是腹地不过几百里，田地贫瘠，四面受敌，不是一个理想的建都之地。关中左有

崤、函之险，右有陇、蜀之固，沃野千里；南有巴、蜀之饶，北有防胡之利，三面据险而守，一面东临天下诸侯。天下安定，通过漕运，供应京都所需；诸侯有变，顺流而下，出师运粮，天下可定。关中之地，金城千里，天府之国。娄敬之言，安邦定国的大道理。"

刘邦对张良一向是言听计从，于是决定迁都长安。娄敬进言有功，拜为郎中，号奉春君，赐姓刘。从此，中国第二个中央集权的国家完全建立起来。

建都是一门大学问。建都首先要注意国家的安全。古代的都城，是国家的象征，国都被占，往往是灭国的标志。国都应该进可攻，退可守，有足够的资源补给。国都不仅是政治中心，也是军事重心，刘邦选择长安，就等于找到了国家的重心。四百年的刘氏政权的建立，就在这定都的决策之后。

刘邦建都长安，可谓一子落地，全盘皆活。

第四节 学当皇帝

历史上有"汉承秦制"的说法，意思是汉朝的规章制度基本上都是继承秦朝的。不过需要注意的是，汉朝的统治政策有了大的变化，主要是将原来秦朝的残酷刑法和严厉的治国思想改变了，用一种清静无为的黄老思想为治国的指导思想，体现在经济方面就是减轻百姓赋税的负担。

公元前209年到公元前202年，八年战争，空前激烈，人祸加上天灾，天下百姓遇到了前所未有的大灾难，出现了人吃人的惨景。刘邦的龙车配不齐四匹清一色的马，王侯出入只得乘坐牛车。面对这种情况，刘邦只得下决心医治战争创伤，恢复社会经济，发展农业生产，才能保证他的统治。

发展农业生产，必须解决劳动力问题。

汉初人口锐减的确严重，这些人都到哪里去了呢？战争、天灾、逃亡！

陶渊明的名篇《桃花源记》，文中记载了一个神秘的地方：里面的人是因为逃避秦末之乱而躲了进去，因而"不知有汉，无论魏晋"。

明代有书记载：在山中发现一群"毛人"，见人就问："秦始皇还在修长城吗？"回答说："还在修！"这些满身长毛的人立即远遁而去……

虽然这些只是文学作品或者传说，但是难道没有一些历史真实的影子？

刘邦为了解决劳动力的问题，采取了一系列政策：一是集逃亡劳动力；二是放奴婢；三是励生育；四是释囚徒；五是兵归农。

刘邦还减轻赋税，节省开支，奖励军功，鼓励农耕，限制商业……

汉虽然继承秦制，但是刘邦尽量减轻赋税，让民众休养生息，无疑是秦代所没有的，这不能不说历史已经向前迈进了一步！

国家制度是统治者的最根本的统治方式，除此之外，刘邦重用儒生叔孙通、陆贾等人制订礼仪，建设封建社会文明礼仪。

叔孙通对于汉朝初年政治稳定的主要贡献是为刘邦制订朝仪。这些制度与汉初政权机构相适应，对于维护皇帝的最高统治权威起着不可小看的重要作用。

战乱中讲利害，和平时期谈礼节。统一中国的刘邦，必须重建社会及政治伦理。

刘邦这个人，本来不讲究什么繁文缛节，凡事无所谓，但得到了天下，如果还是什么都无所谓，显然行不通。更何况，匈奴的严重威胁已经让他不得不加以正视，所谓攘外必先安内，如何有效建立皇帝权威便于中央管理，刘邦还是要动点脑筋。因此，一向不修边幅的刘邦，开始关心社会伦理风气，认真学习当皇帝了。

因为不喜欢儒生，刘邦曾经拿儒生的帽子撒过尿，显得很没修养。当上皇帝之后，他的功臣大多是武将，又很多是哥们儿，因而这些人动作粗野，没有什么礼数可言。这样一来，就经常出现无上无下，率性而为的情况。

特别是在争功上面，经常闹得脸红耳赤，甚至拔剑击柱，弄得朝廷上鸡犬不宁……

终于有一天，向来宽容的刘邦也逐渐忍受不下去，有意无意地逃避上朝了，这就使朝廷的工作效率也受到影响。

萧何看不过去了，打算改变这种状况。

春天到了，气温明显回升。二月，萧何兴建中的长安城主殿未央宫也已经临近尾声。

未央宫在长安城西南隅，周边长达28里，和东南的长乐宫并立。西汉的长安约在今陕西西安市的西北方，原长安故城位置。

宫殿南向，但上书、奏事、谒见者均由北阙进入，阙是种观门，高30丈。而且公车和皇帝御用交通工具亦停留在北阙附近，所以北阙为正门。东阙也很重要，可联系丞相府。北阙名为玄武，东阙名为苍龙，都极为壮观华丽。前殿、武库、太仓均极为豪华。

刘邦毕竟是从农村闯出来的，知道人民的疾苦。他看这宫殿如此奢华，心里有些反感，而且也很不以为然。他向萧何埋怨道："连续数年的战乱，影响生产，臣民都陷入痛苦的生活。我虽然努力经营，但结果如何犹未可知，为什么要花费这么多钱财，来盖这么豪华的宫殿？"

萧何从容回答："就是因为天下未定，皇权未稳，才更需要以宫殿来象征威重的权力。天子以四海为家，统治天下，不修得如此壮丽，无法代表他的尊贵和力量。而且，皇帝的宫殿建设最好是一次到位，以免后代还要增建，对祖先有不敬之意。"

刘邦听了，也觉得有道理，就高高兴兴地接受了未央宫的规划。

接着，刘邦重用儒生叔孙通、陆贾等人制订礼仪。

叔孙通是薛（今山东滕县东南）人，秦始皇时代凭借文才学识，为待诏博士，大概相当于候补博士。过了几年，陈胜吴广起义，秦二世胡亥知道后，召集众位儒生、博士计议此事。

秦二世说："楚地戍卒攻下蕲，占领了陈，各位有何高见？"

儒生、博士30多人一起走向前去纷纷说："人臣反叛，格杀勿论，望皇上发兵征讨！"

秦二世十分忌讳"反叛"的字眼，天下本来已经开始"反叛"，他却不喜听见。史书曾载，出使之人回来向秦二世报告有人造反，秦二世大怒，下令把此人处死。从此之后，无人再奏。秦二世问及，人们只得说"几个小贼，早已被地方官吏剿灭"云云。秦二世实在是闭塞言路，自取其祸。

叔孙通此人极善观言察色，急忙向前启奏："这些人的话都是胡说八道。现在天下合为一家，毁诸侯城邑，收天下兵器，表明太平时代已经到来。况且明主高坐，普施法制，人人奉公守法，四方臣服，哪里还有反叛之人？楚戍之事，只不过是偷鸡摸狗之徒所为，何足挂齿！皇上下令叫郡县官吏派人擒拿即可，皇上尽可高枕无忧。"

秦二世听了叔孙通的话，完全不明其言外之意，还连声称善，回头又去盘问那些"不识时务"的儒生。那些儒生有的说是"反叛"，有的说是"盗贼"。秦二世下令御史将那些说"反叛"的儒生尽皆依法审判，而那些说"盗贼"的儒生得以安全返回。秦二世欣赏叔孙通，赐给锦帛20匹，一身新衣服，还拜为博士。

回来后，那些儒生责骂叔孙通说："先生为何如此阿谀奉承？"

叔孙通说："你们不知道，我都差点难逃此劫！"

几天后，叔孙通从咸阳逃回老家薛地。当时薛地已经归楚。不久，项梁大军到了薛地，叔孙通投靠项梁。项梁死后，他自然依附项羽。刘邦攻入彭城，叔孙通归顺刘邦。刘邦大败而逃，叔孙通也跟着逃走。叔孙通是个儒生，自然穿着儒服，幸而没有戴儒冠，否则又要被刘邦用来撒尿。刘邦憎厌儒服，叔孙通就脱下儒服，换上楚制短衣，刘邦因此喜欢叔孙通。

叔孙通归顺刘邦，带着100多名儒生弟子，但是叔孙通从不向刘邦推荐使用，而专门向刘邦推荐一些武勇之士。

弟子们见到此种情况，议论纷纷："我等追随先生多年，而今又跟着归附汉王，但是先生专门举荐那些勇夫，而不推荐我们，这到底是为什么呢？"

这些话传到叔孙通的耳朵里，他召集诸位弟子，开导说："汉王正在亲冒兵矢争夺天下，你们哪一个能够驰骋沙场攻城略地？所以我当然只能举荐武勇之士。等到汉王夺得天下，我当然要推荐你们。你们专心读书，好好地等着，我怎么会忘记你们呢?"

叔孙通是一个识时务者，识时务者为俊杰。不久，汉王拜叔孙通为博士，号稷嗣君。

汉五年（公元前202年），刘邦统一了天下，在定陶当上了皇帝。刘邦废去了秦朝的一切苛刑仪法，所以朝廷上一片混乱。"群臣饮酒争功，醉或妄呼，拔剑击柱，高帝患之"（《史记》语）。

叔孙通早已探知刘邦的这一系列情况，决定游说刘邦重建朝仪，瞄准这一机会，准备一展宏图。

他对刘邦说："儒家之道，的确难以用来争夺天下，但是可以用来稳定天下社稷。我请求到鲁地招募儒生，再加上我的弟子一起共同制定朝仪。"

刘邦说："是不是比较困难?"

叔孙通说："五代三王礼乐不同，有增有减。礼仪要根据时代、人情，进行必要的改变。我准备参考古代仪礼，再参照秦代仪礼，制订出一套新的仪式来，不会很繁琐。"

刘邦说："你就去试着办吧。一定要简明，以我能够做到为准。"

叔孙通奉旨行事，又重新操起了老本行，自然是轻车熟路。他前往鲁地，招募到30多位儒生。

其中两位儒生不愿西入栎阳，对叔孙通说："你这人，先前在秦为博士，接着又到项王手下，现在又到皇帝手下，所事之主快到十个了吧! 你实在是因为善于阿谀奉承才得到今天的显贵。天下刚刚安定，你又兴风作浪，搞什么礼乐? 礼乐是那么容易搞的吗? 积百年之德，礼乐才能兴。我等不愿意看到你的所作所为。你的行为，不合古代礼节，我们不去。你快走吧，不要污辱了我们!"

叔孙通并不生气，笑着说："你们迂腐到了何等地步，时代已经发生了翻天覆地的变化，你们还是老样子!"

看来叔孙通要兴礼仪，也不是一帆风顺，连某些所谓儒生也不理解。

叔孙通带着30人同返都城，召来原来弟子人等，操练月余，请刘邦去看彩排。

刘邦观摩完毕，说："这些事我办得到！"

刘邦回到宫中，下令群臣都要去学习朝仪，次年岁首开始施行上朝礼仪。

汉七年（公元前200年）十月初一，汉制每一年的岁首，各国诸侯、文武百官，黎明即起，身着朝服，齐到长乐宫前，依照职位高低排列整齐，等候朝见皇上。

到了这一天，所有诸侯、大臣、将领都先在宫殿门外等待，他们由宫廷的侍从人员，依照事先安排好的位置，依次序引入宫殿门，并分东、西两边朝列。侍卫的郎中等，分阵排列，林立于廷中。他们全副武装，手持兵器，旗帜鲜明，由殿门到皇帝主殿间，共有数百人，气氛严肃。功臣、列侯、诸将军、军吏依次排列于西边，面向东。文官由丞相率领，依官职高低排列于东边，面向西。接着才宣告皇帝辇车出房，百官持职、传警，引诸侯王以下至六百石官吏，依次序逐一奉贺。

此时，每一个人都为礼仪之庄严而震惊不已。朝礼毕，置酒宴，依礼节，不得饮至酒醉。诸侯百官坐殿上，先低头敬礼，再仰头行祝酒礼，以尊卑之次序，一个接一个向皇帝敬酒并祝健康。每人饮9杯后，侍从官便宣布罢酒。这时，御史举法为评判，如有动作不合礼法者，便喝令退出。君臣置酒终日，无人敢失礼哗乱，与往常的闹酒喧哗完全不同。

朝拜赐宴完毕，刘邦起驾回宫，群臣跪送。

刘邦召见叔孙通，高兴地说："我到了今天才知道当皇帝的尊贵！"

叔孙通制定朝仪有首创之功，刘邦给予重赏，"拜叔孙通为太常，赐金五百斤"。

叔孙通趁机向刘邦进言："我的弟子和儒生跟着我辛勤劳作，希望皇上念其辛劳，各赐一官，以安众心。"

刘邦立即降旨，这些人都当上了郎官。

叔孙通谢恩而退，唤各位子弟、儒生来见，传达刘邦旨意，将所得之金全部分赠众人。

这些人尽皆欢喜，都赞颂说："先生诚圣人也，知当世之要务。"

叔孙通因此青云直上，两年之后，被拜为太子太傅。

这种朝见仪式，一直延续了中国的整个封建社会，是封建等级制度的形象写照。到了大清帝国末年，有不少外国使节拒绝在中国皇帝面前行三跪九叩之礼，因此得不到中国皇帝的接见。乃至于外国使者是否在皇帝面前行此大礼，成了两国外交谈判的一个重要内容。因为汽车驾驶员必须坐在前面，并且无法跪拜，慈禧宁愿不乘汽车。

这种朝见仪式，是封建社会所必需的，也是这种制度腐朽的标志。这种制度，不仅在朝廷上推行，逐渐向诸侯国、郡、县衙门推广开去。

制定朝仪无疑加强了皇帝和官吏的权威，但是要让皇帝的权威千秋万代，关键之处还要教育全国臣民具有忠君的思想，才能保证江山永不变色。

事实上，刘邦只不过是推翻了一个嬴姓统治集团，使秦暴政引起的社会矛盾激化得到缓和，但刘邦本人不懂法度、礼节。而国家不能没有法度，不然就要乱作一团；皇帝不能没有威严，不然容易令不行禁不止！

叔孙通为刘邦制定礼乐朝仪，让他享受到了当皇帝的绝妙滋味，刘邦兴奋异常，一发而不可收拾。

不久，刘邦发布政令，让萧何等人制定《汉律》，命令韩信等人制定军法，下令由张苍等人制定历法和度量衡方面的各种章程……

大汉帝国顿时气象一新，各种规章制度初具规模。

此外，刘邦还宣布其他一些政令：

皇帝是受命于天的真龙天子，一切要以皇帝为中心，皇帝拥有至高无上的权力；以士人为其统治的基础，紧密团结和依靠地主、乡绅，他们是国家机器的基础力量；必须在各地方分设官职，掌管兵、刑、钱、谷等事物，有效管理地方，施行政令。

这一套制度及连带的尊号，被刘邦确定下来，其中大多数都是沿袭秦朝体制。其中，"太上皇"这一称谓也是如此。

一人得道，鸡犬升天。既然家里出了个皇帝，自然全家都跟着显贵。刘老太公过上了好日子。

刘邦本来是一个农民，虽然当过一个小小亭长，但是行为放荡，常招他父亲刘老太公生气。刘邦称帝之后，却成了一个孝子。刘邦只要在首都栎阳的时候，经常去看望刘太公，每次朝见礼节甚周，并且规定，五日一朝，从不耽误。其实，刘邦已经开始从自己做起，为全国百姓树立学习的榜样。

但问题在于：刘太公偏偏就是一个普通得不能再普通的农民！

而刘邦现在这个全国最高的统治者，这个真龙天子，却因为要尽人子孝道，时常去拜见这个普普通通的农民。

太公与刘邦的关系，既是父子，又是君臣，在礼仪上就不能完全遵循一般的父子之道，太公家令因此劝告太公说："天无二日，国无二主。今皇上虽然是太公您的儿子，然而是天下人主；太公虽然是皇上的父亲，然而是人臣。您怎么能让人主朝拜人臣呢？如果这样，皇上怎么能威重天下呢？"

过了几天，刘邦又去朝拜太公。

刘老太公听说儿子前来，急忙拿着一把扫帚跑到门口，边走边后退迎接。

刘邦见此，慌忙下车，惊问："父亲大人此是何意？"

太公忙说："皇帝是天下人主，普天之人共仰。怎么能为我一人而乱了法度呢？"

刘邦感到有点过意不去，为了在礼仪上维系父子名分，刘邦绞尽脑汁，终于想出了一个点子。

汉六年（公元前201年）五月，刘邦下诏尊太公为太上皇。刘邦从来都是大大咧咧。年轻时对刘太公也不是十分恭敬，但如今做了皇帝，倒显得十分恭敬孝顺起来。为了侍奉太公，对刘老太公表示尊敬，他就很有创意的首创了一个"太上皇"。

虽然只是一个名号，但毕竟"百善孝为先"，这样既便于自己和太公交流亲近，又显出了自己的仁爱德行。何乐而不为？

刘邦通过修建皇宫、制定朝廷礼仪、封刘太公为太上皇等，不断加强自己的权威，看来刘邦并非等闲之辈，让自己的形象也一下子更加高大起来。

打天下和治天下是两件不同的事。有的人在马上威风凛凛，所向披靡，但面临治理天下的难题，却毫无办法。最严重的是看不懂形势的变化，仍然用老办法处理新问题，用马上的方法来治理国家。历史上的短命王朝，大多是由于不明白这个问题的重要性。秦始皇、隋炀帝等就是因为没有实现马上到马下的国策转变而留下了无穷的祸患。而刘邦、李世民、朱元璋，能够建立强大的统一王朝，就是因为看透了这个历史的关键点。

第五节　白登之围

　　说到刘邦战场失利，战场外得手，最经典的就是"白登解围"了，刘邦居然利用一个女子的嫉妒心理，把自己从重重包围中救了出来，堪称历史上"阴谋诡计"的巅峰之作。

　　当刘邦率领他的群臣挥戈马上，创建西汉皇朝的时候，北中国广阔的草原地区崛起的匈奴，正虎视眈眈地注视着万里长城以南的肥田沃野。

　　匈奴的国王称单于，意思是上天之子；匈奴的王后叫阏氏，词源来自"胭脂"。秦末汉初年间，匈奴单于名叫头曼，生性凶悍。长子冒顿，被立为太子。和大多数帝王公侯一样，后来头曼宠幸另一阏氏，每天听信枕边风，想要废长立幼。就把冒顿送于匈奴西边的月氏国做人质，不久出兵攻打，企图用这种办法借刀杀人。但是冒顿居然能盗得一匹良马，逃出月氏，回到匈奴。

　　头曼认为冒顿勇敢，打消了杀死他的念头，并令他率领骑兵队伍。翅膀硬了的冒顿暗中准备杀父自立。

　　冒顿专门命人制造一种叫做"鸣镝"的响箭，并且下令：他的响箭射向哪里，兵将就往哪里放箭，迟缓和不放者一律斩首。冒顿先用自己的马，又用自己的爱姬，最后用头曼的坐骑做试验品，只听"鸣镝"一响，万箭齐发，直指鸣镝所向。极少数手脚慢和胆子小的士卒被冒顿斩首示众。从此以后，冒顿鸣镝一响，兵将无不纷纷放箭。冒顿大喜，以为大功必将告成。

一次，冒顿邀请头曼出猎，刚到猎场，冒顿突然举箭，鸣镝响处，头曼立即被射成一个箭垛，来不及哼一声，当即命归黄泉。冒顿立即带兵杀回，将后母、兄弟以及不愿顺从的大臣杀得干干净净，自立为单于。

此后，冒顿东灭东胡，逐走月氏，南破楼兰、白羊，重新夺取秦时所占的土地，兵锋直抵燕、代边境，并建立起完备的奴隶制国家政权，形成了带有游牧民族特点的军事政治一体化的体制。

此时的匈奴已建立起自己的一套礼仪、法律和养生送死的制度，特别奖励攻战，崇尚冒险。在冒顿的统率下，匈奴骑兵不断向北征伐，使浑庾、屈射、丁零、鬲昆、薪犁等漠北之国先后臣服。这样，匈奴就控制了东起大兴安岭、西抵帕米尔高原，北至贝加尔湖，南达长城一线的辽阔地区，成为汉皇朝的北方劲敌。

刘邦打下江山后，分封的异姓王中有一个叫韩王信，粗心的读者经常把他与淮阴侯韩信相混。《史记》专门给韩王信列传，他的名字叫姬信，是韩襄王的后代子孙，身长8尺5寸，孔武有力。

韩王姬信的封地本来在中原咽喉之地，可能是因为他个子高大，刘邦认为他勇敢，将太原郡改为韩国，令他前去镇守，抵御匈奴。

韩王信到了韩国都城晋阳（今山西太原市），认为晋阳距离边塞太远，无法有效地抵御匈奴，征得刘邦同意，把都城建在马邑（今山西朔县）。韩王信在马邑修城墙、挖壕沟、招兵买马、训练骑兵，防备匈奴入侵。

汉六年（公元前201年）十月，冒顿听说汉朝皇帝派人镇守，为防范他们，立即组织20万人马，突然大举南下，将韩王信包围于马邑（今山西朔县）。汉皇朝的北部边疆形势骤然紧张起来。

韩王信看到匈奴大兵蜂拥而至，自思只可一时据守，不能长期固守，立即派人向刘邦求救。长安到马邑相隔千里，救兵一时难到，但是匈奴入寇不是来比武，要等救兵到了再开始攻城。冒顿正要乘此机会攻占马邑。匈奴连夜攻城，韩王信激战几日，杀人三千，自损八百。城内伤亡日益严重，匈奴攻势却越来越紧。

形势越来越紧，韩王信心生一计，派使求和，试图来个缓兵待援之计。可是这个消息很快传到了正在救援途中的汉军首领耳中。这些汉军首领听到这个消息，不像原来那样星夜兼程赶去救援，而是停下来派人向刘邦报告。刘邦自从当上皇帝以后，最怕人谋反和通敌，得到报告，怀疑韩王信有二心，立即修书遣使严加斥责。韩王信思前想后，联想到韩信等人如此齐天大功而今落得如此下场，更无计可施。外有匈奴几十万虎狼之师，内被刘邦无端怀疑。韩王信无奈之下，献出马邑，降了匈奴。冒顿有韩王信带路，很快攻到了太原郡。

刘邦听说韩王信反了，勃然大怒，立刻带兵袭击太原，御驾亲征。汉天子的第一次大规模用兵，战将如云，谋臣似雨，共起马步军兵几十万。当时匈奴已经撤回，韩王信抵敌不住，战败逃往匈奴。

刘邦驻军晋阳，听说冒顿屯兵代谷，准备发兵攻击。刘邦派人侦察匈奴情况，冒顿故意把强壮士卒人马藏匿起来，让老弱兵士和病瘦马匹暴露出来。刘邦派出的十来队侦察人马看到匈奴如此情况，都向刘邦汇报，匈奴兵弱马瘦，正好乘机攻击。

刘邦又叫来刘敬，叫他再去探听匈奴虚实。刘敬本来姓娄，因为建议刘邦迁都关中，授官郎中，赐姓刘，号奉寿君。刘敬走后，刘邦急不可待，兵出晋阳，向代谷挺进。匈奴兵马一遇汉军，纷纷后退，的确是不堪一击。汉军一帆风顺，翻句注山，直抵广武（今山西代西南）。

此时，刘敬风尘仆仆，赶回报告刘邦说："两国交兵，理当各自夸耀武力，以便威胁对方，增长自己士气。但如今我去匈奴，所见匈奴兵马，皆老弱病残。如果冒顿兵马如此，他怎么能够横行塞外，占领大片土地？我听说冒顿用兵常用骄敌之计，他消灭东胡，采用的就是这种谋略。我认为，我们所看见的情况，一定是冒顿佯示老弱，暗藏精兵，诱敌深入，然后围而攻之。皇上务必慎重行事，不要中了冒顿诡计。匈奴不可伐，应该紧急回师！"

当时汉兵前队早已去远，刘邦也被胜利冲昏了头脑，急于求胜。听到刘敬一番宏论，不觉大怒："你这个齐国下人，凭一张巧嘴已经得到一官半职，如今竟敢对敌情妄加评论，乱我军心，阻我兵锋！"

刘邦不听刘敬之言，喝令武士拿下，械系广武狱中，自统大军，加速北进。

刘邦行军几日，未见敌兵抵抗，求战之心日切。他哪里知道，北方是那样广大，草原是那样广阔，有人说不到新疆，不知道中国广大，即使讨饭，也要一匹快马，否则从这一部落到达另一部落，饿死也走不到。几天不见敌兵，刘邦反以为匈奴更不足畏。

刘邦下令骑兵快速急进，步兵很快就被抛得老远，战线长达数百里。

一天，汉军前锋与刘邦抵达平城（今山西大同东北），后面兵马正在缓缓行进。汉军已是人困马乏，只好扎营休息。突然之间，马蹄得得，尘烟腾空而起，大批匈奴骑兵从地平线下钻将出来，从四面八方呈包围之势。刘邦下令分头迎敌，一场激烈的大拼杀在往日平静的旷野上迅速展开。两军骑兵卷起的烟雾很快融汇在一起，呛人的气味让人喘不过气来。

刘邦

兵器的撞击声，弓箭的呼啸声，将士的喊杀声，战马的嘶鸣声，组成雄壮的交响曲，回荡在平城上空，震撼着平城大地。冒顿的数十万凶悍之兵，刘邦数万疲惫之师，演奏着这曲人类自相残杀的交响曲。汉军不顾生死，奋力拼杀，激战半日。匈奴人马越来越多，越杀越勇，这批肉食者远比汉军草食者更有耐力，汉军渐渐难以抵挡。

一阵惊天动地的马蹄声，一场铺天盖地翻滚而来的浓尘，带来了一支冒顿亲率的生力军。汉军难以抵敌，纷纷败下阵来。刘邦方知匈奴并非不堪一击，北方不像南方那样狭小，只得命令汉兵边死战边后退，扼守住平城东北大山。汉军好不容易撤进山中，刘邦令夏侯婴带领重兵扼守山口，修筑工事，居高临下，阻击敌军进攻。汉兵打退匈奴的数次进攻，不觉天色已晚，匈奴停止攻击，将整座大山团团围困。

这座山叫白登山，冒顿早已在四面八方设下伏兵，引诱汉兵进入山中，四面围住。汉兵进退无路，内外隔绝，进入了口袋之中。冒顿"围帝于白登七日"（《资治通鉴》语），刘邦后悔莫及。刘邦只得盼望外来救兵。刘邦哪里知道，冒顿尽起倾国之师40余万，内围外阻，汉兵怎能援救自己？

刘邦久盼救兵不来，眼看粮草将尽，不用匈奴进攻，汉兵也会被饿死冻死。刘邦不得不组织多次突围，但是四周被围得像铁桶一般，除了丢下一批将士的尸体，哪里能前进半分。

刘邦登山观察敌情，只见到处是胡人胡兵，西方白马，东方青马，北方黑马，南方赤马，整整齐齐，没有半点破绽，心头焦急万分。

每到为难之时，他都会想到张良、韩信。可惜张良未来，因为张良淡泊功名，自称有病；韩信已被贬为淮阴侯，心中老大不满，上朝尚且称病，更不要说出征。若是韩信出马，冒顿雕虫小技，恐怕难以瞒过他的眼睛。幸好陈平来了，陈平虽然未曾亲自指挥过大战，但是肚子里面有若干奇谋诡计。

陈平来了，刘邦急忙问计："匈奴已经困我数日，情况紧急，你有何良策可解此围？"

陈平眉头紧锁，想了半天，摇摇头说："皇上不要急躁，容我仔细想想！"

陈平慢慢退去，刘邦焦躁不已、一筹莫展、惶恐不安。

不多时，陈平已经来到刘邦帐内，细细地说了一番话，刘邦大喜，立即着人办理。

陈平密遣一位心腹使者，携带黄金、珠宝等物向胡营走去。使者一路上金钱开路，很快来到阏氏帐前，送上一块金灿灿的金砖，专请卫士带路。很快见到了阏氏，使者急忙献上黄金、珠玉等珍贵物品。

这位阏氏深受冒顿宠幸，行军打仗，狩猎游玩，寸步不离。此次扎营山下，屡次与冒顿并马出入，恰好被陈平看见，陈平因此在她身上用计。

阏氏看到如此宝物，眼中发光，忙问："你来见我，有何要事？"

汉使忙说："单于久困我主，我主敬慕单于和阏氏，特派我送珠宝金玉给阏氏，敢烦阏氏将此图转送单于殿下。"

阏氏看到金银财宝，早已馋涎欲滴，爱不释手，急忙收下；展开画卷，只见一个美女，虽是图画，却也风度翩翩，秀丽动人，心中一阵醋意直往上冒，忙问送这幅美人画给单于，是何用意？

"如今汉帝被困白登山中，全是由于韩王信挑拨离间而起。汉帝希望罢兵修好，特派我来向阏氏求情，代为转请。恐怕单于不答应，愿将国中第一美女献给单于为妾。此女不在军中，先将此图献上。今已派人前往长安去取，不日就可到来，请阏氏娘娘代为转达。"汉使答。

阏氏缓声道："你们中国人常说'君子不夺人之美'，这美人一定受到汉帝宠幸，不用送来，此图你带回去吧！"

汉使听后，忙说："阏氏娘娘甚懂人情世故，汉帝也的确舍不得如此美女，也恐献给单于，夺去阏氏娘娘之爱，事出无奈，只好如此。如果阏氏娘娘能解汉帝之围，汉帝自然不会再送此女。切望娘娘尽力。"

阏氏说："你放心回告汉帝，我会尽力而为！"

汉使收起画卷回报陈平，陈平告知刘邦，刘邦大喜，放下心来，静候佳音。

阏氏趁与冒顿枕席之间，说："我们匈奴的习惯，两主交兵不相围困；单于得到汉地，最终还是不能久居；汉帝久困白登山，久攻不下，必有神灵保佑；况且，就是擒获汉帝，大王愿结这生死之仇？"

冒顿正为久攻白登山不下而犯愁，并且他与王黄、赵利等人约定共攻汉兵，但是此二人尚未领兵到来，恐怕又与汉兵有什么诡计，因为他经常使用诡计，也在防人诡计，所以就问"依爱妾之见如何是好？"

"大王不如网开一面，放他回去，免得两国成仇，将来也好办事。"

冒顿觉得阏氏有理，遂下令撤去一面之围。

刘邦听了使者回报，不知是兴奋，还是担心，一夜未眠。

天未大明，夏侯婴来报，西北角的匈奴大兵已经撤围而去。刘邦登高远望，只见雾气蒸腾。

雾气之中，匈奴大军缓缓退去，让出了一条通往平城的大道。刘邦立即下令："撤！"

陈平忙说："且慢！冒顿多诈，派人侦察一番，再派弓弩手护卫皇上下山。"

刘邦依陈平安排，缓缓将兵马从白登山慢慢撤去，匈奴兵马看见，也不阻拦，刘邦平安地回到了平城。冒顿看到刘邦被困多日，退兵之日，依旧军容整齐，有条不紊，心中佩服，庆幸自动撤兵。

刘邦突出重围，立即下令释放刘敬，当面致歉说："我不听你的金玉良言，果然被困。前次的那些侦探不察虚实，我已全部斩首。"加封刘敬为关内侯，食邑 2000 户，号为建信君。

为了嘉奖陈平的功劳，加封陈平为曲逆侯，让他尽食一县之俸。刘邦功臣之中，独有陈平享此殊遇。

刘邦就这样被围困在白登山，长达 7 日，幸得陈平妙计，刘邦才得以脱身。

刘邦此次征匈奴，在白登山差点当了俘虏，不胜而返。匈奴在韩王信等人的密切配合下，不断侵犯汉朝边境。刘邦心烦意乱，这日，令人传关内侯刘敬入宫商议对敌策略。

刘敬说：“天下初定，士卒疲惫，将校劳顿，百姓厌战，不宜出师远征，再动干戈。制服匈奴边患，不可全凭武力。冒顿杀父自主，纳后母为妻，心如虎狼，专恃武力，不可以跟他讲究仁义。从国家长治久安着想，要想办法叫匈奴的子孙后代都向大汉皇帝俯首称臣，这才是万全之计。我有一策，但是恐怕皇帝下不了这个决心。”

刘邦说：“如果切实可行，有什么不能！你有何计？快说出来与朕听听！”

“皇上如果真想安定匈奴，只有和亲一计简便可行。如果皇上能够将嫡长公主下嫁匈奴单于，厚加赏赐；单于得知是汉天子嫡长公主，又有如此厚礼，必然立为阏氏，生子必为太子，将来即位必为单于。为什么呢？单于贪图大汉重礼。皇上每年送些匈奴缺乏的珍奇物品，又派人去教他们学习中国礼仪，时间一长，风气必会好转。冒顿单于在世，是皇上女婿；冒顿死了，皇上外孙就是单于。皇上想想，哪有女婿、外孙与岳父、外祖父为敌的道理？这是不战而屈人之兵的长治久安之策。但是如果皇上舍不得嫡长公主，用其他人假冒，被冒顿觉察，唯恐事与愿违。”刘敬道。

刘邦觉得此计大妙。刘邦为了江山社稷不顾一切，刘敬退下后，刘邦亲往后宫，将和亲之事告诉吕后。吕后一听，大惊失色，顿足大哭，死活不肯。刘邦碍于结发夫妻，长期患难，不便强行颁诏，只得恨恨而出。吕后害怕夜长梦多，不久，即把鲁元公主嫁给赵王张敖。

刘邦也不过于追问，因为他天生就是如此。但是和亲之事不能因此罢休，刘邦只得挑选姿色和气质较佳的外庶公主假冒嫡长公主嫁给单于，由刘敬护送前往匈奴，和冒顿进行和亲谈判。

当时的汉朝是建立在秦末多年的混战之后，田地荒芜，民力凋敝，面对游牧民族的威胁，打是肯定打不过的。好汉不吃眼前亏，刘邦坚持和亲之策，虽然有损面子，却给汉代换来了上百年的稳定发展的时间，确是明智之举。汉朝历经文景之治，很快发展起来，到汉武帝的时候，终于能够和匈奴一决雌雄。

汉高祖大牢祀圣

第六节 分封诸侯

汉朝的政治制度基本上是秦朝的延续，中央是三公九卿，地方是郡县制。不过，汉朝除了郡县制外，还实行了封国制，即分封诸侯王到地方建立诸侯国和王国。最初，分封的是异姓王，如韩信等人，主要是为了团结众将取得战争的胜利，到后来，只剩下了长沙王吴芮，其他的王基本上都被杀。消灭了异姓王，刘邦又封了9个同姓王，都是刘邦的儿子、侄子和兄弟。他觉得他们会巩固自己的刘姓政权，但后来的事实证明他们也没有起到好的作用，也发生过叛乱。

分封同姓王的同时，刘邦还立下了规矩来约束他们：诸侯王国的政治地位和郡相同，辅佐诸侯王的相国和太傅都要由中央政府来任命，是中央的官吏，不准依附诸侯王对抗中央，否则就要以"阿党附益"（就是诸侯有罪时不举报，反而依附诸侯结成死党）的罪名处罚。此外，有的诸侯国地位和县相同，主要是封给建国功臣们的。诸侯国和郡县并立，后来导致了地方政治和法制的混乱，因为王国和侯国有自己独立的司法审判权。

在法律方面的继承，主要是维护君主专制和中央集权方面的内容，其他针对百姓日常生活的酷法基本上废除了。汉朝的法律主要是《九章律》，这是在战国时期李悝所制订的《法经》六篇（盗法、贼法、网法、捕法、杂法、具法）基础上补充了户律（户口管理、婚姻制度和赋税征收）、兴律（主要规定征发徭役、城防守备）和厩律（主要规定

汉殿论功图

牛马畜牧和驿传方面），一般所说的汉律就是指《九章律》。

刘邦的这种国家体制，有传统的原因，也有现实的原因。

陈胜不立诸侯之后，又自称陈王，被人们认为是他失败的一个重要原因；因此项梁、项羽也不得不拥立楚怀王。刘邦封张敖、吴芮、无诸等为王，基本上是承袭旧制。

刘邦为了打败项羽，不得不封韩信、彭越为王。刘邦本身并不自愿，而是现实所迫。封英布为王，有历史的原因，也有现实的原因。英布是项羽所封的九江王，也是刘邦得力干将之一。

这种体制，在汉初起到了一定的作用。秦末汉初，连年战争，激烈程度超过春秋战国，人们常说楚汉相争大战七十余次，小战四十次。春秋、战国平均每年一两次战争，而秦末汉初，每年十多次战争。为了医治战争的创伤，这种体制无疑有一定作用。但是随着国家的进一步安定，生产的进一步恢复，这些诸侯王可能人人都想当皇帝，所以他们必然是动乱的根源。

在刘邦活着的时候，除了三位边疆大王无诸、吴芮、赵佗之外，全部被扫除干净。

刘邦分封部将为王，本来是在楚汉战争中激励士气的手段。当时彭城大败后，诸侯尽皆背汉附楚。刘邦无可奈何！忙召群臣计议。群臣大将素知项羽骁勇，彭城一战更是领教了项羽的利害，大家都面面相觑，不发一言。

刘邦决定悬重赏求计，说："我准备拿出关东之地作为奖赏，谁愿去建此破楚大功？"

张良说："当今天下，能够驰骋疆场，与项王为敌，助大王破楚的人，只有三人，他们是九江王英布，昌邑人彭越，原大将韩信。英布向来与项王不和，可以利而诱之，威而胁之。彭越助齐反楚，与大王有交往，可以以心结之。汉王大将，只有韩信是真正帅才，可以独当一面，为大王建功立业。大王用关东之地封三人，何愁大功不成。"

韩信、英布、彭越，经张良推荐，成为了刘邦的三大将。

刘邦听了张良之计，急寻人去游说英布。随何表示愿去。随何用三寸不烂之舌，策反了英布。

刘邦又遣使去请彭越，彭越也表示愿意效力。

刘邦回到成皋养病，传来了韩信攻下齐国，大败楚将龙且的好消息。刘邦忙遣使祝贺，便约韩信率兵会师灭楚。韩信挟功请赏"假齐王"，刘邦感到很气愤，但是由张良、陈平建议，趁机立韩信为齐王，叫他带兵速来灭楚。

汉五年（公元前202年）十月，刘邦派特使令韩信、彭越速带兵前来共攻项羽，亲自率兵东进，到达固陵（今河南太康县西），专等韩信、彭越带兵来会。可是两人杳无音信。

项羽听说刘邦毁约进兵，怒不可遏，带兵直扑刘邦大阵，刘邦抵敌不住，后退几十里，损兵折将，心中恼怒不已。

刘邦独坐帐中，与张良、陈平商议："韩信、彭越为何还不领兵到来，令我又遭此惨败？"

张良说："我想二人一定是因为大王尚未加封，所以持观望态度。"

刘邦不解地说："我已封韩信为齐王，彭越为魏相国，怎么说没有加封？"

张良解释说："韩信虽然被封为齐王，但是并非大王本意。魏王豹已死，彭越也望封王。如果把睢阳以北之地直至谷城封给彭越，将陈以东直到海边之地，封给韩信，两人一定火速领兵而至。"

刘邦于是采纳张良建议，专派张良去调两路大军，最后在垓下消灭了项羽。

刘邦灭了项羽以后，认为天下已定，功臣未封，诸将相互争功，时间长了，恐怕酿成新的内乱。刘邦将楚地分为两块，淮东称为荆，封堂兄刘贾为荆王；淮西仍称楚，封少弟刘交为楚王。代地自陈余被杀，久未封王，刘邦封其兄刘仲为代王。齐地有70余城，地理位置十分重要，封未起义之前与外妇所生之子刘肥为齐王。这是最初分封的4个同姓王。

刘邦封萧何为酂侯，所食城邑最多。

很多功臣说："我们冲锋陷阵，浴血奋战，有的多达一百多战，少的也有好几十战。而萧何未曾有汗马功劳，只是搞搞后方的工作，发表点议论，反而封赏在我们之上，这是为什么呢？"

刘邦说："各位将军知道打猎吗？打猎，追杀狡兔的是猎狗，而发号施令的却是人。如今各位将军的功劳，所得到的飞禽走兽，是猎狗之功；至于萧何，作用在于发号施令，是有功之人。"

刘邦叫张良自己选择天下三万户城邑为自己食邑，但张良只愿意得到陈留，刘邦只好封张良为留侯。

刘邦封陈平为户牖侯。

陈平又推辞说："臣没有功劳，不敢受封！"

刘邦说："我用先生之谋，克敌制胜，不是功劳又是什么呢？"

陈平说："如果不是魏无知，我哪里能有功劳？"

刘邦说："如果不是先生提到，我差点儿忘了他。"于是重赏魏无知，因为陈平是由于魏无知的推荐才受刘邦重用的。

刘邦还封周勃、曹参、樊哙、郦商、夏侯婴、王陵等人。

封赏功臣完毕，刘邦下诏议定功劳最大的 18 人。

很多人都说："平阳侯曹参，身受七十余伤，攻城略地，功劳最大，应该排名第一。"

而关内侯鄂千秋反驳说："这种说法不对，曹参之功，不过一时之功而已。皇上与楚军相争长达五年之久，失军亡众，只身逃遁多次。但是萧何治理关中，补充军需，输送兵力，供给不乏。皇上多次丢失山东，而萧何保全关中，这些都是万世之功。如果没有曹参，大汉的损失不大，而没有萧何就没有大汉的根基。怎么说一时之功而比万世之劳大呢？萧何应该名列第一，曹参第二。"

这番话正合刘邦的心意，于是他赐萧何带剑上殿、入朝不趋的特权。秦法规定：群臣上殿，不得带尺寸之兵器。臣下进殿，要碎步如趋，表示对君王的尊重。所以刘邦特许萧何这些特权，表示萧何功高劳苦。

为表彰萧何功劳第一，刘邦还下令加封萧何父子兄弟十余人，皆有食邑，并追加萧何食邑 2000 户，和曹参、张良并列为万户侯。由于萧何一直未参与前线战事，他对战局的影响力是透过刘邦发挥出来的，参与作战的官兵很难感觉到他的重要性，他的功劳的确只有刘邦和幕僚人员清楚。因此，刘邦如果过分强调萧何的功劳，必遭到这些前线将领们的反对。

刘邦是个聪明人，身旁更有张良、陈平这两大超级天才为之谋划，所以他采用了这种逐步让人接受的方法，以凸显并确认萧何的重要性。

先是功人和功狗的辩论，设定萧何在功劳评鉴上的位置，再拿他和武将中的魁首曹参相比，并透过鄂千秋的说明，由刘邦肯定经营后方、稳固国力才是万世之功。

　　刘邦还宣布："我听说'推荐贤臣的人更值得受上赏'，萧何虽有大功，但如果没有鄂君的推荐，功劳也无法如此彰明了。"

　　于是再追加鄂千秋的食邑，并封为安平侯。

　　刘邦分封诸侯，是历史原因形成的。有的出于安抚，比如韩王信；有的是属于拉拢，比如楚王韩信，淮南王英布，梁王彭越；有的属于旧制，比如赵王张耳；有的是属于关系，比如燕王卢绾。刘邦汉初分封这些异姓王，主要是历史的原因。

　　韩信为刘邦评定三秦，攻魏，占代，取赵，平燕，下齐，整个江山大部分是韩信打下来的。韩信在刘邦兵败的时候不发救兵，挟封齐王，刘邦不得已加封。英布、彭越的情况类似。如果刘邦不封他们为王，他们就不会出兵灭楚，楚汉之争不会结束，并且还可能独立或者助楚攻汉。另一方面，汉初的这些异姓诸侯王，对于稳定边疆，安定地方，发挥了积极的作用。

第五章　兔死狗烹

第一节　计杀韩信

"飞鸟尽，良弓藏；狡兔死，走狗烹；敌国灭，谋臣亡"。历代开国皇帝，大都喜欢诛杀开国功臣，这个可怕的先例，就是刘邦开的。

刘邦做了皇帝之后，并没有对自己的皇位掉以轻心，而是采取措施对皇权进行了巩固。

第一个让他不放心的就是在各地的异姓王。他们都有兵将，有的还有异心；第二不放心的就是其他将领，他们为功劳大小和赏赐的多少争斗不止，如果安抚不当，就会投奔那些异姓王作乱。还有原先六国的后代也不能掉以轻心。

在中央，丞相的权力对他这个皇帝也构成了威胁。刘邦自做了皇帝，到最后病死的八年时间，基本上都用在了解决这些让他不放心的问题上。

刘邦第一个着手解决的，就是韩信。

刘邦即使在与项羽激战之时，也十分关注内部的敌对力量，对于韩信尤其如此。他曾多次夺去韩信兵权，调走韩信兵马。刘邦消灭项羽之后的第一件事就是削掉韩信的兵权。

韩信是个明白人，所以当刘邦要削去他的兵权，改封他为楚王的时候，他逆来顺受，安心去了下邳，报答曾经给他饭吃的漂母，甚至封污辱他的恶少为楚尉官。

韩信为了向刘邦表示友好，纠集各位异姓诸侯王向刘邦上表劝他当皇帝。但是无论如何，刘邦是不会放心他的。

消灭项羽之后，刘邦西返到达定陶，人不下马，直接来到韩信大营。

韩信见刘邦驾到，立即迎接。

刘邦坐下，开口对韩信说："将军统率大军，屡建奇功，剿灭项羽，我终身不会忘记。如今强敌已灭，兵戈渐少，将军也应好好休息。我不忍让你继续受兵戍之苦，将军交出兵符印信，返回封地过几天太平日子吧。"

韩信明白其中深意，但是碍于面子，没说什么，取出兵符印信，送还刘邦，从军营中移出，自去驿馆安息。大元帅韩信此刻完成了历史使命。

韩信正欲返齐，忽听汉王诏令，忙去听旨。

只听刘邦说："项羽已灭，楚地无王，何以镇之？我考虑再三，只有将军有此能力。将军本是楚人，熟悉楚地风俗，了解楚地民情。现改封你为楚王，将军不要推辞。齐地只有 70 余城，楚地有 89 城，这也算奖赏将军大功！"

韩信明知原委，但也不便明说，只得交还齐王大印，换取楚王大印，自回下邳当楚王去了。

尽管如此，刘邦依旧十二个不放心。只因又发生了一件事，使刘邦下决心搬倒韩信。

项羽手下有两员大将，一个叫钟离昧，一个叫季布。项羽灭亡之后，两人都逃亡民间。钟离昧与韩信是好朋友，所以偷偷地投靠了韩信。刘邦曾经下诏，悬重赏抓捕季布与钟离昧。当刘邦得知钟离昧在韩信处时，立即派使嘱韩信交出。韩信不忍，推说他那里没有此人，将刘邦使者遣送回来。

汉六年（公元前 201 年）冬，有人上书说韩信要谋反，刘邦大惊，忙召众将商议。

很多将领本来十分嫉妒韩信这个饿夫抢了他们的职位，一听此言，纷纷表态，要发兵征讨韩信。

刘邦何尝不想如此，但是他知道自己有多大能耐，他能够当皇帝，就是因为他有自知之明。刘邦沉默良久，令诸将退下，秘密叫人去请陈平计议。

陈平考虑再三，才问皇上怎么知道韩信要反？

"有人对我说钟离昧藏在楚王韩信那里，我也派人查实了此事，但是韩信还上书说钟离昧不在他那里。这是他抗旨不遵，巧言欺朕。我因他平定天下有功，放他一马。但是近来又有人密告，说韩信准备谋反。"刘邦说。

陈平问："诸将是什么态度？"

刘邦说："各位都很气愤，劝我发兵征讨。"

"皇上的兵马，能不能战胜楚兵？"

"难说得很！"

"皇上手下大将，哪一个可与韩信相比？"

刘邦沉默一阵说："找不出！"

陈平说："兵卒不敌楚士，将领不如韩信，皇上如果出兵征讨，韩信本来不反，也只有反到底了！兵戈相见，胜负难料，实非良策！"

刘邦说："不出兵征讨，又怎么办呢？"

陈平问："韩信知不知道有人告他谋反？"

刘邦说："想来不知。"

陈平献计："古时天子经常巡猎四方，召见各地诸侯。南方有一大泽，名叫云梦泽，皇上可仿照古人出巡云梦，诏令天下诸侯相会陈地。陈、楚交界，韩信必然会来拜会。到那时，一夫之力，足以擒拿韩信，何用千军万马？何况千军万马还不一定拿得住。”

刘邦闻言，忙称妙计。立即下诏，遣使四出，告知诸侯，高祖要出游云梦，诏令诸侯到陈地会齐参拜。

韩信得到刘邦诏令，心中怀疑不决，刘邦曾经几次夺去他的兵权，生怕这一次又有什么阴谋。但是陈地与楚国边界相连，不去拜见，怕失臣礼，恐生祸端；如果拜谒，又怕被擒。韩信进退两难，焦急不安，在楚王府里走来走去。

食客说：“大王又没有什么过失？大王之所以受到皇上怀疑，不过是收留钟离眛之事。大王如果斩钟离眛之首送给皇上，皇上必然尽释前嫌，大王自可高枕无忧。”

韩信觉得此言有理，便请来钟离眛议论此事。韩信开口没说几句，钟离眛已知韩信意图。

钟离眛不高兴地说：“大王以为我在这里让你得罪了刘邦？”

韩信看了钟离眛一眼，不自然地点了点头。

钟离眛说：“刘邦不敢发兵攻楚，就是怕我跟大王联合。如果你今天把我献给刘邦，刘邦明天就会擒你。”

钟离眛以为韩信这样精明的人必然知道其中利害。但是韩信却对此无动于衷。

钟离眛长叹一声，说：“我看错了人，不该来投靠你！”

钟离眛说完，拔剑自刎而死。

韩信令人割下钟离眛的头装敛起来，准备献给刘邦以推卸自己的责任。

到了约定之期，刘邦忙从洛阳摆驾到陈地，安排好天罗地网，专候韩信。

韩信只带几个心腹，拿着钟离眛的首级，到陈地去拜见刘邦。

韩信进帐，对刘邦行礼！

只听见刘邦大喝一声："拿下！"

话音未落，旁边闪出一群如狼似虎的武士，刹那间，韩信这位百战百胜的大军统帅，被数条绳索捆个结结实实。

韩信大呼："皇上擒我，我有何罪？"

刘邦缓缓地说："有人告你谋反！"

韩信双目微闭，也缓缓地说："狡兔死，走狗烹；飞鸟尽，良弓藏；敌国破，谋臣亡。项王已死，我固该烹。"

刘邦听了也觉得自己有些过分，心里不是滋味，又怕别人说自己不仁义，就红着脸说："我不是无情无义的人，只不过我听说你要谋反，我不得不这样做。"于是，将韩信押进囚车，带到了洛阳。

刘邦听从陈平之计，智擒了韩信，带回了洛阳，颁发诏令，大赦天下。皇帝大赦天下，是因为有天大的事，而今抓了韩信，刘邦也大赦天下，可见他把韩信看得何等重要。刘邦不是不想杀死韩信，但是韩信对于汉朝的建立，实在是功劳太大了。这样做，恐伤天下人之心，特别是那些开国功臣之心。

刘邦抓了韩信，大夫田肯和刘邦谈话，刘邦听出了其中意味。

田肯说："皇上一下子就治服了韩信，三秦大地如握掌中。秦国故地山高险固，虎踞龙盘，东出威慑诸侯，犹如高屋建瓴，秦地两万之兵可阻诸侯百万之师。还有齐国之地，东有琅琊、即墨的富饶，南有泰山险固，西有黄河天堑，北有渤海之利，方圆两千里，也是英雄所居之地，齐国两万之兵可敌诸侯 20 万之师，这就是人们常说的东西二秦之地。大王亲自镇守关中，而那东齐之地，如果不是自己的亲子亲弟，千万不能叫他当齐王。"

刘邦听了田肯的话，连连称"善"，"赐黄金五百斤"（《史记》语），但是他细思田肯之语，内中似乎含有求赦韩信之意。

韩信的功劳主要有三大方面：一是平定三秦，二是平定魏、代、赵、燕、齐，三是垓下灭项羽。田肯在这一席话中，主要讲述秦地、齐地形势地貌，暗中含有告诉刘邦不要同韩信太过不去的意思。

如此过了十多天，刘邦下诏将韩信降为淮阴侯，把楚地分为两国，淮东号为荆地，封堂兄刘贾为荆王；淮西仍称楚国，封少弟刘交为楚王。齐地自改封韩信为楚王后，一直未封，刘邦封其外庶子刘肥为齐王，任命曹参为相；代地自陈余死后，一直未封，封二兄长刘仲为代王。刘邦于是大封功臣。

受封功臣，大部分都认为自己的爵位应该更高一些，俸禄应该更多一点，尽皆心怀不满。但是心中最不满的，自然数韩信。但是韩信只有"日夜怨望，居常怏怏，羞与绛（周勃）、灌（灌婴）等列"（《史记》语）。

司马迁《史记·淮阴侯列传》说：

> "假令韩信学道谦让，不伐己功，不矜其能，则庶几哉，于汉家勋可比周、召、太公之徒，后世血食矣。不务出此，而天下已集，乃谋叛逆，夷灭宗族，不亦宜乎！"

韩信自从被贬为淮阴侯，心中时时闷闷不乐。刘邦大封功臣之后，虽然被封之人大都认为自己应该封赏更多一些，爵位更高一些，但是心理最不平衡的自然是韩信。许多封侯战将，曾是他的直接下属，而今与这些人平起平坐，心中自然不平。

其实，事到如今，韩信应该想开些，再想开些，不妨学学张良，虽然不至于去辟谷，去修炼气功，也可以对名利淡薄一些。你的本领就是打仗，现在天下已经太平，你应该有些自知之明。可是韩信他心里时时闷得慌。

一日，韩信在家无聊，外出散心，不期路过樊哙府门。

樊哙知道，慌忙迎接，说："大王肯亲临臣家，蓬荜生辉，荣幸之极。"

其实樊哙也是爵封舞阳侯，与韩信一般。

韩信只得进门答礼,小坐片刻,辞别而行。樊哙的跪拜迎送,让韩信感到一种羞耻难忍,长叹一声,冷笑着说:"生乃与哙等为伍!"(《史记》语)。从此以后,韩信更加深居简出,羞与诸将见面。

韩信是汉初三杰,文武全才,性格孤傲,虽然遭贬,本性难移。

一日与刘邦闲谈,品评诸将才能,韩信心目中的确瞧不起几个人。

刘邦见他对诸将大都不以为然,就问:"将军看看我能够统率多少人马?"

韩信随口说:"皇上最多能够率领十万兵马!"

刘邦说:"将军又能率领多少呢?"

"多多益善!"

刘邦反问:"将军如此善于带兵,为何被我所擒?"

韩信说:"皇上不能统兵,但是善于驭将,因此我才被皇上所擒。况且,皇上的所作所为,都是上天的旨意,不是人的力量可以办得到的!"

韩信奉承刘邦,希望给刘邦一些好感。但刘邦根本不想重用韩信,所以韩信说了也是白说。

汉七年(公元前200年),代王刘仲弃国逃回,刘邦大怒,贬为郃阳侯,封自己宠爱的儿子如意为代王,由于如意只有8岁不能镇守,刘邦令心腹陈豨为相代往镇守。陈豨是刘邦心腹,并带500人随刘邦入关,并在韩信手下为将,得到韩信信任。其实,他不过是勇夫,缺乏大将之才。陈豨受命,特往韩信处辞行。

韩信此时已经郁闷日久,怨气化为恨意,只是可惜自己是没翅的鸟,没箭的弓,一个猛虎被关在笼子里。陈豨来了,韩信暗中高兴。

陈豨对韩信说:"我奉命前往代州镇守,特来拜会大王,欲求良策,望不吝赐教!"

韩信屏去左右,长叹说:"将军镇守代地,击退匈奴,大功告成,与破楚之功相比,谁大谁小?"

"镇代地退匈奴，一将之小功而已！大王破楚之功，元勋开国之基业！怎么能够以大小而论？"

"我有如此功劳，一旦被诬废置不用，朝为王公，暮为匹夫。将军成功回来，又将是个什么样子呢？"

"望大王明白教我！"

"将军所去代地，历来就是天下精兵良将聚集之所，正好趁此机会图谋大业。将军是皇上亲近大臣，如果有人说你谋反，皇上一定不肯相信，第二次报你谋反，皇上会产生怀疑，得到三报，皇上必然大怒，亲自带兵征讨。那时，我为内应，两下夹攻，天下可图。此机决不可失！"

陈豨知道韩信用兵如神，忙答应道："大王之教诲小臣牢记心里。"

汉九年（公元前198年），刘邦贬赵王张敖为宣平侯，又把赵地分封给代王如意，改称赵王，而由陈豨单独镇守代地。

陈豨是宛胸（今山东荡泽西南）人，曾带500人跟着刘邦入关，又曾跟着刘邦平定过燕，是一个有勇无谋之辈。他到了代地，按照韩信的教导，招兵买马，网罗死党。他羡慕信陵君魏公子无忌，养了不少食客，不过大多是豪商巨贾，流氓无赖。

汉十年（公元前197年），陈豨终于与韩王信、王黄等相互勾结，起兵造反。刘邦率兵亲征，朝中政事，内委吕后，外托萧何。韩信听说陈豨起兵造反，欣喜异常，托病不跟刘邦北征，而在都中加紧准备策应陈豨。

汉十一年（公元前196年）一月，韩信看到时机已到，一面暗中遣使联络陈豨，一面与家臣商议准备夜间诈称赦免诸官奴仆，发兵围攻吕后和太子。此时，韩信打听到陈豨屯兵曲阳，心中难免吃惊，认为陈豨应该拒邯郸阻漳河才是上策。

史书记载，刘邦带兵到了邯郸，听说陈豨屯兵曲阳，高兴地说："陈豨不据邯郸阻漳水，吾知其无能为矣。"

韩信急派一位心腹带上密信，叫陈豨派精兵抄小道直取长安，他做内应，让刘邦首尾不能相顾。韩信的这位心腹出城，韩信有一家臣谢公著设酒为他送行，两人饮酒，不觉沉醉。

谢公著至晚方回。

韩信责问道："一日不见，你干什么去了？"

谢公著乘着酒兴说："我又不曾里通外国，有什么好干？"

这本来是一句毫无意义的酒话。韩信一听，心中却吃惊不小，急忙叫人扶谢公著进入房内安歇。

谢公著五更酒醒。

其妻说："你昨晚归来，侯爷十分怪你。你口出狂言，太不成体统。"

"我说什么了？"

"你说：'我又不曾里通外国，有什么好干？'侯爷吃惊入内，夜间议论说要杀你。你急早逃出，或许可免一死。"

谢公著听说，早是一身冷汗，准备行李，偷偷逃了出去。谢公著边走边想，但也不知逃到哪去。他认为：不如将此等机密报告丞相萧何，只有害了韩信，我才可以活命。

谢公著自去告密。

韩信早上起床正想查问谢公著之事，但是已经逃走，也不知何处去找，只得随他去了。

萧何近日正得刘邦手谕，叫他小心韩信。谢公著把他的所见所闻详细告诉萧何。萧何觉得事关重大，即带着谢公著去见吕后，备言前事。

吕后是个有胆识有心计的女人，自从当上皇后，总想做些惊天动地的大事，听了此事，心中难免吃惊，忙与萧何商议对策。

萧何想了好久，献计说："此事不要再提，先将谢公著藏在我家，明天差人到大狱之中，择一个与陈豨模样相似的死囚斩首，令人出城望北行走一程，然后再入长安，说皇上已杀陈豨，先将首级号令关中。群臣听说，定来贺喜。韩信必来庆贺，因而擒拿，任凭娘娘处置。"两人密计已定，自去施行。文武群臣听说刘邦西征大捷，都来萧何相府，商议入朝庆贺之事。

萧何说："诸位一起会齐，约韩信一同入贺。韩信官位与大家相同，只不过是暂时废置，皇上回来仍要加封。他是开国元勋，理当受到特别敬重。"

诸人听了萧何之言，就去邀约韩信，将萧何之言告诉韩信。

韩信听到众人之言，暗中思忖，想来萧何知道底细，皇上回朝定有加封之意。与众人相约，明日一起入朝庆贺。

次日韩信同众大臣入朝称贺，礼毕。

吕后说："众臣先退，萧丞相和留下淮阴侯入后殿，有密事相商。"

萧何急忙下殿，邀韩信入内。萧何在前面走，韩信在后面跟。突然一转弯，涌出一群武士一下子将韩信擒住，立即捆绑起来，押到长安殿中。韩信回头四顾，只见吕后高坐在上，哪里还有萧何的踪影。

韩信大叫："我有何罪？娘娘缚臣！"

吕后说："你为何勾结陈豨谋反？如今差人送去密信，叫陈豨偷袭长安，你为内应！此等阴谋，天地鬼神难容！"

韩信说："有何证据？"

"你家臣谢公著首告在此！"

"谢公著诬告下臣，娘娘不可听信！"

"你与陈豨书信尚在这里，你还有何话说！"

韩信本想申辩，吕后岂容他多说，喝令武士将他推入钟室杀死。瞬息之间，百万大军的将领，马上就要身首异地。

韩信自知绝无再生之理，仰天长叹："我悔不听蒯彻之计，而今反被女人所诈，实在是天意！"

韩信被擒，在长安宫钟室被立即处斩，夷其三族。

后人议论萧何说："当初萧何三荐韩信，月下追将，方得登坛拜将，何等敬重！当谢公著密报谋反时，也应该在吕后之前陈述：韩信开国元勋之功，留其子孙，方显得是个忠厚长者。反而设谋擒信，夷族之时，一言不发，缺仁义如此！"

至今流传着这样一首诗：

> 萧何胸中智略多，萧何三荐定山河。
>
> 岂知勋业反成怨，成萧何败也萧何。

至今尚有一句叫做"成也萧何，败也萧何"的话，其源就出于此。

韩信就这样身死家灭，令后世之人有许多议论，至今流传着这样一副对联：

> 生死一知己，
>
> 存亡两妇人。

韩信的生死全在于萧何一人，萧何是他的"知己"，又是他的索命神；韩信的存亡又全在他曾乞食的漂母和吕后这两个"妇人"的一念之间。

韩信死了，刘邦消灭陈豨归来，喜忧参半，忙问吕后韩信临死前说了些什么。

他以为韩信会骂他忘恩负义之类。

吕后说："韩信说他只恨没有采纳蒯彻之计！"

刘邦说："蒯彻是齐国的一个能言善辩之士。"于是令曹参逮捕蒯彻。

不久，曹参亲解蒯彻来到长安，刘邦亲自审问："是不是你唆使淮阴侯韩信谋反？"

蒯彻说："是，我全力劝他乘势独立，可是这小子不听我的话，忠心耿耿，乃至今天被杀头灭族。如果这小子不是如此愚忠迂腐，听从我的计策，皇上杀得了他吗？"

刘邦大怒，喝令："烹死他！"

蒯彻大呼："烹我实在太冤枉！"

刘邦说："你策动韩信谋反，罪恶超过了韩信，烹杀你，有什么冤可喊？"

蒯彻说："秦失其鹿，天下共逐，德贤才高，拥有天下，诸侯并起，英雄辈出，谁知天下归谁？盗跖的狗照样咬尧舜，难道是尧舜不贤不德吗？犬为其主，非主即吠，有何奇怪？那个时候，我只知道韩信，不知道皇上。如今天下虽然已经暂时平定，但是天下企图当皇帝，做王侯的人还会少吗？只是力量不足而已，大王能烹完这些人吗？其他人不烹，只烹我一人，这怎么不冤呢？"

刘邦一听，哈哈大笑："你果真能言善辩，我赦你无罪！"

韩信出身贫寒，寄食于人，受辱不怒，素怀大志。跟随贵族出身的项梁、项羽，由于自己的出身和经历，虽有奇谋妙计，但是一直不得重用。项氏集团智囊范增十分器重韩信之才，屡次向项羽推荐，可是刚愎自用的项羽始终不肯重用韩信。后来经过张良、萧何、夏侯婴等人的鼎力推荐，直到萧何月下追韩信，刘邦才被迫使用。韩信的军事才能因此得到了充分发挥。

公元前206年，韩信"明修栈道，暗度陈仓"，闪电似的平定三秦大地，为刘邦打下了争夺天下的根据地。

公元前205年，刘邦被项羽在荥阳杀得大败，韩信带兵阻击项羽，形成楚汉相峙局势。韩信采用声东击西之策，采用木桶渡河之法，大败魏王豹，占领魏地。

公元前204年，韩信平定代地之后，以少数兵力，在井陉背水列阵，巧出奇兵，一朝之间破赵国20万大军，平定了赵国。

公元前203年，韩信利用闪电战术，奔袭齐都临淄，赶走齐王田广。接着又采用诱敌深入，水淹敌军之计，斩杀楚国名将龙且，大败齐、楚联军，占领齐国大片土地。

公元前 202 年，韩信率领 50 多万大军，设下十面埋伏之计，在垓下彻底战败项羽，为刘邦打下了天下。

韩信攻无不克，战无不胜，善打硬仗，打奇仗，是中国历史上一位不可多得的杰出军事家。

但是韩信性格桀骜不驯，自以为是，贪功恋爵，不惜用郦食其的生命作为代价，奔袭齐都，以求全功；占领齐地之后，挟重要赏，胁迫刘邦封他为齐王；刘邦撕毁鸿沟盟约与项羽大战败于固陵，韩信迟迟不出兵救援，直到刘邦被迫封他为齐王后，才出兵破楚。这一系列行为举止，难免引起刘邦的害怕，所以破楚之后，刘邦的第一要事就是削去他的兵权，改封他为楚王。韩信对于刘邦夺兵改封，心里自然明白，但是他尚能委曲求全。可是刘邦对他最不放心，寻机贬他为淮阴侯，带在自己身边，以免他生出其他野心。此刻的韩信不思退身自保，而是由怨到恨，企图孤注一掷，东山再起。但是他所依靠的陈豨不过是一个无能之辈，所以他的灭亡也只是迟早的事情。更兼一个偶然机会，韩信家臣首告韩信谋反，他大意失荆州，被萧何和吕后密计擒杀。

韩信的根本失误在于，从性格上看，过于自信：自信为刘邦立下不世之功，刘邦无论如何不会夺去他的齐王之位，所以他坚决不反刘邦，不听蒯彻、武涉的劝告；自信萧何会时时照料他，贸然进宫，结果被吕后所算。从谋略上看，他缺乏长远性和一贯性：如果他要久保刘邦宠爱，那么，他不应该利用郦食其作为代价，贪功去奔袭齐国；如果他要永远跟着刘邦干下去，更不应该胁迫求赏，封为齐王……由于前后不一致，没有长期打算，所以经常变来变去。谋略非常强调时机，时机往往是转瞬即逝。他被贬为淮阴侯，感到没有重用的可能之后才想到造反，并且依靠的却是陈豨那样的人，岂不是以卵击石吗？既然机会已经失去，如果他知足常乐，自然不会引来杀身之祸。说实在的，韩信本来不会造反，完全是刘邦逼出来的；刘邦本来不会杀韩信，完全是韩信自作自受。

不过，韩信的谋反，历来受到人们的怀疑。

韩信拥有三齐大地之时不反，兵权在手之日不反，当楚王的时候不反，而今竟去因为一个匹夫陈豨而反，大大令人怀疑！韩信的能力和眼光，难道看不出陈豨是何等人？所以韩信被诛，主谋是刘邦，刽子手是吕后，帮凶是萧何，完全是一桩冤案。

刘邦诛韩信，不是韩信有罪，而是韩信对他构成了一定的威胁。不过刘邦也不会没有证据就杀了韩信，于是吕后充当刽子手，萧何在旁边帮凶，韩信身首异处。事情办了，却不是自己办的，后人只会骂吕后残忍，萧何忘义，却不会把账算到刘邦头上。

韩信之所以被杀，就是因为他的绝世军功和才华。吕后担心刘邦死后韩信篡位，汉十一年（公元前196年），吕后和萧何诱捕韩信，以谋反罪名杀之。其实萧何这样做也是迫不得已的，据说萧何还留下了韩信的后代。

现在当地人还传说，因为韩信功大，刘邦曾许下韩信"见天不死、见地不死、见刀不死"，也就是说，无论什么事情都可以免死。因此，吕后等在杀死韩信时，就把他吊在钟室中，钟室四周用布遮上，再用竹片将他戳死。据史书记载，韩信死后，葬于今陕西灞桥区龙王村。1998年文物普查时发现，墓前有清代陕西巡抚毕沅所立碑石，记为"汉淮阴侯韩公信墓"。

第二节 萧何入狱

萧何是汉初三杰之一，是刘邦的一位股肱大臣，忠心耿耿，可是，就是这样一个萧何，却经常受到刘邦的怀疑。对君主而言，似乎所有的人都要防范。

沛、丰起义，萧何跟着刘邦出谋划策；进入关中，萧何不失时机地做了许多刘邦没有做到、甚至是没有想到的事情；退守汉中，萧何月下追韩信；平定三秦，萧何当上了刘邦的后勤部长，他稳定了后方，输送军粮、兵源……刘邦夺得天下后，萧何管理国家，计杀韩信……

可是刘邦连对他最忠心的人都不放心。

汉十年（公元前197年）七月，刘邦听说陈豨造反，御驾亲征。战事正在紧张进行，淮阴侯韩信谋反关中，吕后采用萧何之计，诛杀韩信。刘邦听说韩信被诛，立即派使者拜萧何为相国，加封5000户，下令增加500人作为相国卫队，并令一个都尉率领。朝中文武皆来祝贺，庆祝萧何高升。

萧何的一个食客叫做召平的人看出了刘邦的用心所在，忙去给萧何出主意。

这位召平，是原秦国的东陵侯。秦国灭亡之后，沦落为一个平民百姓，生活无着，只得在长安城东种瓜为生。召平很会种瓜，人们把他种的瓜誉之为"东陵瓜"。萧何听说他有贤才，授以掾属之职，大概是搞人事工作，实际上是一位幕僚。

召平在一片赞歌声中，忙私见萧何。

萧何问："足下何事？"

召平说："丞相可知大祸将要临头？"

"你怎么突然说起此事？"

"丞相怎么不细细思量一下，皇上御驾亲征，顶风雨，冒严寒，时刻都有生命之危，而丞相镇守关中，可以说是过着清闲日子，无刀箭之险，无严寒之苦，而皇上还加封您为相国，增加您的卫队，加封您的食邑，这是为什么呢？"

"这是为什么呢？"萧何来不及多想。

召平说："淮阴侯韩信新近在都中谋反，因此对您也产生了疑心。皇上赏赐卫队，名义上是对您的宠爱，而实际上是为了防范您。希望丞相推辞不受，赶快拿出自己的家产去充军费，这样或许可以转祸为福，取悦皇上。"

萧何觉得召平的话很有道理，急忙上表辞封，拿出家产充当军费。刘邦果然大喜。

汉十二年（公元前195年）秋，英布造反，刘邦不得不带病亲征。刘邦数次派使询问萧何，镇守关中准备做些什么。萧何上表回奏，声称就像刘邦平定陈豨时一样，安抚百姓，稳定关中，搞好后勤供给。

刘邦自从杀了韩信之后，接着又杀了彭越，而今又去征讨英布，心中是十分恐慌的。韩信、彭越、英布，号称汉初三大将，刘邦最怕他们造反，所以设计诬杀了韩信和彭越，这两人都是束手就擒，刘邦有惊无险。但是如今英布拥兵造反，他怎么不忧心忡忡？

史书明文记载：连生病在家的张良也亲自赶到灞上送行，并且告诫刘邦千万小心，刘邦本来有病，想叫太子刘盈带兵征讨，但是吕后又哭又闹，声称刘盈绝对不是英布对手云云，吕氏此说虽然另有目的，但是客观上却是绝对正确的，这是为事实证明了的。

刘邦紧握张良之手，恳请张良为太子少傅，协助叔孙通辅佐太子。刘邦又采纳张良建议，给太子刘盈配备了一支强大的卫队。刘邦的这些举动，又被萧何手下食客看出了其中奥妙。

食客对萧何说："相国知道吗？您已经离灭族不远了！"

萧何本来忠心耿耿，忙说："这又是为什么呢？"

食客说："您身为相国，名列功臣首位，皇上还能够加封您吗？"

"不可能了，我已经贵极人臣了！"

"相国自从入关以来，十几年来深得民心。这种情况随着皇上杀功臣而有增无减。关中之民尽皆归附相国。皇上这次带病亲征，对手是英布这样的劲敌，连留侯张良这样的人物都感到形势十分严峻，带病出来辅佐太子。皇上屡次派使询问相国，就是怕您深得民心，功高震主，一旦有甚异举，关中必然震动。臣下为相国计议良久，相国最好侵民自污，压价多购强购百姓土地，用这种方法失去民心，皇上心中才会感到后方安稳，才会消去疑心！"

萧何越想越怕，万不得已，依计而行。刘邦听到萧何侵民，果然十分高兴。

刘邦平定英布之后，还放心地回到故里，上演了一幕"高祖还乡"的喜剧，才悠然自得地驾返长安。刘邦在路上时，关中百姓挡路拦道告御状，纷纷控诉萧何强行压价和强占他们的土地。刘邦乐滋滋地回到宫中，萧何立即去拜谒。

刘邦喜上眉梢，说："如今相国这样替我镇抚关中百姓？"说着把百姓的状纸递给萧何说："你给我自己去向百姓交代！"

萧何叩头请罪，回到相府，立即召来百姓，愿卖的立即补足余钱，不愿卖的，如数退还土地。关中百姓三呼万岁，盛赞皇帝英明。刘邦听说此事，欣喜若狂。萧何本来不愿意如此行事，但是为了消除刘邦疑心，不得不吞下这杯苦酒，不得不自毁名声。

刘邦当时是不是真的怀疑萧何，似乎难以定论。但是从紧接着发生的一件事情上看，刘邦忌恨萧何笼络民心，应该是毫无疑义的。

刘邦平定天下之后，为了收买民心，曾经下令关中百姓进入皇家猎场耕种。可能因为令虽下，百姓尚未开垦；也可能是后来又下令收回；因为史书没有明文记载，所以只好存疑。但是萧何受罚与此有关。

萧何看到皇家猎场中有许多空地，为了安抚百姓，保证国家安宁，给刘邦上了一道表章说："长安地区人多地少，皇上林苑中有许多空地，白白撂荒，实在可惜。叩请皇上开恩，准许百姓入苑耕种，一可多收粮食，养活百姓，二可收获禾秆，供给军队和禽畜草料。"

刘邦看表，无名火起，不禁勃然大怒："相国受人收买，要来耕种我的猎苑，罪不可赦！"

刘邦"乃下相国廷尉，械系之"（《史记》语）。用今天的话说，就是下令将萧何依法逮捕，送交法庭审判。

萧何被捕，关在牢中尚且"械系"，朝野震动，喊冤之声不绝。

一个卫尉，姓王，趁在刘邦身边值勤的时候，走上前去问刘邦："相国到底犯了什么大罪？如此年老之人，关在狱中还枷锁不离身？"

刘邦说："我听说李斯为秦始皇丞相，有善事归于皇上，有错处归在自己头上。如今萧何身为相国，私受百姓贿赂，上书要耕种我的猎苑，企图因此取媚我的百姓，所以我依法将他治罪！"

王卫尉说："相国为民请命，请求开放猎苑让百姓耕种，这正是相国分内之事。皇上怎么还怀疑相国受人贿赂呢？皇上与项羽苦战多年，近年征伐陈豨、英布，相国长期镇守关中，只要他一动手脚，关中之地就不是皇上的了。相国不贪图天下，还会贪图百姓的针尖余铁吗？天下怎么会有如此之事？秦始皇文过饰非，因此很快亡国，这里难道没有李斯的过错？这有什么值得效仿？皇上怎么会这样小看相国？相国忠心，天下尽知！"

刘邦听了，自觉心中有愧，思考一会儿，派使下诏将萧何释放。

萧何年老，又被械系多日，身心备受伤害，但是身为臣下，既然开释出来，少不得还要入朝谢恩，萧何向来遵规守矩。

刘邦见到萧何，怏怏地说："相国去休息吧！相国为民请求耕种猎苑，我不答应，我不过是桀、纣那样的暴君，而相国你才是贤相。我之所以械系相国，就是让天下百姓知道我的过错。相国先去休息吧！"

经过这一番折腾，萧何只有更加死心塌地。而其他心怀叵测的大臣，见连萧何都免不了受到严惩，哪里还敢有非分之想！

第三节　收拾诸王

刘邦当上皇帝之后，最怕的事情就是功臣谋反。他下面的功臣，有的是真谋反，如英布，有的是假谋反，如彭越。汉初三将，韩信、英布、彭越都死在刘邦的屠刀之下，这些行为，虽然有失磊落，但是对于巩固政权是有好处的。

汉五年（公元前202年）十月，刘邦听说臧荼造反，不问青红皂白，立即兴兵，御驾亲征。臧荼慌了手脚，只得兴师抵抗。燕军厌战，数量上也远不及汉军，只几次交锋，臧荼被擒，被刘邦下令枭首示众，其子臧衍化妆逃往匈奴。

刘邦平定燕地，又私爱他的儿时伙伴，与刘邦同年同月同日生的卢绾，决定封卢绾一个燕王。但是卢绾战功平平，要封他又没有理由，刘邦只得暗示左右，让众官推荐，乘机封了卢绾。

消灭燕王臧荼是刘邦消灭异姓王的演习，但是他还不能太早表现出翦除异姓王的姿态，所以封了卢绾为燕王。

臧荼早不反，迟不反，刘邦当了皇帝就反，未免有"听人说"的嫌疑。但"听人说"却是个极妙的高招，刘邦就用"听人说"的方法翦除了不少异姓王，连自己的女婿也不放过！

公元前200年，刘邦北征韩王信，白登山被围，虽然解围而回，但却无功而返。途经曲逆，刘邦把这座他认为可以与洛阳媲美的城封给陈平，作为对他的奇谋的报答。接着向赵国进发。

赵王张敖是张耳之子，与刘邦既为君臣，又是翁婿。张耳与刘邦是老熟人，张耳在世之时，刘邦亲口将与吕后生的长女鲁元公主许配给张敖。当时，张敖尚未跟鲁元公主成婚，但是也以对待老丈人的礼节来对待刘邦。可刘邦却十分傲慢，对张敖十分无礼，激怒了赵王手下的人。

赵相贯高、赵武，都 70 多岁，是张耳旧臣，生平最讲礼节，看到这种情况，心中十分愤怒，刘邦大驾刚一启程，他们就一起去见了张敖。

贯高说："天下豪杰并起，能者为王。如今大王侍奉皇上礼节如此恭敬，而皇上如此粗俗无礼，我们决心为大王报仇雪恨！"

张敖一听，大惊失色，咬指出血，向天起誓，告诫众臣："你们怎能说出这种话？先王已经亡国，全仗当今皇上才得以复国，子孙后代坐享清福，一丝一毫全是皇上之力。我希望你们不要再说这样的话！"

张敖的话，实在是肺腑之言，张敖之所以有今天，的确也是靠的刘邦。但贯高等人并不为此而认同张敖的想法，他们见张敖态度坚决，就私下商议："我们的赵王忠厚，不是忘恩负义之辈。但是我等义不受辱，今皇上辱我们赵王，我们要杀死他。如果大事成功，大功归王；如果事情败露，我们自己承担责任。"

于是贯高等人私下收买了杀手，准备伺机刺杀刘邦。

汉八年（公元前 199 年）冬，刘邦听说韩王信余党勾结匈奴入掠边境，带兵亲征，刚到东垣（今河北正定县南），匈奴撤退，刘邦只好引兵回京，路过

刘 邦

赵地。

赵相贯高等人认为机会到了，将刺客藏在厕所壁中，伺机袭击刘邦。

张敖率赵臣殷情接待，刘邦准备就绪。刘邦刚刚进入行宫，心中忽然觉得不安，似乎有不好的预感，忙问："这个县叫什么名字？"

随行人员忙答："柏人！"

刘邦心想柏人，迫人；迫人，迫于人也。这个地方不吉利，不适合长久居住。于是立即下令车驾启程，离开这个地方。

刘邦此举，可谓灵机一动。"柏"跟"迫"本来没有必然的联系，但是刘邦凭一种感觉，或者说第六感官的作用，免去了一场灾难。

不久，张敖与鲁元公主成婚，赵相贯高的仇家不知从什么地方知道了贯高、赵武等人谋刺刘邦一事，告到了刘邦那里。

刘邦见风即雨，立即下令捕张敖、贯高等一干人等。皇使奉令到赵，宣读皇上圣旨，赵武等人一听，急忙拔剑在手，准备自杀而死。

只听贯高一声大吼："谁叫你们这样干？赵王从未参与，而今并捕赵王，大家都死了，谁去辩明这不白之冤？"

贯高一说，各位如梦方醒，束手就擒。

赵王张敖并贯高一行人等被装进囚车里，途中不得打开。刘邦旨令，不准张敖群臣宾客跟着张敖进京，违者灭族。刘邦要置张敖于死地，唯恐这些人替张敖出谋划策。贯高家客孟舒等十余人，自己剪去头发，戴上铁钳，装成赵王张敖家奴，随囚车一起到京城。

张敖一行到长安，各自监押。《史记》只载审理贯高，其他人都没提到，上面大体记载：

> 贯高至，对狱，曰："独吾属为之，王实不知。"
>
> 吏治榜笞数千……身无可击者，终不复言。

鲁元公主见到丈夫被捕，从赵国赶到长安找吕后求情。吕后探知贯高供词，多次去劝刘邦，说："张敖是咱们的女婿，不会干这种谋反的事。"

这个时候的刘邦，一心只想着如何稳固自己的大汉王朝，哪里还顾得上女儿女婿的这层关系。见吕后来劝，发怒说："真是妇人之见！如果张敖夺得天下，难道还会少你一个女儿！"下诏廷尉严审，暗示要定赵王刺杀皇上并且犯有谋反之罪。

廷尉又对贯高严刑拷打，但是贯高宁死不肯攀咬张敖。不得已，廷尉只得具实禀报刘邦。

刘邦说："谁与贯高关系比较好，可以到狱中探视，借机探明其中隐情。"

中大夫泄公说："我与贯高是同乡，素知他的为人，多年侍奉赵王，以义立身，讲求信用，是一个难得的君子。"

刘邦随后下令，让泄公去狱中探视贯高。

泄公到了狱中，只见贯高僵卧着一动不动，形同死尸，体无完肤，惨不忍睹。泄公叫了他几声，贯高才有知觉。

贯高仰视说："泄公吗？"

泄公说是，表达了慰问之情，就与贯高细细谈心，问他刺杀刘邦一事是不是赵王张敖指使。

贯高这个人不仅正直，还很有骨气，不肯因为自己受罪，被严刑拷打就随便出卖赵王。他有气无力地说："人之常情，难道不怜爱自己的父母妻子儿女吗？如今我的三族都犯了死罪，难道为了保护赵王而葬送我的父母、妻子、儿女吗？赵王实在没有参与此事，全是我们下人所为。"

贯高详细地将此事的来龙去脉说了一遍。

泄公把详情报告了刘邦，刘邦才赦免了张敖，将他降为宣平侯，而将代地、赵地合为一国，封给他的宠子刘如意，号为赵王。

就这样，刘邦又凭着一个"听人说"，罢免了一个异姓王。

贯高等人刺杀刘邦之举，本由刘邦而起。刘邦动不动就骂人，对人怠慢，似乎是一种习惯，这种习惯正是他这种人的本性。

刘邦这样一位"老粗"，真是那样"粗"吗？恐怕未必！刘邦用这种方式收拾张敖，恐怕是早有用心，否则无法解释"柏人"脱险！

这不失为一计！

历代之人都评价刘邦无礼取祸，贯高小忠陷主，其实恐怕未必，谁又明白刘邦的真实意图呢？

再说彭越。

彭越是刘邦三大将之一，为刘邦争夺天下，长期坚持敌后作战，截断项羽粮道，焚烧楚军辎重，垓下一战，出兵相助，功虽不及韩信，但是功不可没。自从张敖被贬，韩信被擒，他也是一个聪明人，时时注意，处处小心，生怕有朝一日祸从天降。

陈豨谋反，刘邦下令彭越出兵相助。但是彭越怕重蹈韩信覆辙，只派属下率兵到邯郸帮助刘邦，自己装病不去。刘邦心怀不满，遣使责备。彭越害怕，准备亲去谢罪。

他的部将扈辄劝告说："大王开始的时候不去，而现在又去，岂不是自投罗网。与其束手就擒，不如起兵自立。"

彭越认为自己有大功，刘邦待他也不薄，自己又无反心，不听部将劝告，但由于韩信被斩，非常害怕，只好继续装病。

彭越手下有一太仆，私下知道彭越与扈辄说的那些话，自此渐生骄横，得罪了彭越。彭越准备治他的罪，太仆乘机去长安密告彭越与扈辄谋反。刘邦立即派特使持诏捕捉彭越。彭越毫无防备，被捉拿归案，送到洛阳。刘邦立即下令廷尉王恬开庭审理。

王恬一审，就知道了其中的原委，上奏刘邦说："彭越不听扈辄的计谋，无意叛汉，罪在扈辄；但是彭越不杀扈辄，已经显示出叛汉的兆头，应该依法治罪。"

刘邦怕彭越，就是怕他手中的兵，如今彭越成了阶下囚，就无异于一只没毛的鸡，没翅的鸟。刘邦担心再杀大功之臣，引起臣民不安，所以也像处理韩信一样，暂时留他一条性命，下令贬为庶民，发往蜀地当平民。

彭越落此下场，蒙受如此不白之冤，难免伤心落泪，但是他已经是俎上肉，只得向西而行。

到了郑地，正逢吕后从长安来洛阳，彭越以为遇到救星，忙拜倒路旁，哭诉自己的冤情。

吕后是一个心胸十分狭窄的人，自从诱杀韩信之后，自以为立下了不世之功，去了一个后患。听说彭越被擒，以为刘邦也会像她对付韩信一样，来个杀一儆百。没想到在路上却遇到了彭越。但是她不动声色，满脸堆起笑容，唤彭越同车回洛阳，说是愿给彭越在刘邦面前求情，放彭越回到故乡昌邑去。

吕后到了洛阳，去见刘邦，说："彭越是天下勇士，是又一个韩信。皇上把他降去蜀中，将来后患无穷。与其留下如此后患，不如乘机杀了。我已经把他带回来了。"

刘邦又一次发挥从谏如流的特色，点头称是，叫吕后自去准备。吕后暗中指使彭越家人上告彭越谋反，刘邦一道诏令，彭越又被囚进牢中，仍令王恬审理。

王恬知道刘邦用意，审讯时对彭越说："你本来已经得到一条生路，但是你贪心不足，还想回到故乡昌邑去！如今二进宫，只有死路一条，别无选择。你也是当过王的人，我是奉命行事。与其临死之前受皮肉之苦，不如聪明些，死得有些豪气。"

彭越到了此刻，什么都明白了，只得说："你要我说什么，你写好，我认账完事，不会为难你。"

王恬只用了半日功夫，彭越谋反的宗卷就备齐送给刘邦御览。

刘邦朱笔一挥，毫不费力地写下：斩首，夷三族！

吕后知道后，对刘邦说："皇上向来仁慈，所以谋反之人不绝，像彭越这样的反王，应该将尸体烹成肉酱，分赐诸侯大臣，让他们知道谋反的下场，以禁后人。"

刘邦准奏，下令将彭越斩首，首级悬挂示众，尸体烹成肉酱，并在首级旁悬一告示：有收视者，辄捕之。

彭越被诛，实属冤案！刘邦要扫平异姓诸侯王，他才不管这些！不过刘邦的确很会来事，他自有一套独特的处理这类问题的方法。

彭越的大夫栾布，刚从齐国出使回来，听说彭越已被斩首，悬头示众，急忙准备祭品，前去祭祀彭越。守卫士卒立即逮捕，送交刘邦处理！

刘邦大怒，下令烹杀。如狼似虎的武士，一齐将栾布举起，准备投进滚烫的汤镬之中。

只见栾布回头过来说："我希望说一句话就死！"

刘邦说："你有什么好说？"

栾布说："当年皇上困于彭城，兵败荥阳，受伤成皋，项王之所以不能继续而进，就是因为彭越在后方攻击楚国城池，牵制了项羽力量。那个时候，彭越附楚则汉破，附汉则楚破。垓下之战，如果没有彭越，项羽不会失败。如今天下已定，彭越受封梁王，也想坐享万世之福。却因皇上一次征调，彭王生病不能出征，皇上就怀疑他要反。彭王毫无谋反举动可言，而今却以小过诛杀，我害怕天下人臣人人自危。彭王已死，我活着不如死，请烹了我吧！"

刘邦本来心中有鬼，听了栾布所言，觉得此人又是一个贯高，正好树立一个忠臣像，下令赦免栾布之罪，拜为都尉。

栾布请求刘邦允许他收葬彭越之尸，刘邦顺水推舟，彭越的头才被埋进地里。

司马迁赴《史记》中曾说：

> 栾布哭彭越，赴汤如归者，彼诚知所处，不自重其死。虽往古烈士，何以加哉！

真是令人感慨颇多！

刘邦为了巩固政权，忧心忡忡，又疑心重重。真是"狡兔死，走狗烹！"

下面说英布。

英布是刘邦三大将之一，他为刘邦立下了大功，所以被刘邦封为淮南王，占有九江、庐江、衡山、豫章等地。他对刘邦很忠心，年年进贡，岁岁来朝。《史记·黥布列传》说：（英布）七年，朝陈；八年，朝洛阳；九年，朝长安。

但是，淮阴侯被杀，英布心中恐惧，彭越的尸体被煮成肉酱，遍赐诸侯；使者到了淮南，英布正在打猎，看到彭越肉酱非常恐惧，私下布置兵力，把守边界关隘，以防万一。

只因一件家庭小事，英布又重蹈了韩信、彭越的老路。韩信是家仆上告，彭越是太仆出首，而英布是大夫告密。

英布有一个宠姬生病就医，医家的对门，正好住着中大夫贲赫。宠姬常到医家看病，贲赫想乘机巴结英布，"乃厚馈遗，从姬饮医家"。贲赫此意，纯粹是为了拍英布的马屁，从而得到封官委职的好处，可是哪知拍到马蹄上面，引起了一场轩然大波。

宠姬吃人嘴软，拿人手短，自然明白贲赫的苦心，到她与英布温存之时，顺便称赞贲赫是一个长者。从古至今，男女之事是一个十分敏感的问题，英布因此醋意大发，怒从心起，责问宠姬是怎么知道的。宠姬只好详详细细地说出了事情的原委。

真是不说还好，宠姬越是说明，英布越是怀疑贲赫与宠姬有问题。贲赫知道事情有变，惊恐不已，只得装病。英布更是宁信其有，不信其无，更加愤怒，准备逮捕贲赫问罪。贲赫至此，横下一条心，到长安去告英布谋反。英布听说贲赫已经逃走，立即着人追赶，但是贲赫已经走远，追之不及。

贲赫逃到长安，首告英布谋反，建议刘邦乘英布还未动手之时先发制人。刘邦读了贲赫状纸，召来萧何商议。

萧何说："依我看来英布还不至于谋反，恐怕是仇家诬告。皇上先把贲赫关起来，再暗中派人去秘密考察是否确实。"

刘邦心中很不希望英布叛逆，忙派人去核实。英布得知贲赫告他谋反，被刘邦关押，而汉使来自己这里，倒像侦探，更增加了疑心。真是越想越不对劲，坐立不安，寝食俱废，总觉得自己眼下只有一条造反的路可走了！

英布迫不得已，决定反汉，将贲赫一家灭族。他召集诸将，鼓动说："我跟着刘邦守成皋，定淮南，会战垓下，有大功于汉家天下，可是刘邦近日斩韩信、烹彭越，全不念及开国功臣。如今又听信贲赫谗言，准备杀我。反正不过一死，我决定起兵反汉。刘邦已老，不敢领兵打仗，一定不会带兵前来。汉家诸将，我所惧者，韩信、彭越二人而已；如今二人已死，我谁也不怕。"

众大将跟随英布多年，纷纷支持反汉自立，大概也想弄个开国元勋当当。

刘邦听说英布起兵反叛，下令赦免贲赫，封为将军，立即召集诸将，举行军事会议商量对策。

刘邦说："英布起兵叛逆，当下之急，该如何处置？"

众将都说："皇上立即发兵征讨他。"

汝阳侯夏侯婴说："楚国故令尹薛公十分了解英布，可请他来商量一下。"

刘邦下旨，立即请来了薛公。

夏侯婴问："听说英布叛逆，这件事是真的假的？"

薛公说："英布谋反，我确信是真的。"

夏侯婴又问："皇上封他为王，他有什么好反的？"

薛公说："韩信、彭越、英布，三位一体，如今韩信、彭越皆被杀戮，英布唯恐祸及自身，所以谋反！"

刘邦问："英布谋反，朕当如何？"

薛公说："英布谋反，不足为虑。如果他采用上计，山东之地非皇上所有；他用中计，胜败难以预料；如果他用下计，皇上高枕无忧，英布必败无疑！"

刘邦问："什么叫上计？"

薛公答："英布东取吴地，西取楚地，占领齐鲁，联合燕、赵，拥兵固守，山东非皇上所有。"

刘邦问："什么叫中计呢？"

薛公答："英布东取吴，西取楚，夺取韩、魏，据敖仓之粮草，塞成皋之险阻，胜负实难料定。"

刘邦问："何为下计呢？"

薛公答："英布东取吴，西取蔡，集中兵力在越，自己进居长沙。这样，英布必败无疑。皇上高枕而卧，汉家天下坚如磐石。"

刘邦心中暗暗佩服薛公之论，又问："你估计英布将采用哪一种计策？"

薛公答："必取下策！"

刘邦问："他何以弃上计而取下计？"

薛公说："英布不过是一个骊山刑徒而已，乱世出英雄，因而当上了淮南王。一切谋划都从自身考虑，全然不顾百姓的意愿，一点儿也不会做长远打算，所以说他必出下策。"

刘邦大喜，封薛公为千户，关内侯，立赵姬之子刘长为淮南王。刘邦正在生病，本不想亲征，要让太子代己而行。但是吕后出于保护太子的目的，死缠活搅，刘邦只得御驾亲征。虽然薛公打了包票，但是刘邦仍觉得没有把握，群臣武将也难免担心。像张良这样一心自保之人也亲自出来送行，叮嘱又叮嘱，可见形势的确严峻得很。

英布叛军，果如薛公所料，东击荆地，在高陵杀死了荆王刘贾，尽收其兵，渡过淮河，进攻楚地。楚王刘交率兵迎敌，被英布打得大败，只得弃城逃往薛地（今山东省滕县东南）。英布不攻齐鲁，带兵溯江西进，一切尽在薛公预料当中。

汉十二年（公元前195年）十月，英布大军与刘邦大军在蕲县（今安徽宿县南）相遇。英布看到刘邦亲征，不免吃惊，但是事已如此，不容他犹豫，立即摆好阵势，准备决一雌雄。

刘邦扎营，登高窥敌，见英布部队都是精锐，摆阵列队，与项羽十分相似，刘邦心中厌恶不已，立即率军出阵对敌。

刘邦喝问："你何苦要造反？"

英布心想反正也已经被逼造反，倒不如也去弄个皇帝当当，信口说："我想当皇帝！"

刘邦一听，心中暗叫："好你个小子，果然是要造反！"

随即，两军开战，空前激烈。

《史记·黥布列传》载：

> "遂大战，布军败走，渡淮，数止战，不利，与百人走江南。布故与番君婚，以故长沙哀王使人绐布，伪与亡，诱走越，故信而随之番阳。番阳人杀布兹乡民田舍，遂灭黥布。"

英布的造反，就这样以失败告终。

而后，刘邦下令皇子刘长为淮南王，由于荆王刘贾在英布造反中战死，无子嗣位，刘邦就将荆国改为吴国，立他二哥刘仲之子刘濞为吴王。

最后说说卢绾。

平定英布之后，楚王韩信、韩王信、淮南王英布、梁王彭越、赵王张敖、燕王臧荼，这些刘邦因各种原因而加封的异姓王，都被刘邦横扫干净，全部换上刘家人。除了地方狭小、忠心不贰的衡山王吴芮，建国以后分封的异姓王就只剩下卢绾一人。

卢绾与刘邦关系特殊，同乡同年同月同日生，从小朋友到老朋友，卢绾一直跟着刘邦，可谓情同手足，《史记·卢绾列传》说："虽萧、曹等，特以事见礼，至其亲幸，莫及卢绾。"所以，刘邦病中听说燕王卢绾谋反，气得箭伤迸裂。

陈豨造反的时候，卢绾也派兵攻击陈。当时，陈豨战败，派使者王黄到匈奴求救。卢绾也派使者张胜到匈奴联合攻打陈豨。张胜到了匈奴，以前的燕王臧衍正巧在匈奴，就专门去游说张胜，劝他自保。

臧衍说："你之所以得到燕王的重用，是因为你和匈奴关系不错。燕王之所以至今还没有被刘邦消灭，是因为异姓诸侯不断造反，还没腾出手来。现在你为了燕国，准备尽快消灭陈豨。陈豨被灭，马上就轮到燕国了，你们都要当刘邦的俘虏。你为何不劝燕王不要进攻陈豨，而与匈奴联合呢？这样，燕国才能长存，即使刘邦来攻，燕国也有个依靠。"

张胜私下与匈奴达成协议，劝匈奴协助陈豨攻打燕国。卢绾怀疑张胜联合匈奴造反，上书刘邦说："张胜反叛朝廷，请求诛张胜三族。"张胜从匈奴回来，急向卢绾说明情况。卢绾为了保住自己的燕王，于是又上书刘邦，说反叛之人不是张胜，把张胜家族还给张胜，派到匈奴去做间谍，并派范齐为使去联络陈豨，企图让陈豨与刘邦久战。可是不久，陈豨被刘邦彻底击败，卢绾的这一招险棋出了麻烦。范齐等人私通陈豨的事情就暴露出来。

刘邦还是很相信卢绾的，派人去叫卢绾进京，可是卢绾心中有鬼，只好装病，刘邦又叫审食其和赵尧去接卢绾，并且询问一下卢绾实情。

卢绾更加恐惧，闭门不出，更不用说接待使臣了。

卢绾对左右说："异姓王只有我和长沙王吴芮了，韩信、彭越都被吕后诬陷灭族。皇上有病，大权都归吕后，专门杀异姓王……"

卢绾只好继续装病。

左右之人看见卢绾将倒，树倒猢狲散，纷纷逃亡，卢绾的所作所为渐渐被泄露出来。匈奴有些人逃亡投汉，声称张胜在匈奴为燕王做间谍……

审食其将这些情况上报刘邦，刘邦只得派樊哙率兵攻伐。

卢绾自知不是刘邦对手，带着家属和数千人马逃到长城下，等候刘邦病愈后再去谢罪！可是不久刘邦死了，卢绾没有了归宿，只得投奔匈奴而去，被匈奴封为东胡卢王。

如果说其他的异姓王是因为刘邦猜疑而被冤杀，那么卢绾纯粹是咎由自取。封其他人为王，刘邦往往是迫不得已，而封卢绾为燕王，刘邦是真心实意，出于友情，当然刘邦也知道，卢绾这样的人大概对汉朝江山无甚威胁。

卢绾后来客死他乡，成为异域孤鬼，实为自作自受！

刘邦剿灭异姓王，诛杀功臣，口碑不佳，但是对于汉朝统一，有益无害。但刘邦在消灭异姓王的同时，又企图用分封同姓王的办法来维持统一，事实证明，这样做有害无益，汉代文、景、武帝一直为同姓王的问题所困扰。

刘邦分封同姓王，有两个主要原因：一是传统观念，不封王难以平衡一家人的心理；二是秦亡教训，秦国的灭亡，汉初时期被认为是由于不分封诸侯所致。关于秦亡的教训，这种说法可能经不起推敲，但是当时的人们大都持有这种认识。

刘邦在临死前一年，还专门为秦始皇、楚隐王、陈涉、魏安王、齐滑王、赵悼王等人派户守墓，秦始皇 20 户，其余 10 户。魏公子无忌 5

户。刘邦这是"兴灭国、继绝世"之举。一句话,刘邦所干的一切都是为刘家天下的安宁!

我们再看看刘邦处理季布和丁公的故事。楚人季布本为项羽手下的将领,曾数次逼得刘邦逃亡。

项羽自杀之后,刘邦对季布怨气难消,曾悬赏千金捉拿季布,并扬言谁敢窝藏,罪灭三族。季布无处藏身,于是剪掉头发,自卖于鲁国之朱家府上,成为奴仆。朱家素讲义气,为邻里所尊重,而且胆识大,常解人危难,有侠名。朱家知道此人就是季布,替他置田买宅,还亲自到洛阳去找素有侠义之心的滕公夏侯婴。

朱家游说夏侯婴:"季布有什么罪过!为臣各为其主,这是为人的本分;项羽的人难道能够斩尽杀绝吗?如今皇上初得天下,为了报私仇悬赏千金捉拿一人,怎么能显示出广施仁义呢?况且,季布这样的贤人,如果汉皇追索太急,不是北投胡夷,就是南奔黎粤,这不是把贤人赶到敌国去吗?这是在重蹈楚王逼迫伍子胥后来鞭楚平王之尸的覆辙。公是汉帝心腹之人,何不往说皇上,赦免季布呢?"

夏侯婴认为朱家言之有理,按照朱家的说法去劝谏刘邦。刘邦赦免了季布,召来洛阳,拜为郎中之职,而朱家却从此未见季布,真是一个侠义之士。

第二件事说说丁公。

丁公与季布命运截然相反。他是楚旧将,是季布的同母异父兄弟,是项羽手下的一员勇将。刘邦彭城大败,逃跑途中,被丁公率兵追上。两军短兵相接,刘邦眼看就要束手就擒,急忙游说丁公:"你我都是贤人,何必苦苦相逼,如果放我一条生路,将来必有重报!"丁公因此放了刘邦,好像后来的《三国演义》中关羽在华容道放了曹操一样。后来楚军垓下全军覆没,丁公逃了出来,本想去见刘邦,求个一官半职,但是刘邦向来反复无常,他只得暂且躲藏民间,静观其变。丁公听到季布遇赦授官，心中高兴异常，以为当初放走刘邦一事，实在做得高明，急忙到洛阳，求见刘邦。

刘邦听说丁公求见，下令传入。

丁公趋前而进，伏地叩头，口称下臣。

刘邦勃然变色，喝令卫士捉拿丁公。

丁公大吃一惊，哭诉分辩说："大王难道不记得彭城战中之事吗？"

刘邦说："记得，正因为记得，今天才擒拿你。如果记不得你，季布尚且可以为官，岂不能容你？那时你为楚将，战场放走要敌，这就是对主不忠。在楚你不忠于主上，在汉你难道会忠于朕？不忠之人，留下何用？"

丁公无言以对，只得含泪受死。

刘邦下令卫士把丁公押出宫门，示众军中，告谕上下："丁公为项王臣下，私纵要敌，不忠不义，项王之所以失去天下，就是重用了这样的歹人。后人不得仿效丁公。"

刘邦用丁公的一颗人头，昭示他要臣下忠于皇上的意图。刘邦自起兵以来，网罗天下豪杰，招纳叛将，不可胜数。他手下之人，齐王韩信、淮南王英布，重要谋臣陈平，哪一个不是项羽部下？特别是那个项伯，身为项羽叔父，鸿门宴之前泄漏重大军事机密，使得刘邦屈服项羽，免遭杀身之祸。鸿门宴上，项伯挺身而出，挡住舞剑欲杀刘邦的项庄……项羽战败，项伯来降，刘邦封赏侯爵，赐给刘姓。

而丁公却以不忠之名杀之，以怨报德，为什么呢？

司马光在《资治通鉴》中，针对这件事，对刘邦却颇为嘉许："汉高祖自起义以来，网罗各地豪杰，招纳亡命徒众，其中背德弃法者不知有多少。在即帝位后，却只有丁公为不忠之罪，遭受诛杀，这到底是什么道理呢？因为进取天下和保持太平，其间有很大的差异。当群雄角逐天下之际，每个人都没有固定主人，只要来投奔的便接纳之，有容乃大，自己的势力才能扩充。但如今贵为天子，四海之内，皆是他的臣民，如果不要求臣民遵守礼义，则人人心存二心，投机侥幸，国家便很难保持永久的和平了。所以，必断然以大义示之，使天下臣民皆知道作臣属的道理，不忠于职责的天地不容，怀私结恩的，即使对自己有利，仍是违反公义。杀一人而千万人为之惊惧，这样的决策必经过审慎思虑，眼光何其远大，子孙能享有四百多年的天禄，也是有其道理的。"

夺取天下与镇守天下，形势已经完全不同了。夺取天下之时，群雄逐鹿，民无定主，只要有一技之长，有一时之用，来者不拒，自然理所当然。镇守天下之时，四海之内，尽为臣下，刘邦怎么能够容忍那些怀贰心、谋私利之人呢？如果奖励那些唯利是图的奸臣贼子，天下怎么能长治久安呢？要得天下安宁，礼义是治国之本。杀死丁公一人，让天下臣民知晓，什么才是忠臣，能受到奖励；什么是奸臣，要受到严罚。奖一人天下争相效仿，杀一人天下无不畏惧。上行下效，古今皆然。

第六章　身后之事

第一节　废立太子

　　刘邦元配妻子是吕雉，当时刘邦已经快 30 岁，可以称得上是晚婚了。史书记载，刘邦与吕雉结婚以前，他曾与一位姓曹的女人同居，生下一子，就是刘肥，后被刘邦封为齐王，即《史记·高祖本纪》所载：

　　"子肥为齐王，王七十余城，民能齐言者皆属齐。"

　　这位姓曹的女人情况如何，史书无载。

　　刘邦的另一位妻子薄姬，生子叫刘恒。薄姬之父是吴人，系其父与魏媪私通而生。魏豹为魏王，魏媪将薄姬献给魏豹。魏豹被韩信消灭之后，刘邦见薄姬楚楚动人，将薄姬收入后宫，但刘邦妻妾成群，美女如云，应接不暇，竟把薄姬给忘了，如此一年有余。

　　一天，刘邦看到宠姬管夫人与赵子儿相视而笑，默默不语，刘邦怪问其故。

　　两人禀告说："我们与薄姬曾经对天发誓，'苟富贵，无相忘'。"刘邦这才想起这位不幸的女人，立即召见薄姬，再三抚慰。

　　薄姬告诉刘邦："昨晚我做了一个梦，梦见有条龙盘在我的胸上，今日喜得大王召见。"

　　刘邦说："这是显贵之兆，我今晚成全你！"

　　薄姬因此得与刘邦一夜同床共枕，生下了刘恒。薄姬与刘邦只是一夜夫妻，不久就难以得到刘邦的亲近。

刘邦平定陈豨，杀死韩王信回来，认为把代地和赵地一并封给刘如意，不便管理，又把代地分为一国，诏令下臣推荐代王。

燕王卢绾和相国萧何等33人上书推荐刘恒，声称刘恒贤智温良。刘邦因此封刘恒为代王。当时刘恒只有8岁。薄姬因此跟着8岁的儿子去了代国。刘恒后来成为皇帝，号汉孝文皇帝，即人们习惯上称的汉文帝。

刘邦的另一位妻妾赵姬，生子叫刘长。刘邦平定英布之时，封刘长为淮南王。

赵姬是刘邦妻妾中最为不幸的人之一。

汉八年（公元前199年），刘邦率师平定韩王信残部，路过赵都邯郸，赵王张敖献赵姬侍寝。贯高等人刺杀刘邦之事暴露，赵姬也一起被捕。赵姬向狱吏哭诉，她身上有刘邦骨肉。狱吏报告之后，刘邦正在气头上，未予理会。赵姬之弟又打通辟阳侯审食其的关节，报告了吕后。吕后天性嫉妒，不肯报告刘邦。赵姬狱中生下一个男孩，气愤不过，自杀而死。狱吏抱着孩子去见刘邦，刘邦顿生悔意，令吕后抚养，取名刘长。

刘邦的妻妾很多，但是有名有姓史书详加记载的只有吕雉一人，其余只知其姓或名的有曹氏、戚姬、薄姬、赵姬、管夫人、赵子儿等七人。

刘邦共有8个皇子：

长子刘肥，曹氏所生；被封齐王，即齐悼惠王，为分封同姓王中土地最广和人口最多之人。

太子刘盈，吕雉所生，为汉高祖刘邦继承人，号汉惠帝。

宠子刘如意，戚姬所生，9岁立为代王，10岁立为赵王；后与其母戚姬一起被吕后虐杀。

刘 盈

刘恒，薄姬所生，8 岁封代王，后被大臣立为汉文帝。

刘长，其母赵姬，被封为淮南王。

刘友，不知其母，被刘邦封为淮阳王。

刘恢，不知其母，被刘邦封为梁王。

刘建，不知其母，被刘邦封为燕王。

刘如意、刘友、刘恢被吕后害死；刘建病死，其独生子被吕后杀害。

能够与太子刘盈争夺帝位之人，就是宠子刘如意。

刘如意的母亲，是刘邦最为宠幸之人。刘邦娶戚姬，也具有传奇色彩。

汉二年（公元前205年）四月，刘邦兵溃彭城，匹马单身，被雍齿追得狼狈不堪。整整逃了一天一夜，刘邦单身来到一个村庄，已是夜深人静。刘邦人困马乏，又饥又渴，实在难以忍耐，只要能吃上一阵酒饭，马上将他杀头，大概也无所谓。

他不顾一切，敲开了一村民之门，里面走出一位老翁，刘邦忙去询问村中有无兵马。

老翁看到刘邦身披金甲，举止不凡，忙答："村中没有人马，不知足下何方贵人？"

刘邦也不隐瞒，将自己的情况说了一番，请求借宿一夜，乞食一餐。

老翁听说，急忙请进，忙说："老夫不知汉王大驾光临，有失迎接！"立即拜跪。

刘邦跟着老翁进到屋里，老翁忙送水沏茶，令人升火煮饭。不一时，刘邦酒足饭饱，精神大振，询问老翁情况。

老翁说："此村唤做戚家村，数百人家都姓戚，兵荒马乱，难以度日。"

刘邦说："老丈可有儿子？"

刘邦虽然只吃了一顿粗茶便饭，但是滋味好得很，他准备封这老汉的儿子一官半职。

老汉说："老汉只有一女，年方二九；虽是荒村民女，倒是知书识理。前些日子有一相士说小女天生贵相，日后定配王侯之人。汉王如果不弃，老夫愿叫小女侍奉大王。"

刘邦推辞说："多谢老丈招待，唯恐不配令爱！"

老汉唤出戚姬，只见体态轻盈，容貌美丽，楚楚动人。

老汉说："快来拜见大王！"

戚姬倒身下拜，刘邦忙搀扶，两手相接，如有一股电流，直透刘邦心里！真是一场喜剧即将开始，谁知将来成了一场悲剧！

刘邦忙说："承蒙老丈不弃，刘邦领情。"

刘邦解下玉带，掏出些金银，递给老翁，作为定亲之礼！

当上晚上，刘邦即与戚姬同床共枕，一夜欢愉。

次日，日上三竿刘邦才起。

刘邦要去找他的部下，与戚姬依依惜别。

汉五年（公元前202年）四月，刘邦称帝，虽然妻妾成群，但是，难忘戚姬之情，忙差人将戚姬母子接入栎阳。戚姬此来，带着一个孩子，取名刘如意，虽然只有几岁，长得聪明伶俐，很得刘邦喜爱。特别是戚姬年轻美貌，能歌善舞，能说会道，知书识礼，一下子改变了刘邦的口味，走到哪里就带到哪里，真是形影不离。只要无人，刘邦就把戚姬拥在怀里，亲近无比。

周昌曾经在一次宴会时入宫奏事，看见刘邦正拥抱着戚姬调笑，周昌立即绕道想躲避。

刘邦在后面追赶，抓到周昌，骑在周昌颈上，问周昌说："我是什么样的皇帝？"

周昌仰面说："皇上是夏桀、商纣一样的皇帝！"

刘邦于是大笑。

此后，刘邦不断地加封刘如意为代王、赵王，戚姬受宠也日甚一日。可是戚姬有一块心病，就是太子的大位和吕后的凶残。想让自己的儿子当太子，当皇帝，大概是每一位母亲的心意；保住自己的荣华，保住自己的生命，这是动物都具有的本能。戚姬得到刘邦的宠幸，为了儿子和自己，企图趁机谋取太子之位。

吕后自知凭女人的容貌，她绝对不是戚姬的对手，她要凭借她的太后地位，她的阴谋，拼死地保住太子的大位。不过吕后此时的策略是以退为进，忍气吞声。

《史记·吕太后本纪》载：

> "戚姬幸，常从之关东，日夜啼泣，欲立其子代太子。"

刘邦欲立刘如意为太子，除了宠幸戚姬之外，更重要的是为了汉家天下着想，他经常说这样的话，《史记·吕太后本纪》载：

> "孝惠为人仁弱，高祖以为不类我，常欲废太子，立戚姬子如意，如意类我。"

这就是所谓的"不肖之子"，"肖"就是"像"。像"老子"的"儿子"叫做"肖"，不像的叫"不肖"。所谓"类"，就是"肖"。

刘邦是有眼力的，刘盈的确仁弱。秦二世葬送大秦江山，这是他亲眼所见的事情。历史证明，汉惠帝的确软弱无能，即位不久，大权旁落于吕后手中，在位虽然七年，但是毫无建树，郁闷而死。刘邦要废长立幼，关键在这里。

刘邦封刘如意为赵王后，戚姬有些等不得了，旁敲侧击，影响刘邦，刘邦也觉得此事宜早不宜迟，于是把这件事由后宫推到了朝廷之上。

《通治通鉴》载：

> 上欲废太子而立赵王！大臣争之，皆莫能得。御史大夫周昌廷争之强，上问其说。昌为人吃，又盛怒，曰："臣口不能言，然臣期期知其不可！陛下欲废太子，臣期期不奉诏！"上欣然而笑。吕后侧耳东厢听，即罢，见昌，为跪谢，曰："微君，太子几废。"

后世之人，常言周昌忠直。其实他是一个比较缺乏政治眼光的人，事实证明，刘邦废掉刘盈对于汉家天下有利，而让刘盈当皇帝对汉朝很不利。但是正因为周昌的这一直谏，这一场笑话，搅黄了刘邦的第一次废太子之事！

当时，刘如意只有 10 岁，刘邦害怕自己死后刘如意难逃吕后之手，心中时常不悦。符玺御史赵尧知道这个情况后，建议刘邦给赵王配备一个强相，这个人应该是吕后、太子和群臣都敬畏的人。

刘邦忙问："谁可担此重任？"

赵尧向刘邦推荐周昌，刘邦乃拜周昌为赵相，提拔赵尧为御史大夫。

刘邦废除太子之事虽因周昌力劝而免，但是吕后害怕刘邦再废太子，越想越怕，但是想不出一条妙计。下人忙向她建议，说："留侯张良足智多谋，深得刘邦信任，应该向张良求计。"吕后忙派吕释之去求张良。

张良知道吕释之的来意，本想拒而不见，又恐得罪吕后，只得请进。

吕释之仗着吕后的威风，说："你是皇帝重臣，深受皇帝信任，如今皇上要废太子，你怎么袖手旁观，不出一计？"

张良说："皇上在危急之中，会用我的计策；如今天下已定，皇上因为爱心和天下之事而欲易太子，本是皇上自己的事，就是有我这样的百余人相劝，也无济于事。"

吕释之说："我受吕后重托，来求先生，先生为何置之不理？"

张良为了免祸，说："这种事情不是靠言辞能够解决问题的。要想劝阻皇上废长立幼，天下只有四人。这四个人是东园公、绮里季、夏黄公、由里先生，世称他们四皓。这四皓年岁已高，因皇上失礼，逃到商山，发誓不为汉臣。皇上很敬重此四人，每每欲得之。你去转告皇后，嘱太子修书，带上重礼，派能言善辩之人，前去相聘。此四人定会前来相助。四人来，太子以他们作为客人，事之以师礼，经常陪伴左右。皇上知道此事，就不会再说废立之事了。"

吕释之忙去报告吕后。吕后依计行事，请来了"四皓"。

汉十一年（公元前196年）七月，淮南王英布谋反，刘邦正在生病，不觉想出妙计：令太子刘盈亲征，胜了可以得到磨炼；败了乘机废掉。一箭双雕，刘邦非常得意。四皓探得消息，认为皇上要太子带兵，太子危险了！

四人忙去对吕释之说："太子率兵，建功不能加封，无功则受祸。夫人戚姬，日夜侍御，'母爱子贵'（《史记》语）；赵王刘如意，皇上常说：'终不使不肖子居爱子之上'（《史记》语）。这充分表明，皇上要让如意代太子。你快去叮嘱太后，让她向皇上哭诉：'英布是天下猛将，极善用兵；朝中众将，全是皇上旧臣，怎听太子调度？太子出师，必败无疑。一仗之败，牵动全局。皇上虽然病体初愈，也只好御驾亲征，众将才肯用力，英布不难平定。'只有这样，才可保住太子，否则，情况实在不妙。"

吕释之急忙告知吕后，吕后缠住刘邦，哭哭泣泣，说来说去。

刘邦心烦，也觉得有理，说："我知道这不肖之子干不了大事，我亲自领兵还不行吗？"

刘邦只得亲征，全体大臣都去送行，张良平时深居简出，也感形势严峻，前去送行。张良嘱咐刘邦，楚人凶悍，不要与其硬打硬拼，一定要小心谨慎。

刘邦说："先生安心养病，我定会记住你的言语。"

张良说："太子留守京师，应命太子为将军，统帅关中人马，方可服众心。"

刘邦又请张良为太子少傅，将上郡、北地、陇西车骑，巴蜀步卒，中尉兵 3 万人，全部划归太子总领，然后才与张良告别而去。

张良此举，大概也助了吕后一臂之力，当然，对于刘邦安心征讨英布，也有重要作用。

刘邦击败了英布后，到老家省视父老乡亲。这是刘邦当皇帝的第一次还乡，也是最后一次还乡，可算"衣锦还乡"，风光一回。

刘邦从故乡回来，已是汉十二年（公元前 195 年）十一月，由于征途劳累，箭伤复发，急回长安住进长乐宫，每日都是戚姬陪伴。她看到刘邦生病，心情格外沉重。刘邦深感戚姬一片衷情，想到自己一旦死去，定难保证戚姬母子性命，暗下决心，决定来日废长立幼。

次日，刘邦召集重臣进宫，再次提出废去太子之事。张良现为太子少傅，不好坐视不管，只得进谏，刘邦微闭双目，似睡非睡，全不理睬。张良自知无可奈何，并且认为刘邦此举对汉朝有利，托病首先退去。众人见张良尚且无法进言，只得闭口，免遭无趣。

刘邦看见众人沉默不语，心中暗自欢喜，说："既然大家没有不同意见，就这样定了吧！"

这时，太子太傅叔孙通跳了出来，发表了一番宏论，《史记·叔孙通列传》载：

> 叔孙通谏上曰："昔者晋献公以骊姬之故废太子，立奚齐，晋国乱者数十年，为天下笑。秦以不早定扶苏，令赵高得以诈立胡亥，自使灭祀，此陛下所亲见。今太子仁孝，天下皆闻之；吕后与陛下攻苦食啖，其可背哉？陛下必欲废嫡而立少，臣愿先伏诛，以颈血污地。"

> 高祖曰："公罢矣，吾直戏耳。"

> 叔孙通曰："太子天下本，本一摇，天下振动，奈何以天下为戏？"

> 高祖曰："吾听公言。"

这一场劝谏，与周昌那一场不同。叔孙通想来一定拔剑在手，准备自刎，所以刘邦才不得不说"公罢矣，吾直戏耳"。刘邦不是怕叔孙通自杀，而是怕强行废长立幼，引起大臣不满，天下混乱。看来刘邦当皇帝，并不是随心所欲。叔孙通此举，为汉家天下带来了吕后专政。

刘邦关于太子废立之事，主要是从国家安定着想，情感最终被理智战胜。历史上很多人把个人的情感放到国家大事之上，事实证明，都带来了严重的后果。如果刘邦决意废立，下了诏令，谁也奈何不了他！可是他之所以没有这样干，为的就是国家的稳定。如果他坚持这样做，结果必然是和吕后反目，影响到和樊哙、张良等功臣的关系，给刘氏天下留下隐患。

第二节 刘邦之死

汉十二年（公元前195年）春天，刘邦征讨英布时所受箭伤快要好了，心情也很不错。戚姬日日陪着，过着比较清闲的日子。突然有人传报燕王卢绾私通匈奴，准备谋反，刘邦大怒，箭疮迸裂，疼痛难忍。

虽然病重，刘邦仍要处理国家大事。他与卢绾关系很深，所以立即派人前去查实。刘邦的病一日比一日沉重，满朝大臣也忧心忡忡，吕后更是如此。她以为刘邦之所以久病不愈，就是日日宠幸戚姬，消去了神魂，所以一心想叫刘邦回到她宫里。可是又怕因此引起刘邦怀疑和嫉恨，一时拿不定主意。宠臣审食其见状，忙给她出了一个主意。叫太子带着文武百官去请刘邦回宫，令刘邦难以推辞。

吕后依计而行。

刘邦正在戚姬宫中与戚姬调情，忽报太子率文武百官朝见。刘邦一猜就知道其中深意，就传太子进来面见。

戚姬问："太子来这里做什么？"

刘邦说："一定是吕后的主意，要接朕回到正宫去。"

戚姬无限凄凉，说："陛下此去，恐怕贱妾再难见面了！"话未说完，泣涕并下……

刘邦说："你先退下，我自有留下的道理！"

戚姬退下，太子和群臣进来拜见，请刘邦回到正宫养病。

刘邦说："你们来见朕，是想我朕日康复，还是加重朕的病情？"

众臣异口同声，希望刘邦早目康复！

刘邦说："既然如此，你们还不退下，让朕静静休息，还在这里干什么？"

审食其说："皇上回到正宫，同样可以静养，何必一定要留在这里！"

刘邦说："你们把朕弄来弄去，朕受得了这等折腾？这哪里是爱朕，是想把朕折腾死！"

没有人敢再说什么，只得依旧跪着不起。

正巧这时，樊哙听说太子率群臣去请刘邦回正宫，也赶来劝谏，看见群臣正跪在地上，知道刘邦不愿离开戚姬，忙上前去，重来一场鸿门宴上的表演。

樊哙说："皇上有病，文武百官，天下百姓，无不焦急万分。陛下长期居悖偏宫，有失天下之秩，有悖上天之理；吕后与陛下共过长期患难，到了此时一个人独守深宫，有违人伦之理；太子率百官叩请陛下返回正宫，为天下孝子表率，正是安天下之举。皇上不可违背秩序、天理、人情，独居偏宫！天下是皇上的天下，一世英雄，不可到了此时做出如此之事！"

刘邦沉默一阵，说道："你们先退下，朕回正宫不就行了吗？"

群臣走后，刘邦叫来戚姬，把刚才的经过说了一遍。其实戚姬在里屋也听得明明白白，刘邦已经尽力，无法控制如此局面。

戚姬双眼流泪，自去准备。

刘邦言不由衷地对戚姬说："朕一定会详加安排，保证你和赵王平安无事！"

戚姬虽然不敢深信，也只得流泪点头拜谢。

刘邦就这样离开了戚姬，回到了吕后正宫。

刘邦回到正宫，吕后虽然痛恨刘邦一而再，再而三地要废弃太子，但刘邦毕竟是她丈夫，少不得精心料理。偏偏刘邦不买这个账，他的心中气愤得很。

正当刘邦心情很不愉快之时，去调查卢绾谋反的人回来报告，卢绾谋反是真的，希望刘邦出兵征讨。刘邦下诏让樊哙带兵去征讨，立即就要启程。

樊哙走后，刘邦的病情日重一日，吕后也很焦急，忙带着太子进去问候。

刘邦见是吕后，开口骂道："朕到如此地步，全是你母子所为。朕本来就有病，叫太子率兵征英布，你却死活不肯，以至朕中箭受伤。你们还来探病，明明盼朕早死，还不快给朕滚出去，朕讨厌见到你们……"

吕　后

太子刘盈叩头流涕而出，吕后快快而还。

这一情景正好被一侍臣看到，联想到吕后的骄横，樊哙的凶狠，将来刘邦一死，这帮人必然制造祸端，忙趋步来到刘邦床头，声言有要事上奏。

刘邦说："待朕伤好了再说。"

侍臣说："这件事关系赵王生死，情况紧急，皇上虽有病，下臣不敢不奏。"

刘邦听说关系到赵王，就说："你说吧！"

侍臣向前奏道："樊哙与吕后已经结党营私，四处都在传说，吕后与他合谋，等到皇上千秋万代之后，领兵进入长安，杀尽戚夫人、赵王等人。皇上不可不提高警惕。"

这一密奏，正好触动了汉高祖刘邦的痛处，他此刻最担心的就是戚姬和赵王刘如意的命运，但是他不想在侍臣面前表现出什么异样来，便挥手叫侍臣退下，然后立即召见陈平，密议其事。

刘邦对陈平说："樊哙看见朕病重，希望朕快点死。朕决定撤去樊哙军职，但是担心樊哙手握兵权，恐生变故。爱卿替我谋划。"

陈平献计说："皇上立即撤去樊哙兵权，可保无事。不过樊哙手握重兵，只恐他听说皇上病重，不肯听命！"

刘邦听到樊哙可能拥兵自重，心中更加愤怒，又向陈平问计。

陈平说："可叫周勃跟我一起去传将令，周勃德高望重，取代樊哙没有什么问题！"

刘邦深信陈平之谋，同时觉得樊哙跟着他一同起事，屡建大功，又是自己连襟，与吕后关系密切，可以说是朋党，如果一旦自己一命归天，樊哙一定会跟随吕后把持朝政。刘邦想到这些，不觉勃然大怒，即召绛侯周勃到床下受诏。刘邦当面密令陈平为使，去樊哙军中立即解除樊哙军职，就地斩首回报。周勃鼎力协助陈平，将樊哙斩首之后，立即掌握樊哙之军，讨平燕地。

陈平、周勃叩头拜受。

刘邦专令陈平、周勃"驰传"至樊哙军中，可见决心之大，怒气之重。

驾车飞奔叫做"驰"，古人以四马驾车飞传皇家旨意叫做"驰传"。根据汉初律令规定，"驰传"旨意用一尺五寸长的木盒，贴上盖有御使大印的封条，交给使者的时候，又密封3次，并且有具体的时间限制。

陈平、周勃就是接受了这一十分重要的使命。两人在行程之中，反复合计此事，寻找稳妥恰当的办法。

陈平是一个智多星，对周勃说："樊哙是皇帝故交，功多劳重，出生入死几十年，又是吕后之妹的丈夫，真可以算得上是皇亲贵戚啊！皇上而今因为愤怒便欲斩其首；唯恐怒气消去而后悔，我们怎么交代？并且吕后从旁啜弄，最终岂不归罪我们二人？不如囚禁樊哙，押回长安，任凭皇上自己处置。"

周勃为人老实厚道，忠心耿耿，觉得陈平言之有理，当然依计而行。在封建王朝里，下臣做事，唯君王马首是瞻，陈平可算得其真谛。

陈平车驾到达樊哙大军驻地，令人筑坛，诏令樊哙听旨。樊哙到后立即被抓获，反缚两手，钉入囚车。周勃立即赶到中军大帐，宣读皇上圣旨，代替樊哙为将。

陈平押着囚车，往京师长安行进。刚到中途，惊悉刘邦驾崩消息。陈平料定，朝中必然是吕后主持国政，形势异常险恶；唯一可以庆幸的是，由于自己巧妙周旋，没有按照刘邦旨意立即处死樊哙，可以因此向吕后及其党羽交代。但是，事不宜迟，务必尽快将自己剖白清楚，否则后果不堪设想。

陈平命令大部分随从监押囚车中速行进，而自己仅带两名亲信，策马飞奔长安而去。陈平尚未进入长安城，路遇使者传诏，任命他与灌婴一同屯戍荥阳。陈平受诏之时，心中就拨动了自己的小算盘：樊哙的事情还没有来得急清洗干净，自己如果远离朝廷，难免日后忧谗畏讥！陈平立即飞马返回长安，跌跌撞撞跑进宫中，跪倒高祖灵前，哭诉道："下臣奉皇上之命去斩樊哙首级，但是下臣未敢开斩功臣，特地押回京师，不想皇上竟然撒手西去……"

吕后得知樊哙未死，立即放下心来，见陈平悲痛欲绝，忠君情义溢于言表，顿生哀怜之意。

吕后劝说："爱卿节哀，外出休息吧！"

陈平止泣，细奏出使之事，再三请求宿卫京师，守护宫廷。吕后任命陈平为郎中令，并传达旨意令他负责教诲和辅佐刚刚继位的文弱皇帝汉惠帝。

不久，樊哙解至长安，吕后立即赦免，官复原职，威风胜过往日。陈平由于出入汉惠帝左右，消息灵便，时时接近吕后，留心察看政治动向，刻意防范政敌相陷。

这次陈平奉旨斩杀樊哙的差事，是他一生中最为惊险的一次考验。陈平为刘邦出谋智擒樊哙之时，并不知道刘邦要杀死樊哙，翦除吕后党羽。陈平接受旨意之后，考虑到樊哙是皇亲国戚，恐怕将来不便交代，囚而不杀，为自己留下了一条退路。囚禁樊哙之后，途中忽闻重大事变，抢先奔赴长安，也是明智之举。未进长安，被委以外任，的确事出突然。闯宫痛哭，曲折传达樊哙未死之信，巧妙感动吕后，留在朝廷为官，出入帝、后左右……用心良苦，保得一生平安，非智者不能为。

正是由于陈平的这种特殊谋略，使得他在两种势力的斗争中幸存下来，乃至后来一举粉碎了吕氏集团。

再说吕后看到刘邦病重，四处忙着找大夫。

刘邦何以不要良医治病，大概是怨吕后，也或者是自信生死由命，自认为能取得天下全在于天命，自己所作所为都是上天的意思。

刘邦讳疾忌医之后，病情日重一日。

刘邦本是豁达大度之人，自知时日不多，诏令萧何、张良、叔孙通、张苍等人进宫安排后事。

刘邦说："朕已经病入膏肓。众卿随我百战沙场，才有今日江山，大家定要竭力辅助太子，不要叫刘氏江山落入他人之手。"

众人见到刘邦形容枯槁，面如死灰，不觉伤情，齐声应诺竭力辅佐太子，安定刘氏天下。

刘邦说："从今以后，非刘不王；非功不侯。违者，天下共诛讨之！"

众臣退去。

刘邦又下令陈平完成使命，不必复命，速往荥阳，协助灌婴扼守关中要塞！

稍后，刘邦又下诏叫太子进宫，当面嘱咐说："我已经老了。大汉江山早晚归你。你仁义厚道，完全可以安定天下。赵王母子性命，托付你才能保全。父亲所爱之人，儿子应该敬重，这样才是孝顺，你要切切牢记！"

刘盈叩头领命。

刘邦的病情一日日加重，吕后问刘邦："皇上百年之后，萧相国要是死了，要让谁来接班？"

刘邦说："曹参可以。"

吕后说："曹参之后呢？"

"王陵可以。但是王陵显得憨直，陈平可以协助。陈平智慧有余，胆识不足，不能单独担此重任。周勃厚重，文才不足，但是，最终安定刘氏天下的，必是此人，用为太尉！"

吕后还要问下去。

刘邦说："再以后的事，不是你我所能知道的了！"便不再搭理吕后。

公元前195年夏初，阴历四月甲辰（二十五日），一代开国君王刘邦与世长辞，享年53岁。

第三节　萧规曹随

刘邦去世，吕后并未发丧。

吕雉害怕文武百官不服新主，欲杀尽这些人，否则天下难以安宁。与她谋划之人叫审食其。此人是吕后家臣，早在最初起义之时，就长期负责照料刘老太公及吕后等人。后来与刘太公和吕后一起被项羽扣为人质，坐了几年牢。回到刘邦手下，专管皇家卫队。所以，他与吕后关系很深。吕后此举如果施行，必然会酿成一场天下大乱！可是这消息走漏了出去，有人告诉了郦商。他是郦食其之弟，很得刘邦和吕后信任。郦商立即去见审食其。

《史记·高祖本纪》载：

> 郦将军往见审食其，曰："闻帝已崩，四日不发丧，欲诛诸将。诚如此，天下危矣。陈平、灌婴将十万守荥阳，樊哙、周勃将二十万定燕、代。此闻帝崩，诸将皆诛，必连兵还乡以攻关中。大臣内叛，诸侯外反，亡可翘足而待也。"审食其入言之，乃以丁未发丧，大赦天下。

一场惊心动魄的屠杀一下子烟消云散，刘家天下平稳过渡。

太子刘盈即位，为孝惠帝，尊刘邦为高祖皇帝。刘盈即位后，吕后专政。

吕后平生所恨，莫过于戚姬。

吕后下令：将戚姬髡钳为奴，剥去宫装，穿上旧衣，打入永巷内舂米！

刘邦尸骨未寒，戚姬就被拔光头发，项带铁环，成了囚犯，整天舂米。人由贫而富，容易适应；由富而贫，难应适应。戚姬多年锦衣玉食，哪里知道会受如此之罪？

吕后恨戚姬，自然也恨赵王刘如意！

吕后下诏，令赵王入朝。

周昌不许，说："先帝叫我为赵相，就是要保护赵王。我听说太后深怨戚夫人，召回赵王是为了杀戮。我不敢答应。赵王年少，并且生病，不敢奉旨！"

吕后使者往返多次，周昌只有一个"不"字。

吕后大怒，但想起周昌力保太子之事，不便拿他治罪，想出一条调虎离山之计，下令召赵相周昌入京议事。

周昌不敢抗旨，进京入宫面见吕后。

吕后骂："你不知我恨戚姬吗？为何不遣赵王？"

周昌说："我受先帝重托，保护赵王，臣在赵王在；况且，我不忍心看到兄弟残杀，惠帝也是位仁慈之人！我不知太后私怨，只知先帝遗命！"

吕后不便奈何周昌，放他自去。

吕后调走周昌的同时，一道御旨，调赵王刘如意进京。赵国无人敢抗旨，赵王只得奉旨进京。汉惠帝刘盈知道后，立即御驾亲到灞上，与赵王一起进入皇宫，从此同吃同住同行，吕后要杀赵王，可是找不到机会。

惠帝元年（公元前 194 年）十二月，刘盈早晨出去打猎，赵王年幼，不能早起，独在宫中。吕后立即派人将赵王毒死。刘盈打猎半日，心念幼弟，赶回宫中，只见赵王七窍流血而死。刘盈只得痛哭一场，知是吕后所为，不得已将赵王以王礼安葬。

周昌听说此事，痛哭不已，自此郁闷而死。

吕后杀了赵王，更恨戚夫人，命人将戚夫人砍去手脚，挖去双眼，用药薰聋双耳，强服哑药变成哑巴，置于厕所之中，叫人参观，称为"人彘"。

吕后杀了赵王刘如意，吓坏汉惠帝刘盈，她应该收手了吧？不！

她用毒酒毒齐王刘肥，幸好刘盈与刘肥谦让，拿了毒酒，正要喝下，被吕后发现后夺去泼了，刘肥捡回了一条命；刘肥弄明底细后，听从内史的建议，割让城阳郡之地给鲁元公主为汤沐邑，尊鲁元公主为王太后，"事以母礼"，刘肥得以脱身回齐。

吕后除铲除刘邦后代之外，还大封吕氏：吕台为吕王，吕产为梁王，吕禄为赵王，吕通为燕王；同时封了六个吕姓为列侯……

刘邦预测刘濞当上吴王后要反，听之任之！他明知戚夫人难免遭罪，听之任之！他明知吕后要作乱，但他又不加以坚决制止；他声称安刘氏天下者必周勃，他算定吕后要死在陈平之前……这些都实现了！刘邦的神奇，神奇的刘邦；他如此潇洒，是他的大局观在发挥作用。

在刘邦的班底中，负责掌握国家大舵的前后两位宰相萧何和曹参，成功地演出了历史上有名的清静无为，这种做法，不但度过了危机，更为中国历史上最清明的文景之治，最雄伟的汉武帝的武功，建立了良好的基础。

吕后专政，先后杀掉了很多刘氏大臣。由于萧何个性温和、审慎，加上在关中地区声望甚高，吕后再强悍，于朝廷政事上仍不得不尊重萧何。吕氏一党虽在吕后支持及指使下，全力夺权，但有萧何为相，局面尚能稳定。

可是两年之后，年老的萧何健康状况大不如从前了，忧烦过度使他看来比实际年龄老了很多。

汉惠帝刘盈也深知萧何的重要性，因此在萧何病情恶化后，亲自到相国府请教后事。

刘盈问："君相百岁以后，有谁可以继任您的职位？"

萧何答："知臣莫若主啊！"

刘盈问："曹参如何？"

萧何点头："陛下得到胜任的人才，臣虽死也无遗憾了！"

其实，曹参接续萧何之职，早在刘邦的遗言中已确定，只要萧何去世时，曹参仍在，便具有合法的继承权，又何必刘盈和萧何再作确定呢？

可见这时候吕后一党的夺权意向已很高，如果不再强化曹参接棒的合法性，也是有可能产生变数的。一个是皇帝，一个是现任相国，一起商定的事，吕后也无可奈何。隔月，萧何便去世了，曹参继任。

很多时候，创业君主去世，国家政治将陷入动荡不安。此时，继任的皇帝年少软弱，吕后又残忍专权，汉皇朝陷入风雨飘摇之中。

这段期间最辛苦的便是相国萧何。他一方面要用尽各种方法，阻止吕后过分伤害刘氏政权，避免吕氏势力扩大。一方面又要疏导功臣们对吕后的不满，避免强烈内争，造成皇朝崩溃。

萧何对汉皇朝最大的贡献，应属内政、财政和经济方面，他针对创业时期的财务困难，作了非常有前瞻性的安排。

初入关中时，他抢到秦国文书档案，让他得以正确掌握全国的生产实力及经济状况，在开源和节流的合理规划下，汉王朝初期的财务处理是非常成功的。

萧何本人却不富有，除了英布造反时，为降低自己在关中的声望，曾故意强购民产外，他在理财上是非常保守的。他每购置田产必找穷乡僻壤的劣地，以免伤及农人的生产力；虽然曾经规划兴建豪华宫室，但自己家却窄小简陋，一点也不像相国府。

很多人劝他至少要为子孙准备点像样的家产。

萧何却笑着表示："我的后世若贤能，必能师法我的俭朴，根本不会在乎家产；后世若不贤，再多的家产也会被人夺走的。"

功劳第一，食邑最多，但萧何终其一生，恭俭勤劳，从未放任享受，轻赋薄税，藏富于民，汉皇朝日后的富强，萧何所培养的廉洁风气贡献最大。

曹参是刘邦班底的一员猛将，沛县起义时，曹参和萧何又同是主角，也是刘邦最早期的班底和亲密伙伴。

曹参和萧何早年感情非常好。

楚汉相争期间，萧何在关中负责人力和粮秣的经营，曹参则在外参与战事。从出陈仓、定关中开始，曹参一直附属于韩信军团，黄河以北的战事，曹参几乎每战必临，并充当了相当重要的角色。

在韩信的军团中，除了直属部队外，还有最主要的两支附属军团——灌婴负责的骑兵部队和曹参负责的步兵部队。

除了因为这两人独立作战能力较强之外，他们还是刘邦用来监督韩信、分散韩信影响力的王牌部队。

骑兵负责冲锋和追击，但真正攻城略地、击溃敌人或占领城池的是曹参的步兵军团。所以在辛苦和危险程度上，曹参更甚于灌婴。

曹参个性勇猛，常在前线指挥，因此据说他全身受创达70余处。在皇朝论功时，曹参功劳仅次于萧何，排名第二。

其实更重要的是，在朝廷大臣和将领眼中，曹参功劳更甚于萧何。在封爵时，曹参不但最早被封，而且食邑万户，高于萧何起初的8000户。张良虽也封为万户，但实际仍在曹参之后。

刘邦判定萧何功劳第一，这件事造成曹参和萧何的心结，从建国后到萧何去世的八年多内，双方似乎没有什么交往，刘邦甚至还刻意将曹参调往东方的齐国为相国。

虽然如此，刘邦晚年的两大军事战役——讨平陈豨和英布的战争中，刘邦还是征召曹参率齐国军队过来驰援。可见刘邦对曹参在军事上的依赖，犹高于身旁的大将周勃、樊哙和灌婴。

据《史记》上记载，曹参的功劳计有攻陷诸侯国两个、郡县多达120余个。俘虏诸侯王两名、宰相3人、将军6人、大莫敖（楚国之上卿）、郡守、司马、侯、御史各一人。

治理国家，狱政管理至关重要。

在奉命为齐王刘肥之宰相后（惠帝元年，废诸侯相国法，相国改称宰相）曹参在作风上却有一百八十度大转变。他一反军人的强势作风，改采审慎弱势的黄老之治，一切顺其自然。

这是非常不容易的，也是非常了不起的改变。

由于刘肥年岁尚轻，曹参便召集齐国之长老和儒生，开会讨论如何让一向复杂又动乱频频的齐国天下安定，让百姓生活能丰衣足食。

各家各派的齐国学者，也提出了各种看法，争辩纷纷，莫衷一是，让曹参深感无法做出适当的决定。

后来他听人推荐，在胶西有位叫盖公的老先生，深懂黄老之术，立刻托人以厚币及重礼前往聘请。

盖公很爽快地应邀见了曹参，他告诉曹参，治道应该清静、无为、顺应自然，相信人民自己处理的能力，则政治自然会趋于安定。

曹参听了，顿然领悟，于是立刻令人空出正堂给盖公居住，以便能不断向他请教。此后，曹参在齐国的施政，均以黄老治术的原则行之，安定养民、与民休息，不求自己功绩，但求民生安定富足。九年之内，齐国安定繁荣，曹参被公认为管仲及晏子以后的齐国第一贤相。

曹参在这段时期，也学会了透视和洞悉世事的高度智慧。萧何去世的消息传开，曹参立刻要求舍人作西入长安的准备，并着手移交齐国丞相的职务。

众人问其故，曹参沉静地说："我将入京为皇朝的相国，及早准备，以免仓皇失措。"

果然不久便接到刘盈正式诏令，他即刻赴长安，出任相国。

虽然在晚年，曹参和萧何处得并不好，但临终前，萧何还是认为只有曹参最适合接任相国的位置。有趣的是，曹参接任后，万事无所变更，完全依照萧何时代的规划。不但如此，曹参还非常小心地选择共同执政的官员，野心较大的绝不任用。

他特别从各郡国中，选出有治理地方实际行政经验、拙于文辞且处事待人厚重、个性稳定有耐心的官吏，将其提拔为丞相府官员，以最务实的手法来推动政务。

对于那些追求自我声望、急于表现自己、有雄辩之才和煽动能力的官员，他则常斥责之，并冷冻起来，不给予重用。

曹参日夜饮酒，拒绝处理太多的事情。由于吕后专政，吕氏人马加速夺权，行政和制度变更的要求很多，曹参一律不理，积压的公文件数多得惊人。

很多公卿大夫、将领们见曹参办事效率甚低，便到相国府要求商议公事。曹参便招待他们喝酒，让大家都没有说话的机会，只要有人想说话，曹参便以"再喝，再来干杯"阻止之。直到喝醉了，什么建议也来不及讲，便又回去了。这样的场合，几乎也成了常事。

渐渐地，这种什么事也不办的喝酒之风，大家习以为常，下级官吏逐渐效仿。因此有人密告到相国府，要求整肃这种无效率状态。

曹参便过去看看是否真有此事。到了现场，曹参不但不干涉他们，反而参与喝酒唱歌，一起同乐。

他每天花在处理相国府的公事上时间非常少，并且大多大事化小事，小事化无事。细小过错，曹参就帮助大家掩饰过去，因此每天几乎都没有什么事情。

刘盈当然也听到曹参荒废政事的报告。

曹参的儿子曹窋当时为中大夫。

刘盈便召见曹窋，对他埋怨道："你的父亲大概欺侮我年少不懂事，所以才会如此的荒唐吧！你回去对他说：'高祖皇帝弃群臣而归大，当今皇上年纪尚小，您为相国，整天喝酒唱歌，无所事事，如此作为怎能成为天下臣民的领导者呢？'但不要说是我讲的，看看他有什么反应。"

曹窋回去后，便找了一个机会，将以上的意思对曹参说了。

想不到曹参当场大怒："你只要好好侍奉皇上就可以了，怎么如此多嘴？天下事岂是你这种黄口小儿所能懂的！"

曹参还依家法，怒责曹窋二百下，以示惩戒。这消息自然很快传到刘盈耳中，刘盈大怒，立刻召见曹参。

刘盈当面怒责道："你为何处罚曹窋呢？是我要他劝谏你的啊！"曹参当然知道是刘盈指示，他处罚曹窋，便是做给刘盈看的。

曹参立刻脱下相国冠帽谢罪，道："我之所以什么事都不做是有原因的！"

"这有什么道理？"

"陛下自认在圣明英武方面，比先皇如何？"

"朕哪敢和先皇相比！"

"那么陛下认为我和萧相国，谁较贤能？"

"老实讲，你不如萧何！"

"是啊，陛下讲得非常对，我们是都不如他们啊！如今高祖皇帝和萧相国为天下所定的法令已经够清楚了，陛下只要垂拱而治，我也只要谨守职位，遵守既定的法令，不就可以了吗？"

刘盈立刻醒悟，便说道："我知道了，就照你的意思去做吧！"

经历了秦朝繁苛严酷的统治后，曹参以清静无为与民休息，所以能够行得通。史记的年代离当时不远，民间对萧何及曹参的称赞，以之为当代难得的贤相，应属事实。萧何个性保守，一切简约，无何作为，曹参更是成天喝酒，消极无为，行政效率很低，"治大国若烹小鲜"，这的确是萧何规划的最好写照。萧何小心谨慎的规划，让中央和地方间取得均衡，但实际上又由于大诸侯王骨牌效应式造反，使中央不得不直接掌控各郡县。所以当年所谓的"郡国制"，其实只是根据现状需要所建立的一种特别的制度。由于简约，颇适合动乱不安的时代，适应力颇强。不过这套制度实施不久，刘邦及萧何便相继去世，幸好大的异姓诸侯也皆已解决，国家还算安定。

曹参接棒后，最重要的任务是要让这套制度，发挥实际效能。既然萧何已有明确规划，并皆已付之执行，曹参只需全力维持这种状态，使制度能让大家习惯即可。

这时候却有另一股力量急速想夺权，以扩充自己的势力，专权的吕后便是这股力量的幕后老板。曹参对此知之甚详，因此，他一律禁绝任何改变，一切依萧何规划，以确保汉皇朝制度不被吕氏一党所破坏。

如果随便依需要而变更萧何的法制，以吕后为主的吕氏一党便有更多的借口更改法律。保持大局稳定，使吕后一党无法兴风作浪，尚不稳定的汉皇朝政权，才能够维持下去。曹参执政三年内，以"喝酒"阻止了吕氏一党的夺权阴谋，在表面和平、内部波涛汹涌的时代，不愧为一位出色的掌舵者。

公元前180年，吕后死，陈平、周勃等人尽诛吕氏官员，拥立代王刘恒为皇帝，是为汉文帝，恢复了刘氏天下！